自然保护区生态旅游开发的理论与实践

严贤春　李登飞　编著

科 学 出 版 社

北　京

内 容 简 介

本书较为全面、系统地阐述了自然保护区生态旅游开发的理论与实践。在探讨生态旅游基本理论、自然保护区与生态旅游的基础上，提出自然保护区生态旅游开发的四体策略、规划设计方法及管理策略，分析四川自然保护区现状及生态旅游开发与补偿机制，并对卧龙自然保护区和光雾山自然保护区的生态旅游开发进行了系统研究。

本书可供林业、农业、旅游、环保工程技术人员和管理人员阅读使用，也可作为培训用书，还可作为大专院校相关学科的教学参考书。

图书在版编目(CIP)数据

自然保护区生态旅游开发的理论与实践 / 严贤春，李登飞编著. —北京：科学出版社，2024.5

ISBN 978-7-03-078445-2

Ⅰ.①自… Ⅱ.①严… ②李… Ⅲ.①自然保护区-生态旅游-旅游资源开发-研究-中国 Ⅳ.①F592.3

中国国家版本馆 CIP 数据核字（2024）第 087330 号

责任编辑：武雯雯 / 责任校对：彭 映
责任印制：罗 科 / 封面设计：墨创文化

科学出版社 出版

北京东黄城根北街16号
邮政编码：100717
http://www.sciencep.com

成都锦瑞印刷有限责任公司 印刷
科学出版社发行 各地新华书店经销

*

2024 年 5 月第 一 版 开本：787×1092 1/16
2024 年 5 月第一次印刷 印张：15 1/4
字数：359 000

定价：159.00 元
（如有印装质量问题，我社负责调换）

研究及出版资助

西华师范大学学术著作出版资助

西华师范大学英才科研基金(四川自然保护区生态旅游开发及国家公园建设研究，17YC353)

四川省哲学社会科学规划应用类项目(四川旅游地生态补偿机制研究，SC12LY16)

四川省一流本科专业及应用型示范本科专业建设项目(园林，[2019]31)

教育部春晖计划项目(生态旅游对保护区人类与自然系统影响的评估，2018)

前　　言

自然保护区是进行生态旅游相关活动的最主要场所，其较好地处理了自然生态保护与资源合理利用之间的关系。国家公园是国际社会普遍认同的自然生态保护模式，是自然保护体系的重要形式。

本书是在吸取了国内外自然保护区生态旅游研究相关成果的基础上，结合作者在四川的实地调查研究完成的。本书是一本较为全面、系统地阐述自然保护区生态旅游补偿理论与实践的专著，本书的编撰与出版，旨在为自然保护区旅游生态开发提供参考和借鉴。

全书内容共9章。第1章为生态旅游基本理论，分析生态旅游的概念和内涵，探讨环境伦理观、可持续发展理论及生态学、旅游学、生态旅游补偿等相关理论。第2章为自然保护区与生态旅游，探讨自然保护区的兴起与发展、自然保护区类型、国内外自然保护区生态旅游、自然保护区与生态旅游开发、自然保护区与国家公园建设。第3章为自然保护区生态旅游开发四体策略，介绍主体生态旅游者、客体生态旅游资源、媒体生态旅游业、载体生态旅游环境及保护。第4章为自然保护区生态旅游规划与设计，介绍规划设计基础、规划设计模式、形象设计与建设、社区参与设计、产品开发与设计、线路设计。第5章为自然保护区生态旅游管理，介绍管理的内涵及标准化、法治化管理。第6章为四川自然保护区与生态旅游开发，介绍四川生态旅游开发整体状况，四川的国家级、省级、地市级和县级自然保护区基本情况，自然保护区生态旅游开发状况。第7章为四川自然保护区旅游生态补偿机制研究，探讨旅游生态补偿的概念、自然保护区旅游生态补偿机制系统构建、四川自然保护区旅游生态补偿现状、存在的问题及管理对策。第8章及第9章以卧龙自然保护区和光雾山自然保护区为案例，对其生态旅游开发进行了系统研究。

本书由严贤春和李登飞主笔。冯国杰参与了第3章、第4章的文字整理及编撰工作，李磊参与了第9章的文字整理及编撰工作。本书在编写过程中参考并引用了大量有价值的资料，在此表示感谢。

自然保护区生态旅游是一个涉及面广、综合性强的领域，由于编撰者水平和掌握的资料有限，不足之处在所难免，真诚希望得到广大读者及同仁的批评指正。

严贤春

目　　录

第1章 生态旅游基本理论

1.1 生态旅游的兴起与发展

1.1.1 生态旅游的兴起

虽然旅游活动古已有之，但对旅游现象进行理论上的探讨仅有 100 余年历史。多学科的介入和发展演化，为旅游研究注入了新鲜血液(邹统钎等，2008)。随着旅游业的发展，传统旅游业给人们带来福利的同时，也带来了各种负面影响(梁慧，2007)。为了协调旅游开发与环境保护的矛盾，生态旅游应运而生(程占红和张金屯，2001)。

其实，生态旅游的根源性观念和实践远早于生态旅游概念本身。生态旅游(eco-tourism)一词最早出现在 1965 年，即学者贺兹特(Hetzer)倡导的"生态性旅游"(李俊清等，2004)，这是生态旅游的雏形。

豪·谢贝洛斯·拉斯喀瑞(H.Ceballos Lascurain)于 1983 年首先在文章中使用"生态旅游"(段永惠和王丽娟，2004)，1992 年第一届旅游与环境世界大会称生态旅游为"促进保护的旅行"(魏湘岳，1995)，此后，生态旅游的理念深入人心。

1.1.2 生态旅游的发展

最早的生态旅游客体一般是指自然旅游资源，特别是受干扰比较小或没有受到污染的自然区域，后来生态旅游的客体从自然旅游资源外延至人文旅游资源(田里和李常林，2004)。生态旅游是基于生态环境保护且建立在可持续发展基础上的旅游活动(杨国良，2010)，中外学者从不同角度对生态旅游做出了定义(表 1.1)。

表 1.1 生态旅游代表性定义一览表

年份	作者	生态旅游定义
1990	伊丽莎白·布(Elizabeth Boo)	以自然为基础，以学习研究生态、欣赏享受自然风光等为特定目的，到干扰较小或没有受到污染的自然区域所进行的旅游活动
1992	伊丽莎白·布(Elizabeth Boo)	以欣赏和研究自然景观、野生生物及相关文化特征为目标，为保护区筹集资金，为当地居民创造就业机会，为社会公众提供环境教育，有助于自然保护和可持续发展的自然旅游
1993	东亚第一届国家公园与保护会议	提供相应的设施及环境教育，以便旅游者在不损害生态系统或地域文化的情况下访问、了解、鉴赏、享受自然及地域文化的旅游
1993	怀斯特(Wester)	考虑环境承载能力将游客数量控制在适当范围内的旅游
1993	生态旅游学会(Ecotourism Society)	具有保护自然环境和联系当地人民双重责任的旅游活动
1994	探险与旅游学会	对环境负责的，有利于促进地区自然或人文景观保护和地区经济发展的旅游

续表

年份	作者	生态旅游定义
1994	巴克利(Buckley)	以自然为基础的、可持续的、注重生态环境保护和环境教育的旅游
1996	卢云亭	以生态学原则为指针、以生态环境和自然环境为取向所开展的一种既能获得社会经济效益，又能促进生态环境保护的边缘性生态工程和旅游活动
1996	王兴斌	以自然生态和社会生态为主要旅游吸引物，以观赏和感受生态环境、普及生态影响和知识、维护生态平衡为目的的一种新型旅游产品
1998	吴兆录	旅游者走进优良生态环境的一种活动。旅游者除了脚印外，不留下任何物质和痕迹，除带走照片、视频和自然感受外，不带走任何物质

生态旅游是一种能使旅游业实现可持续发展的全新的旅游发展模式，需要在旅游规划与开发、旅游管理与服务、旅游消费等方面实现全面生态化。

与传统的大众旅游相比，生态旅游在旅游体验的丰富程度、旅游行为、旅游资源等方面有很大区别。

1.1.3　生态旅游的原则

在实际应用中，界定一种旅游是不是生态旅游，主要从下面三个方面考虑。

(1)可持续发展。生态旅游要考虑旅游环境及资源现状、发展趋势及承载能力，防止过度开发造成生态环境的污染和破坏。通过法律、行政、经济和科技等有效手段，保障旅游业与环境的和谐发展。

(2)生态效益和经济效益相结合。生态旅游既要考虑当地社区的利益，又要顾及旅游投资者的利益；既要保证自然生态环境不被破坏，又要确保旅游体验的质量。

(3)社区参与。通过适度开发利用资源，实现旅游业和旅游地共同发展(严力蛟，2007)。在生态旅游开发过程中，应保证当地社区居民有正常而有效的参与渠道，调动当地居民保护旅游资源和生态环境的积极性。

1.2　生态环境伦理观与可持续发展

人与自然的关系，经历了经济主义—消费主义—享乐主义的过程，人类"反自然"的社会—经济—消费生活，导致人与自然的不和谐发展，人类正面临生态危机和资源告罄的局面。人类开始反思和总结教训，关注生态环境、自然界、资源的合理使用，关注自然界的价值、权利和发展。这个转向，是一个新时代的人类文明的转向，是哲学荒野的转向，表明人对自然关系的认识进入了一个更高、更深的层次(张建萍，2008)。可持续发展战略的提出，标志着人类的价值观念与生活方式的变革。这种变革，是人类对人与自然关系的重新认识和思考。因此，环境伦理成为生态旅游的理论和实践基础。

生态旅游环境伦理将人与自然、生态、旅游三者密切地联系起来，把道德关怀扩展到各种非人类存在的物身上，人类必须尊重它们的"生存权利"。

1.2.1　中国古代的生态伦理思想

1. 儒家生态伦理思想

(1) 人与自然和谐发展——天人合一。中国古代对人与自然的关系的认识，就是"天人合一"，这在《易经》《庄子》中有系统的体现。儒家强调人与自然的协调、和谐，这就是人们常说的"天时、地利、人和"，儒家的"天人合一"学说与西方当代生态环境伦理的主流思想(大地伦理观)的基本含义殊途同归。

(2) 人类应尊重自然规律——天行有常。儒家认为"天"是具有独立不倚的运行规律的自然界。人类在对自然进行改造和利用的过程中，必须限定在对自然规律的认识与遵循之上，即"制天命"须以"应天时"为前提。

(3) 合理地开发利用自然资源——天道生生。"天道生生"指一切事物生生不息，自然界一切事物的产生和发展都具有一定规律性，儒家还明确提出"节用而爱人，使民以时"。

(4) 毋变天之道，毋绝地之理——时禁。中国古代对这种自然和生命的节律十分敏感并有各种禁令，其中的"毋变天之道，毋绝地之理，毋乱人之纪"则可视为基本的原则。

2. 道家生态伦理思想

《老子》通过自然之道、自然之理来讲政治。老子所创立的"道"，一个重要的思想是：宇宙、自然本是混沌同一的，人类社会应该回到一种人与自然、人与人和谐相处的理想社会中去。

(1) 人法地，地法天，天法道，道法自然。道家创始人老子和庄子都强调自然秩序，主张"道法自然"，在顺应自然规律的前提下，人类可以改造自然。

(2) 万物平等自化。万物没有亲疏贵贱之分，这是道家温和的生物平等主义，即"物格(所有动物、生命及事物)平等"。

(3) 按自然原则生活，体验真实生命。道家提出了对人的生活方式的主张和独特的人格思想。人类应把自己视为自然万物的平等一员，恰如其分地认识自己在自然界的地位，不以主宰者自命，不以优越者自居，不致力于榨取自然。

(4) 节制物欲。节制物欲是为了防止人类破坏自然环境，道家希望人们预先防范，从有可能引起物欲的方面就开始进行节制。

1.2.2　西方生态环境伦理观的发展

西方生态环境伦理观的发展可划分为如下三个阶段。

1. 伦理观产生前的"回归自然"思潮

18 世纪以后，人类生存开始由"未区分态"走向了"区分态"，在对自然的不断享用和征服中，试图从自然界分离出来。但人类慢慢地开始反思。卢梭认为"自然的道路就是幸福的道路"，强烈要求人类"回归自然"，"按照自然而生活"，"按照自然的道路前进"。在这个人类"区分态"社会，人与自然的关系常被扭曲至极端状态，人们要求回归自然，实质上是一种人性和人类自我的回归，这种原始的回归思想对生态环境伦理观的产生起到了一定的推动作用(田里和李常林，2004)。

2. 萌芽时期

20世纪40年代末，生态环境伦理观思想萌生。生态环境伦理观所表达的是一种基于生命需要的生存意识，环境被视为人类生存所必需的栖息地。人与自然之间应该有道德规范，人类应尊重和爱护自然，保护生态环境。

(1)马丁·海德格尔。海德格尔被认为是生态环境伦理观先驱，20世纪40年代后，其用诗化的语言和抽象的思辨，提出了"拯救地球"的主张。

(2)奥尔多·莱昂波尔德。莱昂波尔德被称为生态环境伦理观的奠基人，其至理名言是"像一座山那样思考"：山虽无法进行思考，但是山的存在所体现的却是动物、植物、微生物、岩石、土地间的整体性和相关性。莱昂波尔德因其"大地伦理观"理论，被公认为是生态伦理观或环境伦理观的奠基人(田里和李常林，2004)。

(3)蕾切尔·卡逊。卡逊是美国著名女海洋生态学家，其把环境问题引入社会界，让人们用一种环境伦理观态度来约束自己，尊重自然权利。卡逊因此获得全美野生动物联盟的首次"保护主义年度奖"，被誉为"20世纪的斯托夫人"。

(4)阿尔贝特·史怀泽。史怀泽的"敬畏生命"伦理观思想主要阐释了敬畏生命的善恶定义、敬畏生命伦理观的原则、敬畏生命伦理观的目标，并将伦理的范围扩大到一切生命，要求人对一切生命承担保护责任，以伦理观的态度关爱生命，因此被人们看作是环境伦理观的另一奠基人(田里和李常林，2004)。

3. 定位时期

生态环境伦理观到20世纪70年代以后开始在学科领域中获得应有地位。联合国1972年在斯德哥尔摩召开第一次大型人类环境会议所通过的《人类环境宣言》及《只有一个地球》，被称为生态环境伦理观的框架结构和重要基石。

1.2.3　生态旅游应遵循的环境伦理观的原则

1. 实现生态旅游代际间的利益公正

生态旅游所依赖的资源既是当代人的，也是后代人的。当代人不能为满足自身或当前利益无节制地开发生态旅游资源，应把代内不应开发的生态旅游资源留给后代去开发和享用。

2. 实现生态旅游代内的利益公平

当代人应公平地享有地球和生态旅游资源，人类应共同承担维护和保护地球的责任，共同承担化解生态危机的神圣使命，实现人类代内的利益公平。

3. 实现"人-地"公正

人类和大自然应保持一种公正关系，生态旅游开发者要约束自己的行为，合理利用和改造自然界，维护生态系统，保持生物多样性。

1.2.4　生态旅游中环境伦理观的规范

1. 合理、健康的旅游消费

生态旅游消费应该文明化、无害化，消费的行为应该有合理、健康的道德规范，要反对那些不合理和不健康的消费行为。

2. 控制环境容量

生态旅游容量超载是导致旅游景区生态危机的重要原因，控制生态环境容量的关键是做好生态旅游地合理容量的评价工作，其中最佳人均占有空间标准值是关键指标。

3. 适度发展

在生态旅游开发中，要适度利用生态资源，防止污染，保护生态平衡。主要注意少投入、多产出，多利用、再利用，少排放（田里和李常林，2004）。

1.2.5　可持续旅游

1. 可持续旅游发展

人类的"发展"不仅受制于经济和社会，还受制于地球自然环境的承载力，人类的活动只有限制在地球环境和资源允许的范围内，进一步的发展才有基础，这就是可持续发展。

可持续发展始于 20 世纪 80 年代初，不同学者将其引入自己的研究中，赋予其一定的含义。1987 年，联合国第 42 届"环境与发展会议"通过《布伦特兰报告》（鲁小波，2010）。这个报告在 1992 年 6 月巴西里约热内卢联合国环境与发展大会上得到公认（田道勇，1996）。报告中提出的"既满足当代人的需求，又不危及后代人满足其需求能力的发展"是目前世界公认的可持续发展的概念。可持续发展包含两个重要的要素：一是"需要"，二是"限制"。可持续发展是一种关于人类社会长期发展的战略和模式，特别强调环境和资源的长期承载能力（严力蛟，2007）。

可持续旅游的理论来源于可持续发展思想，1989 年，在荷兰海牙召开的各国议会旅游大会上，第一次明确而正式地提出了可持续旅游发展的口号（邹统钎等，2008）。

2002 年被确定为国际生态旅游年，并通过了《魁北克生态旅游宣言》。

国内学者提出的"可持续旅游"与"旅游业可持续发展"都强调经济、社会和生态环境的统一协调（牛亚菲，1999）。

2. 可持续旅游的原则

可持续旅游的实质包含公平性、持续性、共同性三个方面的含义。可持续旅游最基本的原则是"环境限制性原则"，它是实现可持续性的前提。可持续旅游的中心原则为"经济持续性"，要求从经济效益的标准出发，实现旅游经济收益的持续性增长。

3. 可持续旅游的关键

旅游可持续发展的关键就是旅游环境承载力约束问题。一个旅游目的地的环境承载力主要包括经济承载力、生态承载力、资源环境承载力、社会承载力等方面(吴净利和李好好，2003)。经济承载力指适合用于建造旅游设施的土地数量及这些旅游设施的最大综合接待能力；生态承载力指生态环境自恢复能力所允许的最大游客数量；资源环境承载力指在不至于导致当地旅游环境的对外吸引力减弱的前提下，所能吸纳来访游客的最大数量；社会承载力指在不至于导致当地社会公众的生活和活动受到不可接受的影响的前提下，所能接待来访游客的最大数量。

4. 可持续旅游的衡量标准

旅游业的可持续性可用社会发展、旅游经济、环境保护三个标准来评价(牛亚菲和王文彤，2000)。社会发展标准指旅游业能否保证开发成本和收益的公平分配、社区能否参与旅游决策等；旅游经济标准指旅游经济能否实现持续增长；环境保护标准指旅游业能否促进自然和文化资源的保护。

1.3　生态旅游的生态学基础理论

生态旅游产生的直接原因就是要协调和平衡旅游开发与资源环境之间的矛盾(程占红和张金屯，2001)。生态学基础理论无疑是指导生态旅游发展的重要理论。

"生态学"一词由希腊文 oikos 衍生而来，oikos 意即"住所"或"生活所在地"。因此生态学是研究生物有机体与其周围环境的相互关系的一门科学(严力蛟，2007)。生态学既是连接自然科学与社会科学的桥梁，也是生态旅游的基础学科，生态旅游发展必须站在生态整体性的高度，同时遵循生态学相关理论与规律(陈玲玲等，2012)。

1.3.1　生物多样性

1. 生物多样性概述

生物多样性的存在，是人类和大自然和谐共处的体现，是全球的共同财富(李海涛和黄渝，2007)。生物多样性保护是持续发展的基础，同时也标志着国际自然保护运动进入了一个新的发展时期(魏湘岳，1995)。生物多样性作为描述自然界生命形式多样化程度的概念，一般包括物种的遗传与变异的多样性，动物、植物、微生物的物种多样性以及生态系统的多样性三个部分(陈玲玲等，2012)。

2. 生物多样性与生态旅游

生物多样性的减少，不仅使人类丧失了各种宝贵的生物资源，而且造成了生态系统的退化，直接或间接地威胁人类生存的基础。在开展生态旅游时，应实行以保护为主、保护与开发利用相结合的方针(张杰和张华，1999)。生态旅游通常以各类自然保护区为旅游目的地进行，不适宜的生态旅游活动会给野生动植物及其栖息地造成巨大伤害，但适度的干扰有益于保护区的生物多样性保护。因此，自然保护区内的生态旅游活动应该以生物多样性理论为指导，进行科学地组织和管理，严格执行保护区的各项管理法规和措施，通过开展特定时空限制下的适度集约化的生态旅游形式，达到既能满足生态旅游业的社会需要，又能最大限度地保护生物多样性、维持自然界生态系统平衡的目的。

1.3.2　生态位

1. 生态位理论概述

生态位(niche)理论在研究种间关系、群落结构、城市生态位、企业生态位等方面时被广泛运用，成为近年来生态学研究的中心之一(丛沛桐等，1999；罗小龙和甄峰，2000；周放和房慧伶，2000；孟德友和陆玉麒，2008)。

生态位与种群相对应，一般来说，一个生态位只能容纳一个特定的生物种群。生态位重叠是生态位理论的中心问题之一，它是指不同物种的生态位之间的重叠现象或共有的生态位空间。

早在 1910 年，约翰逊(Johnson)就使用了生态位这一术语，格林内尔(Grinnell)、凯尔顿(Elton)和哈钦森(Hutchinson)等先后对生态位的概念进行了定义和扩展，生态位理论的外延和内涵在不断地扩大和深入(冯国杰等，2013)。

2. 生态位理论与生态旅游

(1)生态旅游活动过程中易挤占某些生物的生态位，导致利用这一生态位的物种减少甚至濒临灭绝，抑或是打乱原有的生态位格局，造成生态系统的混乱与失衡。因此，在对生态旅游设施、项目以及线路进行规划时，要尽量避免占用野生动物的栖息地或迁徙廊道，尽量避免造成生境的破碎化，尽可能地保护野生动植物原有的生境条件。

(2)不当的生态旅游设计和生态旅游者行为往往促使野生动物对人类形成依赖，例如游人好心给动物喂食、野生动物翻捡不封闭的垃圾箱寻找食物等，导致野生动物生存能力下降，甚至离开自己特定的生态位，破坏生态系统原有的稳定性。因此，生态旅游活动要尽量避免形成野生动物对人类的依赖性。

(3)在生态旅游规划设计中，要尽量保护关键物种，预防游客带入的外来物种入侵。关键物种在建群以及维持生态系统稳定性方面发挥着重要作用，必须给予重点关注。外来入侵物种往往生存、繁殖能力较强，易于传播，且对原有生态系统具有危害性，尤其是这些入侵物种起初能够占据空生态位，而后逐渐地竞争、排斥掉生态系统中的"土著"物种，这种入侵过程往往易被人们忽略，而当外来物种暴发时才引起关注，其生态后果相当严重。因此，要尽量保护关键物种，同时注意游客有意或无意带入的各类外来物种。

1.3.3　景观生态学

1. 景观生态学概述

景观生态学(Landscape Ecology)是由两种科学观点结合产生的，一种是地理学(景观)，另一种是生物学(生态学)(特罗尔和林超，1983)。1966 年，特罗尔(Troll)给景观生态学下的定义是："景观生态学研究景观单元中优势生物群落与环境之间综合的诸作用的相互关系"(傅伯杰，1983)。

最早的"景观"含义是地方风景或景色。"景观"的地理含义为"一个地理区域的总体特征"，一般包括自然景观和人文景观。景观生态学由德国的 Troll 于 1939 年提出，从其诞生到现在，已经历了 80 余年(陈利顶等，2014)。

20 世纪 80 年代，景观生态学被引入中国后，不断发展，逐渐形成了自己的体系。根据中国景观生态学研究特点，中国景观生态学发展可划分为五个阶段：摸索与酝酿阶段(20世纪 80 年代以前)、吸收与消化阶段(1980～1988 年)、实践与迅速发展阶段(1989～2000年)、发展与思索阶段(2001～2010 年)、思考与创新阶段(2011 年以后)。

空间格局及其变化如何影响各种生态学过程一直都是景观生态学的中心问题(陈玲玲等，2012)。景观的空间形态结构通常用缀块(patch)、廊道(corridor)和基底(matrix)三个元素来描述(李蕾蕾，1995)。

2. 生态旅游的景观生态规划

景观生态学理论体系的不断发展和日趋完善，为旅游规划者提供有益的思想、原则和方法，有利于规划与自然的协调(祁黄雄和林伟立，1999)。景观生态学研究将在生态旅游的应用领域发挥广泛作用。在各种旅游形式中，生态旅游是最接近于景观生态学研究特点的(肖笃宁和钟林生，2000)。

根据景观生态学的基本结构单元，生态旅游区也可以看作是由缀块、廊道和基底构成的异质性景观，这三者相互影响、相互作用，共同影响着生态景观的美学质量和观赏价值。因此，根据生态旅游区的具体特征，将应用景观各要素进行合理组合，形成效益优良、景观美学效果良好的生态旅游景观格局，成了生态旅游景观规划与设计的核心内容。此外，缀块的数量、大小及形状，缀块之间的空间关联性和功能联系性，景观类型的性质、多少、比例及空间分布等都极大地影响着景观在空间结构、功能机制和时间动态等方面的多样性和变异性。景观的多样性又恰恰是维持物种多样性和生态环境稳定性的基础，在土地利用规划、景观评价与设计、野生动植物保护和自然保护区建设等方面均有重要意义。同时，生态旅游规划和设计的最终成果也必然表现为空间格局合理的具体生态旅游景观。

因此，在生态旅游开发时，应对生态旅游区的林带、绿地、水域、小径、生态建筑等景观要素进行巧妙布置与适当增减，充分利用生态旅游区景观的缀块、廊道、基底之间的关系，使生态旅游区的生物多样性保持在较高的水平，提高区域生态环境的稳定性与抗干扰能力。

1.3.4 恢复生态学

1. 恢复生态学概述

1985 年,阿伯(Aber)和乔丹(Jordan)首次提出恢复生态学(赵晓英和孙成权,1998)。恢复生态学属于现代生态学的一个分支,主要研究生态恢复的生态学原理和过程(任海等,2014),包括生态系统退化的原因、恢复与重建技术方法(余作岳和彭少麟,1996)。生态恢复最关键的是系统功能的恢复和合理结构的构建(赵晓英和孙成权,1998)。

2. 恢复生态学与生态旅游

恢复生态学对优化生态旅游的开发、规划和管理以及恢复受损的生态旅游资源具有十分重要的价值。众所周知,生态旅游开发与规划的对象为自然生态系统。随着近年来旅游资源大规模开发、旅游市场极度膨胀,人类活动对自然系统有意或无意的破坏,在世界上已很难找到完整的、没有被损坏的生态系统。在此背景下,如果开发者不了解生态系统本身的规律以及生物、非生物因子相互作用的机理过程,生态旅游的开发只能进一步导致生态环境的恶化。国内外很多生态恢复实践表明,生态恢复如果缺乏正确的指导,其恢复往往是盲目的,并且成功率很低。因此,生态旅游的开发与实践应遵循生态系统恢复的相关规律,尤其是已遭受破坏的区域,应依靠科学的、有计划的恢复、重建或保护,最终促使生态旅游成为旅游业可持续发展的支柱,并且成为生态环境保护与恢复的重要途径。

1.3.5 生态美

1. 生态美概述

生态美(ecological beauty)是以生态系统中生命之间、生命与环境之间的相互协同和支持为前提的生命协同之美、生态和谐之美、宇宙大化之美(范永康,2013)。生态美包括两大类,一类是自然生态美,另一类是人文生态美(余正荣,1996)。自然生态美是自然界长期演化创造的美,是大自然的产物,有原生态自然美、人化态自然美和共生态自然美三种类型(张子程,2009);人文生态美是人类遵循自然规律和美的创造原则,与自然共同创造的美,人类能够修建人与自然和睦相处的生态园林、生态城市,使自然生态美更加完善,人类应恢复、重建和繁荣地球的生态美。生态美是一种活力美,是一种和谐美,也是一种创造美,同时还具有参与性,人们在感悟自然时能够得到心灵上的美学享受。

2. 生态美理论的生态旅游价值

1)生态旅游者

生态旅游者追求生态美,具有追求人与自然关系上的真善美的崇高美德,生态旅游者不会随意杀生、扔垃圾,而会努力保护自然的生态美,将自己享受的生态美景观留给旁人、留给后人。

2）生态旅游开发者

生态旅游开发者应该努力寻找和营造景观生态美，努力寻找自然生态美，将自然创造力与人的创造力结合在一起，使自然生态美得到修正和补充。

在景观设计中，必须要融入对生态美表现和形式的研究。景观生态美欣赏，包括最基本的表象之美、群体和活力之美、能量之美、天人合一之美等层次类型（张胜全，2015）。

3）生态旅游管理者

生态旅游管理者要努力保护生态美，控制生态环境承载力，培养旅游者的环境意识，加强旅游垃圾的管理，重视培养生态旅游导游，最终实现生态旅游的可持续发展。

1.4　生态旅游的旅游学基础理论

1.4.1　旅游经济学

1. 旅游经济学概述

旅游经济学以旅游经济活动、发展规律及其与社会经济发展的相互关系为主要研究对象（华淑华，1985）。旅游经济学研究的主要内容有以下几个方面。

（1）研究旅游经济活动与国民经济的关系。旅游经济活动在国民经济中的地位、作用，以及它同国民经济各部门的相互关系。

（2）研究旅游供求规律。包括调查、掌握和预测影响旅游消费的各种因素，旅游者的需求心理、程度、种类，以及配套的旅游服务设施等。

（3）研究旅游资源和服务设施的开发、建设、利用、保护、改造的经济原则，以及提出贯彻这些原则的具体措施。

（4）研究旅游业的经营管理原则和措施。包括旅游资源和设施建设管理中的合理布局原则、旅游价格管理原则以及企业化原则等。

2. 旅游经济学与生态旅游

旅游经济学是生态旅游开发的基础理论，缺乏旅游经济学理论的指导，生态旅游就会失去市场空间。旅游经济学和景观生态学是支撑生态旅游理论的两大重要基石。

1.4.2　生态旅游系统

从系统论角度来考虑，人类的旅游活动是一个系统。根据旅游规划的需要，黄羊山（2004）将旅游系统分为旅游经济系统、旅游环境系统、旅游社会文化系统三个子系统（图1.1）。

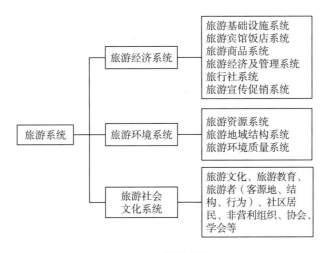

图 1.1　旅游系统

1. 六要素说

"六要素说"是旅游业较为传统的学说,其将旅游者的旅游行为归纳为"吃、住、行、游、娱、购"六大要素(严力蛟,2007)。旅游业要满足旅游者从常住地到旅游目的地及目的地内的空间位移的"行"的需求,是规划发展旅游交通的依据;满足旅游者基本生活"住"和"吃"的需求,是旅游住宿和餐饮的依据;满足旅游者的"游"和"娱"的需求,是规划发展旅游景点景区及旅行社的依据;满足旅游者从旅游地带回有纪念意义的物品的"购"的需求,是旅游目的地发掘、设计、生产旅游商品的依据。

"六要素说"对旅游业的发展具有指导性和可操作性的优点,在各国的政府文件、研究报告、教科书中均有这一学说的存在。但这一学说也存在明显不足,如旅游者在旅游活动中接触到的自然、社会环境没有体现。

2. 旅游产业说

"旅游产业说"将旅游业作为旅游系统的核心,从经济学角度将旅游系统划分为旅游供给系统和旅游需求系统,这两大子系统又可进一步划分为更小的子系统。该学说偏重对旅游经济关系的理解,而对旅游的社会和环境关系理解不够(严力蛟,2007)。

3. 游憩论

吴必虎(1998)提出了"游憩论",认为旅游科学和旅游规划的研究对象是游憩系统,游憩活动为一个开放系统,主要有客源市场、出行、目的地和支持四大系统。

4. 三体说与四体说

"三体说"是一种传统学说,将旅游活动概括为主体(旅游者)、客体(旅游资源)和媒体(旅游业)三个方面。三体相互依存,互为制约,缺一不可,否则就难以完成旅游活动。这一学说对旅游学形成体系具有重要的意义,形成了系统二级分支学科,如"旅游心理学""旅游资源学""旅游经济学"等。但这一学说未能把自然、社会和经济环境因素概括进去（严力蛟，2007）。

杨桂华等（2000）提出的"四体说"生态旅游系统模式（图1.2），是在"三体说"的基础上补充了第四体，即载体。

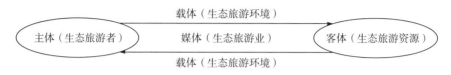

图1.2　生态旅游系统的"四体模式"

杨桂华等（2000）认为，"载体"即生态旅游环境，是生态旅游活动得以实现的必不可少的载体，是生态旅游活动得以生存和发展的一切外部条件的总和，包括自然生态环境、人文生态环境和社会生态环境，主要是环境影响、环境容量和环境保护。"载体"不仅能保证生态旅游活动的顺利进行，还能对旅游活动发挥特殊的功能作用。

"四体说"与"三体说"是一种"质"的差别（廖荣华，2003），这一"质"反映在系统内各组分和整体上，这一"质"就是"保护"。定位于"可持续发展"的生态旅游的核心只有一个，即保护。换句话说，生态旅游与传统大众旅游最大的差别是"保护"的差异。

5. 五体模式

旅游发展涉及多方利益主体，要综合考虑各方面的因素，这就需要一个协调各相关利益主体关系的公共代言人，因此，严力蛟（2007）在生态旅游系统四体模式的基础上，增加了生态旅游的调控体——政府，提出了生态旅游系统"五体模式"（图1.3）。生态旅游系统的"五体模式"是围绕着生态旅游发展的总体目标，在处理人与地的关系和人与人的关系过程中构成了一个有机体，形成旅游可持续发展理念。

图1.3　生态旅游系统的"五体模式"

1.5　生态旅游的其他基础理论

1.5.1　循环经济原理

循环经济是遵循生态学基本原理和实现可持续发展的最佳选择和理想经济模式（张录强和范跃进，2006）。循环经济按照自然生态系统物质循环和能量流动规律重建一种新形态的经济系统，其本质上就是一种生态经济。

平衡状态的自然生态系统是一个稳定高效的循环体系，每一种生物的废弃物都可以成为其他生物的食物，这就是"食物链"和"食物网"，其使得循环体系中的物质和能量都能被充分利用，保障了地球生命的有序发展(张录强和范跃进，2006)。

目前，要解决经济发展与环境保护之间的协调问题，发展循环经济是根本出路。"吃、住、行、游、购、娱"旅游六要素均与能源和资源消耗关系密切。因此，生态旅游的发展也必须以循环经济为指导，改变传统的粗放型增长模式。生态旅游区是一个开放的人工生态系统，需要从外界输入能量、物质和信息，然后在产业内部进行加工，并把生态系统内产生的各种排放物在内部消化掉，构建生态旅游产业的循环系统。

在生态旅游实践中，许多地区都积累了很多较好的做法以尽量减少资源消耗并实现产业循环运行。例如，使用地方材料，推广绿色环保建筑，在建筑物的体量、空间布局、内部结构及其风格、外部装饰上尽量减少物质和能量消耗，并与周围环境相互协调，充分利用太阳能、风能、生物能等可再生能源，限制或禁止使用化石能源；在餐饮方面，以地方特产和绿色食物为主，严禁捕猎被保护动物；收集雨水并循环利用，生产和生活污水循环再利用等。

1.5.2　地域分异规律

地域分异规律是与生态旅游密切相关的地理学理论。它对地表各种现象的分异进行记载和描述，是地理学最古老的传统，赫特纳(A.Hettner)强调地理学是一门关于地域分异的科学(韩杰，2004)。地域分异规律也叫空间地理规律，是自然地理学极其重要的基本理论，它揭示了自然地理系统的整体性、差异性及其形成原因与本质，为科学地进行自然区划提供了理论基础(范中桥，2004)。

地域分异规律是指自然地理环境在地表一定方向分异或分布的规律性现象，包括纬向地带性差异、非纬向地带性差异、垂直地带性差异等。纬向地带性差异是指因太阳辐射能在地表分布不均而呈东西向带状分布，导致自然综合体沿纬线方向东西延伸而沿经线方向有规律地南北循序更替的现象。非纬向地带性差异是指因地球内能引发的海陆分布、地形、构造等因素影响而形成的分异现象，主要包括因距离海洋远近不同而形成的干湿分异和因山地海拔增加而形成的垂直分异(陈玲玲等，2012)。垂直地带性差异一般指高山地区自然地理现象随高度递变的规律性。

地域分异规律启示人们在进行各类生态环境建设时应遵循因地制宜、分类指导的原则，从而实现区域间的合理分工与密切合作。生态旅游开发必须尊循地域分异规律，通过科学、合理的规划与设计，使区域的生态旅游特色与空间地域规律相适应，尽量减少生态旅游开发中的主观随意性。生态旅游开发还要关注某些地方性的分异规律，如坡向、地面物质组成、地下水深度、小气候等条件的变化，使生态旅游开发真正建立在科学的基础之上。

1.5.3 社区参与相关理论

最初，"社区"与"地域"间的关联并不明确，但后来"社区"的地域性含义日益凸显(方俊，2003)。"社区"是区域性的社会(韩明谟和王思斌，1993)。生态旅游社区居民具有某些共同利益，共同依托旅游地的资源环境，共同承受旅游活动所造成的影响。社区参与是近年来国际上在生态环境保护中采用的一种方法，是旅游可持续发展的一个重要内容(严力蛟，2007)。

1. 社区化管理理论

社区化管理提倡资源的社会化开放观念，提倡人文关怀理念，将旅游管理转化为开放式的激励管理，使旅游资源的开发和社区建设的结合更加规范化、制度化。社区化管理以政府的宏观规划、社区资源的自治管理作为基本方向。

采用社区化管理模式，可以推动旅游业的整体发展(宋学成和王江华，2004)。社区化管理采取政府和社区共同管理的"双极模式"。政府指导机构主要为旅游资源的维护、开发等方面提供指导，进行宏观规划、协调和沟通。社区管理机构将旅游资源的管理同社区建设结合起来，不断创新社区服务形式，完善社区基础设施，提高综合服务质量，创造良好的旅游环境。

2. 人文关怀理论

人文关怀理论的产生经历了很长的历史进程，并在历史形态过渡的跨越中得到了加强和巩固。人文关怀是马克思主义哲学的基本维度之一，其文化内涵包括生活、价值、理想三个层面，是新时期旅游开发的重要指导思想(索生安，2012)。旅游中的人文关怀指以游客为中心，关注、尊重或满足旅游者的多种需求(唐小辉，2015)。人文关怀思想为社区参与旅游发展提供了思想来源和支持。

3. 利益主体理论

利益主体理论从 20 世纪 80 年代开始被引入旅游研究中，是实现旅游可持续发展的有效途径(索生安，2012)。不同利益主体之间的合作是区域和城市旅游业可持续发展的保障(张伟和吴必虎，2002)，实现旅游利益主体融合是区域旅游可持续发展的关键所在(吴泓和周章，2006)。

旅游目的地社区应该是旅游业的利益主体之一，参与旅游收益的分配，这一方面是因为人们对当地作为旅游吸引物的社区内自然和人文资源有着由来已久的认同感和归属感，也有着对其进行保护的责任感，另一方面是因为生态旅游开发直接影响当地社区的生存环境变化(严力蛟，2007)。

传统的旅游开发中，周边社区居民大多是旅游开发、规划和管理的局外人。生态旅游强调把社区作为旅游规划和管理的核心，注重社会性和环境性，满足多方旅游相关者的利益标准，使社区真正成为生态旅游的利益主体之一。目前，在我国的生态旅游开发中，越来越多的目的地社区正在成为真正的利益主体。

1.5.4　涵化理论

1. 文化涵化理论概述

在 20 世纪 20 年代末，就有人类学学者专门从事涵化研究。涵化理论自提出后即成为美国传播研究领域的主要学派(蔡骐和杨静，2005)。涵化理论同时也在与其他理论框架的配合中发挥着重要的作用(赵世瑾，2012)。

2. 涵化理论与旅游

人类学家丹尼森·纳什(Dennison Nash)1996 年在其代表作《旅游人类学》一书中，从文化人类学角度出发，探讨旅游可持续发展的道路。发达国家的游客带来的异样文化导致接待地的文化被严重同化、破坏甚至消失(邹统钎等，2008)。旅游已经成了一种新的"帝国主义"和"新殖民主义"。旅游接待地的人们把发展旅游当作一种获取经济利益的方法，按照游客的喜好进行开发，这是一种非公平的现实。

在旅游活动的跨文化沟通中，形成了一个规模庞大的旅游者"客人社会"。它与当地社区通过"借鉴过程"使差距缩小，导致文化趋同。

1.6　生态旅游补偿的基础理论

1.6.1　公共产品理论

社会产品通常分为私人产品和公共产品。纯公共产品或劳务有三个特征：效用的不可分割性、消费的非竞争性和受益的非排他性。而生态补偿机制是考虑生态产品的公共产品属性，通过一系列的制度设计，改善公共产品的供需失衡状况，促进社会的持续发展(何承耕，2007)。

公共产品理论阐释了环境为什么会遭到破坏，资源为什么会被过度使用，政府为什么要出面保护生态环境。与私人产品相比，公共产品具有非竞争性和非排他性，使所有人都无法被排除在消费者之外，它能够在不直接付钱的情况下被享用。生态环境及资源通常可以被看作是生态产品，具有公共产品这两个基本特征。"非竞争性"使人们只顾眼前利益，过度使用，最终使大家利益受损；"非排他性"使生态效益和经济效益脱节，从而使生态环境资源保护投资者减少。生态环境资源的保护和恢复，必须立足于公共物品理论，让生态产品的受益者付费，让生态产品供给者获得回报。

1.6.2　外部性理论

外部性理论是制定生态环境经济政策的重要依据。在环境资源的生产和消费过程中，外部性主要体现为外部成本(资源开发造成生态环境破坏而形成的)和外部效益(生态环境保护所产生的)，外部性理论对生态补偿产生的原因给予了很好的解释，并为生态补偿的实施提供了很好的思路。根据外部性理论得出生态补偿的两种主要方式是政府补偿和市场补偿。

外部性指由于市场活动给无辜的第三方造成的成本,即行为举动与行为后果的不一致性,它可以分为正、负两种。前者是指某一经济主体使其他经济主体受益,但没有得到补偿,例如自然保护区、流域上游等生态环境保护所产生的生态服务价值;后者是指某一经济主体的生产和消费使其他经济主体受损,而没有补偿给受损者,如资源开发过程中的环境破坏与污染对当地居民的影响等。

针对外部性不经济的种种弊端,经济学界出现了"庇古税"和"科斯定理"两种解决外部性的路径。"庇古税"理论认为政府的经济政策才是消除边际私人收益与边际社会收益相背离的主要方式,依靠市场的自由竞争不能实现资源配置的最高效率和社会福利的最大化。以科斯为代表的新制度经济学家则认为在选择外部性内部化手段的过程中要考虑的关键问题是交易费用是否为零和产权是否清晰。在建立生态补偿机制的过程中可以借鉴"庇古税"理论对边际私人成本小于边际社会成本的部门实行征税、惩罚性收费,对边际私人收益小于边际社会收益的部门实行补贴和补偿,从而把私人收益与社会收益的背离引起的外部性影响内部化。"科斯定理"则为生态补偿机制的建立提供了另一种思路,即通过产权的界定和交易费用的最小化也可以使市场主体成为生态补偿的一种方式。

1.6.3　生态价值论

生态价值是生态环境学科学术用语,是指哲学上"价值一般"的特殊体现。按传统理论,环境质量和自然资源不具有价值,使用无须付费。目前环境污染和资源短缺严重,就需要提出生态价值及补偿问题(赵翠薇和王世杰,2010)。实行自然资源有偿使用政策,对保护环境和自然资源是有用的。对生态系统服务功能价值进行核算以及对旅游生态服务产品的消费者进行收费正是以生态价值论为基础的(杨一容,2009)。

1.6.4　博弈论

博弈论又称"决策论",在单次博弈中,博弈双方可能只考虑眼前利益,但是在重复博弈中,博弈双方可能获得更加完备的信息,并更多地考虑长远利益,从而采取合作的态度,最终达到纳什均衡和帕累托最优结果。博弈论在生态补偿的过程中有很好的体现,并为生态补偿机制的建立提供了强有力的理论支撑。在合作之前,各地区在环境保护方面进行的是非合作博弈,他们均按照各自最优决策行事,以达到个体利益的最大化。

资源所在区域会选择收益更快的采伐业等作为经济发展的主要领域,但是这样势必破坏当地的生态环境,导致水土被破坏;而下游地区的居民从个人利益最大化角度出发会选择免费消费公共产品,不会对上游居民的生态环保行为进行补偿。这样的博弈结果将导致上游地区可采伐的森林资源越来越少,下游地区则可能因上游水土流失导致的洪涝灾害造成更大的经济损失。但是经过多次博弈,博弈双方能够更加清晰地认识到双方合作的重要性,这样,下游居民会为上游居民的生态环保行为支付一定的补偿金,而上游居民会选择可持续发展的经济行业(如生态旅游),最终使博弈双方由"个体理性"逐渐契合到"集体理性"(王女杰等，2010)。

生态补偿之所以需要博弈论，正是基于它对各相关决策主体行为研究的现实指导意义。通过博弈分析，可以对生态补偿中各利益相关者的行为进行研究，应用博弈论中的"囚徒困境""智猪博弈""斗鸡博弈"研究生态系统中的博弈现象，使生态补偿中利益各方再次回到均衡状态。

第2章 自然保护区与生态旅游

2.1 自然保护区的兴起与发展

2.1.1 国外自然保护区的发展

世界自然保护联盟(International Union for Conservation of Nature，IUCN)对保护区的定义是：为环境保护、维持生物多样性而划定的区域，是自然环境或与文化资源相连，通过法律或其他有效措施进行管理(鲁小波，2010)。

自然保护区是自然界留给人们的宝贵财富，具有悠久的历史(鲁小波，2010)。19 世纪后半叶，随着经济快速发展，自然资源破坏严重，引起世界性保护自然界的运动(刘丽丽和曾红鹰，2000)。19 世纪的现代自然保护区运动起源于一些所谓的新兴国家，如美国等。美国 1864 年为保护红杉树，将位于西部科迪勒拉山系中的西迈特山谷指定为保护区。美国在 1872 年建立第一个国家公园——黄石国家公园(国家林业局森林公园管理办公室和中南林业科技大学旅游学院，2015)。

在人们不断向大自然大举开发的现代，设立自然保护区可维持一些天然本色，保存大量的物种保持生态平衡，使那些珍贵物种不至于绝迹(宋朝枢，2000)。在 20 世纪，保护区的数量快速增加。

20 世纪 20 年代以来，发达国家的自然保护区建设速度很快，20 世纪 50 年代以来，发展中国家自然保护区的建设也得到迅速发展。至 2002 年，全球有 44000 个不同类型的自然保护区。

1972 年联合国教科文组织在巴黎召开第十七届大会，专题研究了自然保护区问题，认为自然保护是人类环境保护的重要组成部分。

2.1.2 我国自然保护区的发展

我国的自然保护区从 1956 年开始规划和建设。当时在云南、四川、贵州、黑龙江、吉林、广东、广西、陕西、湖南、新疆、青海、浙江、内蒙古、甘肃等省区划定 40 余处自然保护区和森林禁伐区，这些都助推了我国自然保护区的建立。有些保护区还建立了定位实验站，开展系统的研究工作，其中云南省就对西双版纳的 3 个自然保护区进行了综合性考察，并发表了考察成果。

我国的自然保护事业经历了坎坷的历程。1976 年以后，自然保护区才得到迅速发展。1981 年我国的自然保护区只有 76 个；截至 1997 年已建立 926 个自然保护区，占国土面积的 7.64%，使中国 80%的野生动物、60%的高等植物、70%的陆地生态系统种类得到了较好的保护(宋朝枢，2000)；截至 2005 年，已建立 2349 个自然保护区(鲁小波，2010)，占国土面积的 15%；截至 2013 年已建立 2697 个自然保护区（其中国家级自然保护区 407 个），总面积为 1.46 亿 hm²，占国土面积的 15.24%；截至 2018 年，我国已经建立各类自然保护区达 2748 个（表 2.1），其中国家级自然保护区 474 个（表 2.2）。

表 2.1　全国自然保护区数量分布^①　　　　　　　　（单位：个）

序号	省（区、市）简称	数量	序号	省（区、市）简称	数量	序号	省（区、市）简称	数量
1	粤	384	11	闽	92	21	晋	46
2	黑	250	12	鲁	88	22	冀	45
3	赣	200	13	桂	77	23	浙	37
4	蒙	182	14	鄂	80	24	豫	33
5	川	169	15	陕	60	25	新	31
6	滇	161	16	甘	60	26	苏	31
7	湘	128	17	渝	57	27	京	20
8	黔	124	18	吉	51	28	宁	14
9	皖	106	19	琼	49	29	青	11
10	辽	105	20	藏	47	30	津	8

资料来源：全国自然保护区名录（2018 年版）。

表 2.2　中国国家级自然保护区数量及分布名录

省市	数量	国家级自然保护区名录
北京	2	百花山、北京松山
天津	3	海岸与湿地、八仙山、蓟县中上元古界地层剖面
河北	13	青崖寨、驼梁、昌黎黄金海岸、柳江盆地地质遗迹、小五台山、泥河湾、大海陀、河北雾灵山、茅荆坝、滦河上游、塞罕坝、围场红松洼、衡水湖
山西	8	灵空山、黑茶山、阳城蟒河猕猴、历山、芦芽山、五鹿山、庞泉沟、太宽河
内蒙古	29	毕拉河、乌兰坝、罕山、青山、古日格斯台、大青山、阿鲁科尔沁、高格斯台罕乌拉、赛罕乌拉、白音敖包、达里诺尔、黑里河、大黑山、大青沟、鄂尔多斯遗鸥、鄂托克恐龙遗迹化石、西鄂尔多斯、红花尔基樟子松林、辉河、达赉湖、额尔古纳、大兴安岭汗马、哈腾套海、乌拉特梭梭林－蒙古野驴、科尔沁、图牧吉、锡林郭勒草原、内蒙古贺兰山、额济纳胡杨林
辽宁	19	楼子山、葫芦岛虹螺山、青龙河、大黑山、章古台、大连斑海豹、蛇岛老铁山、城山头海滨地貌、辽宁仙人洞、桓仁老秃顶子、丹东鸭绿江口湿地、白石砬子、医巫闾山、海棠山、双台河口、努鲁儿虎山、北票鸟化石、白狼山、五花顶
吉林	24	通化石湖、集安、白山原麝、四平山门中生代火山、汪清、靖宇、黄泥河、波罗湖、松花江三湖、伊通火山群、龙湾、哈泥、鸭绿江上游、查干湖、大布苏、莫莫格、向海、雁鸣湖、珲春东北虎、天佛指山、吉林长白山、园池湿地、头道松花江上游、甑峰岭
黑龙江	49	北极村、公别拉河、碧水中华秋沙鸭、翠北湿地、太平沟、老爷岭东北虎、大峡谷、中央站黑嘴松鸡、茅兰沟、明水、三环泡、乌裕尔河、绰纳河、多布库尔、友好、小北湖、扎龙、黑龙江凤凰山、东方红湿地、珍宝岛湿地、兴凯湖、宝清七星河、饶河东北黑蜂、大沽河湿地、新青白头鹤、丰林、凉水、乌伊岭、红星湿地、三江、八岔岛、洪河、挠力河、牡丹峰、穆棱东北红豆杉、胜山、五大连池、呼中、南瓮河、黑龙江双河、盘中、平顶山、乌马河紫貂、岭峰、黑瞎子岛、七星砬子东北虎、仙洞山梅花鹿、朗乡、细鳞河
上海	2	九段沙湿地、崇明东滩鸟类

省市	数量	国家级自然保护区名录
江苏	3	盐城湿地珍禽、大丰麋鹿、泗洪洪泽湖湿地
浙江	11	临安清凉峰、浙江天目山、象山韭山列岛、南麂列岛、乌岩岭、长兴地质遗迹、大盘山、古田山、浙江九龙山、凤阳山－百山祖、安吉小鲵
安徽	8	古井园、铜陵淡水豚、鹞落坪、古牛绛、金寨天马、升金湖、安徽扬子鳄、安徽清凉峰
福建	17	峨嵋峰、闽江河口湿地、茫荡山、汀江源、雄江黄楮林、厦门珍稀海洋物种、君子峰、龙栖山、闽江源、天宝岩、戴云山、深沪湾海底古森林遗迹、漳江口红树林、虎伯寮、福建武夷山、梅花山、梁野山
江西	16	婺源森林鸟类、铜钹山、赣江源、庐山、齐云山、阳际峰、鄱阳湖南矶湿地、鄱阳湖候鸟、桃红岭梅花鹿、九连山、井冈山、官山、江西九岭山、江西马头山、江西武夷山、南风面
山东	7	马山、黄河三角洲、昆嵛山、长岛、山旺古生物化石、荣成大天鹅、滨州贝壳堤岛与湿地
河南	13	高乐山、大别山、新乡黄河湿地鸟类、河南黄河湿地、小秦岭、南阳恐龙蛋化石群、伏牛山、宝天曼、丹江湿地、鸡公山、董寨、连康山、太行山猕猴
湖北	22	巴东金丝猴、洪湖、南河、大别山、十八里长峡、堵河源、木林子、咸丰忠建河大鲵、赛武当、青龙山恐龙蛋化石群、五峰后河、石首麋鹿、长江天鹅洲白鱀豚、长江新螺段白鱀豚、龙感湖、九宫山、星斗山、七姊妹山、神农架、长阳崩尖子、大老岭、五道峡
湖南	23	西洞庭湖、九嶷山、金童山、东安舜皇山、白云山、炎陵桃源洞、南岳衡山、黄桑、东洞庭湖、乌云界、壶瓶山、张家界大鲵、八大公山、六步溪、莽山、八面山、阳明山、永州都庞岭、借母溪、鹰嘴界、高望界、小溪
广东	15	云开山、罗坑鳄蜥、石门台、南澎列岛、南岭、车八岭、丹霞山、内伶仃岛－福田、珠江口中华白海豚、湛江红树林、徐闻珊瑚礁、雷州珍稀海洋生物、鼎湖山、象头山、惠东港口海龟
广西	23	银竹老山资源冷杉、七冲、邦亮长臂猿、恩城、元宝山、大桂山鳄蜥、崇左白头叶猴、大明山、千家洞、花坪、猫儿山、合浦营盘港－英罗港儒艮、山口红树林、北仑河口、防城金花茶、十万大山、雅长兰科植物、岑王老山、金钟山黑颈长尾雉、九万山、木论、大瑶山、弄岗
海南	10	鹦哥岭、东寨港、三亚珊瑚礁、铜鼓岭、大洲岛、大田、霸王岭、尖峰岭、吊罗山、五指山
重庆	6	五里坡、阴条岭、缙云山、金佛山、大巴山、雪宝山
四川	32	千佛山、栗子坪、小寨子沟、诺水河珍稀水生动物、黑竹沟、格西沟、长江上游珍稀特有鱼类、龙溪－虹口、白水河、攀枝花苏铁、画稿溪、王朗、雪宝顶、米仓山、唐家河、马边大风顶、长宁竹海、老君山、花萼山、蜂桶寨、卧龙、九寨沟、小金四姑娘山、若尔盖湿地、贡嘎山、察青松多白唇鹿、长沙贡玛、海子山、亚丁、美姑大风顶、白河、南莫且湿地
甘肃	21	秦州珍稀水生野生动物、黄河首曲、漳县珍稀水生动物、太子山、连城、兴隆山、民勤连古城、张掖黑河湿地、太统-崆峒山、甘肃祁连山、安西极旱荒漠、盐池湾、安南坝野骆驼、敦煌西湖、敦煌阳关、白水江、小陇山、甘肃莲花山、洮河、尕海－则岔、多儿
宁夏	9	南华山、火石寨丹霞地貌、云雾山、宁夏贺兰山、灵武白芨滩、哈巴湖、宁夏罗山、六盘山、沙坡头
云南	20	乌蒙山、云龙天池、元江、轿子山、会泽黑颈鹤、哀牢山、大山包黑颈鹤、药山、无量山、永德大雪山、南滚河、云南大围山、金平分水岭、黄连山、文山、西双版纳、纳板河流域、苍山洱海、高黎贡山、白马雪山
贵州	10	佛顶山、宽阔水、习水中亚热带常绿阔叶林、赤水桫椤、梵净山、麻阳河、威宁草海、雷公山、茂兰、大沙河
西藏	11	麦地卡湿地、拉鲁湿地、雅鲁藏布江中游河谷黑颈鹤、类乌齐马鹿、芒康滇金丝猴、珠穆朗玛峰、羌塘、色林错、雅鲁藏布大峡谷、察隅慈巴沟、玛旁雍错湿地
陕西	26	丹凤武关河珍稀水生动物、黑河珍稀水生野生动物、老县城、观音山、略阳珍稀水生动物、黄柏塬、平河梁、韩城黄龙山褐马鸡、太白湑水河珍稀水生生物、紫柏山、周至、陇县秦岭细鳞鲑、太白山、陕西子午岭、延安黄龙山褐马鸡、汉中朱鹮、长青、陕西米仓山、青木川、桑园、佛坪、天华山、化龙山、牛背梁、摩天岭、红碱淖
青海	7	大通北川河源区、柴达木梭梭林、循化孟达、青海湖、可可西里、三江源、隆宝
新疆	15	霍城四爪陆龟、伊犁小叶白蜡、巴尔鲁克山、布尔根河狸、艾比湖湿地、罗布泊野骆驼、塔里木胡杨、阿尔金山、巴音布鲁克、托木尔峰、西天山、甘家湖梭梭林、哈纳斯、阿勒泰科克苏湿地、温泉新疆北鲵

2.2　自然保护区类型

2.2.1　世界自然保护区

IUCN 在 1993 年形成的"保护区管理类型指南"中,将保护区类型确定为六种。严格的自然保护区和野生动物保护区、国家公园、自然纪念地、生境/特种保护管理区、陆地和海洋景观保护区、资源管理区(鲁小波,2010)。

2.2.2　我国自然保护区

我国早期的自然保护区以保护森林和野生动物为主。近年来,我国着重发展了一批草原、沙漠、湿地、高山、海洋等生态系统和地质地貌类型的保护区,其类型逐渐趋向齐全。

欧阳志云等(2020)将我国自然保护地分为五大类(表 2.3),并对现有保护地、世界自然保护联盟保护地管理体系进行了分析。

表 2.3　我国保护地体系分类

自然保护地类型	现有自然保护地	IUCN 自然保护地管理分类
第 I 类:自然保护区	自然保护区、自然保护小区	第 I 类:严格保护区域〔(Ia)严格自然保护地和(b)荒野保护地〕
第 II 类:国家公园	国家公园体制试点	第 II 类:国家公园
第 III 类:自然公园	风景名胜区、地质公园、森林公园、湿地公园、水利风景区、沙漠公园、海洋特别保护区(含海洋公园)	第 III 类:自然历史遗迹或地貌 第 V 类:陆地/海洋景观
第 IV 类:物种与种质资源保护区	水产种质资源保护区、种质资源原位保护区	第 IV 类:栖息地/物种管理区
第 V 类:生态功能保护区	其他生态保护红线、(国家级一级)公益林、饮用水源保护区	—
—	—	第 VI 类:自然资源的可持续利用自然保护地

综合目前我国的自然保护区的分类,大致可以归纳为四类。

(1)根据保护区的性质分类。1993 年国家环境保护局批准了《自然保护区类型与级别划分原则》,并将其设为我国的国家标准。该分类根据自然保护区的保护对象,将自然保护区分为 3 个大类、9 个类型(鲁小波,2010):自然生态系统(森林、草原与草甸、荒漠、内陆湿地与水域、海洋与海岸),野生生物(野生动物、野生植物),自然遗迹(地质遗迹、古生物遗迹)。

(2)按照保护区面积分类。根据我国自然保护区面积大小的实际情况,可将其分为小型(≤100hm²)、中小型(101~1000hm²)、中型(1001~10000hm²)、中大型(10001~100000hm²)、大型(100001~1000000hm²)、特大型(≥1000001hm²)六种类型。

(3)按保护区的管理部门分类。我国已建立并管理自然保护区的相关部门有林业、环保、农业、国土资源、水利、海洋、旅游、建设、中医药等十多个部门，一些科研院所、高等院校、国家直属大型森工企业也建立并管理了一些自然保护区，但主要是林业、环保、农业等部门。

（4）按保护区的等级分类。我国自然保护区按照管理级别可以分为国家级、省级、市级和县级四个级别。

2.3　自然保护区生态旅游研究

2.3.1　国外自然保护区生态旅游研究

国外关于自然保护区生态旅游的研究可以概括为以下方面：①生态旅游活动对自然保护区环境及植物的影响研究；②生态旅游活动对保护区动物的影响研究；③自然保护区生态旅游对当地社区及居民的影响研究；④自然保护区生态旅游功能分区；⑤自然保护区生态旅游管理框架；⑥自然保护区生态旅游市场研究；⑦自然保护区生态旅游的环境教育研究；⑧自然保护区生态旅游成功的因素总结。

2.3.2　国内自然保护区生态旅游研究

随着生态旅游实践在中国尤其是在中国自然保护区的开展，国内有关自然保护区生态旅游的研究日益增多，各种学术成果也层出不穷。国内关于自然保护区生态旅游的研究逐年增多，研究的内容也在逐步扩展和深化。目前国内关于自然保护区生态旅游的研究主要包括以下内容。

（1）理论研究。主要集中在自然保护区生态旅游的基本理论、规划理论、相关指标体系、环境影响四个方面。

（2）区域综合研究。主要包括自然保护区生态旅游的全国尺度研究和省域尺度研究两个方面。

（3）实践分析。主要体现在对生态旅游资源、开发原则、发展中出现的问题等内容进行探讨，具体内容有：①自然保护区生态旅游资源的调查与评价；②自然保护区生态旅游的可行性和原则分析；③自然保护区生态旅游发展中的问题；④自然保护区生态旅游者研究；⑤自然保护区生态旅游管理研究。

2.4　自然保护区与生态旅游开发

相关学者在对自然保护区生态旅游进行考察后认为，生态旅游能够在提供社会收益并为自然保护区提供激励方面扮演重要角色，实现多目标并获得收益。但若没有科学合理的理论指导，采取不合理的旅游开发方式，会对自然保护区造成更加严重的破坏。

2.4.1　自然保护区的生态旅游价值

除自然保护区外，在一些条件具备的自然保护区中开展旅游是完全有必要和可行的，在自然保护区内发展生态旅游具有十分重要的意义。

1）优美的自然景观

大多数自然保护区内动植物物种丰富、山清水秀、风光秀丽，优美、原始的自然生态环境是其旅游吸引力的主要影响因素。

2）独特的人文景观

大多数自然保护区都有独特的风土人情，有历史传统文化，这给予了生态旅游丰富的文化内涵。

3）有益的生态环境

自然保护区保护了天然生态系统，在保持水土、涵养水源、改善环境、维持生态平衡方面有重要的作用。特别是在河流上游、公路两侧及陡坡上的水源涵养林，是自然保护区的一种特殊类型，能直接起到保护环境的作用。

4）极佳的旅游目的地

自然保护区保存了完好的生态系统和珍贵稀有的动植物及地质剖面，这种"纯自然"面貌，正适合于当前人们"返璞归真，回归自然"的旅游理念和猎奇心态，是旅游的绝妙去处，又是开展科学研究的基地。随着城市化进程的加快，"城市荒漠"面积日益扩大，人类回归大自然的渴望与日俱增。"旅游热"也由城市观光逐渐演化为生态旅游，尤其是森林生态系统类型保护区更受关注。

5）天然的自然教育基地

自然保护区是大自然留下的宝贵财富，有各类典型的生态系统，还有珍稀的动植物和奇特的自然景观。自然保护区拥有丰富多彩的自然资源和自然遗迹，成为人们认识自然、了解历史、增加知识、接受自然保护教育的天然博物馆和自然讲坛。

2.4.2　生态旅游对自然保护区的促进

发展生态旅游是实现自然保护区可持续发展的一个十分有效的手段，生态旅游对自然保护区的积极作用主要体现在如下方面。

1）生态旅游是自然保护区发展的重要资金来源

我国平均每个自然保护区建设费用的缺口占需求量的 60%，管理费每年的缺口占需求量的 26%（鲁小波，2010）。为了解决这一问题，大多数自然保护区都开展了各种旅游活动进行创收。然而这些旅游开发活动在弥补经费不足问题的同时也暴露出许多问题，严重影响自然保护区的可持续发展。生态旅游为自然保护区开辟了新的有效融资渠道，增创了更多的外汇。

2) 生态旅游为自然保护区创造可持续发展的社区

自然保护区大多处于位置比较偏远、经济条件比较落后的地区，居民生存和自然保护产生的矛盾处理不好必然影响自然保护区的发展。因此，自然保护区必须走"从社区中来，到社区中去"的生态旅游发展之路。生态旅游特别强调社区参与生态旅游的开发和经营，并从中获取经济收益。社区居民的参与既可以创造原汁原味的文化氛围，增加旅游吸引力，又可以促进当地的经济发展，为自然保护区工作创造良好的社区环境。

3) 生态旅游为自然保护区创造可持续发展的社会环境

自然保护区是对人们进行环境意识教育绝好的天然场所。当人们置身其中享受大自然时，除了可以了解到许多有关大自然的知识，还会自然而然地释放出人类本性中对大自然的爱。这种亲身体验式的教育有利于培养人们的环保意识，创造有利于自然保护区可持续发展的社会生态文化氛围。自然保护区在发展生态旅游的同时保护自然资源和传播生态文化，是实现其教育功能的最佳选择。

旅游给自然保护区带来了巨大的经济效益，给自然保护区的发展和建设提供了强有力的经济条件，增强了自然保护区的自我发展能力和社会知名度。

2.5　自然保护区与国家公园建设

2.5.1　国家公园的概念和内涵

2017 年，中共中央办公厅、国务院办公厅印发的《建立国家公园体制总体方案》中指出：国家公园是指由国家批准设立并主导管理，边界清晰，以保护具有国家代表性的大面积自然生态系统为主要目的，实现自然资源科学保护和合理利用的特定陆地或海洋区域。

《建立国家公园体制总体方案》中，对建立国家公园应遵循的三大基本原则和应坚持的三大理念进行了详细的说明(见附录 1)。

2.5.2　国家公园建设是自然保护与旅游开发的方向

国家公园是公认的自然生态保护模式，为世界上大部分国家和地区所采用，是自然保护体系的重要形式，在保护自然资源、维护生态系统功能中发挥着至关重要的作用。在2013 年 11 月 12 日中国共产党第十八届中央委员会第三次全体会议通过的《中共中央关于全面深化改革若干重大问题的决定》中，明确提出了要加快生态文明制度建设，建立国家公园体制。因此，自然保护区全面改制国家公园在即(蒋梦惟，2016)。建立既有中国特色又与国际接轨的国家公园体制，有利于理顺我国自然保护地管理体制，提高管理效率，优化国土资源空间布局，充分协调自然保护与经济发展之间的关系，对完善我国保护地体系建设及推动生态文明建设具有重大的意义。

作为宏大宁静的自然空间，国家公园被世界高度认可，自然与文化的结合，成为国家公园建设与可持续发展的关键。

在自然保护方面，国家公园是自然生态系统中最重要、自然景观最独特、自然遗产最精华、生物多样性最富聚的区域。

在文化的意义上，国家公园与一般性风景保护区、营利性公园有着重大的区别，它是民族优秀文化的弘扬之地，是国家主流价值观的呈现之所，也体现着特有的文化功能。

国家公园是一种"赋予了意义的自然"。它的背后，是一种较之自然荒野更宽广、更深沉、更能够回应某些人性深层需求的情感。很多国家公园所处区域的地方性知识体系，也正是基于对自然的理性和深厚情感而生成，是良性本土文化、民间认知的重要载体。

2.5.3　国外国家公园建设与发展

国家公园的历史最早可追溯自 1860 年，美国一群保护自然的先驱鉴于约塞米蒂（Yosemite）山谷中的红杉巨木遭砍伐而积极促请国会保护该地，终于在 1864 年由林肯总统签署一项公告，将约塞米蒂区域划为第一座州立公园。1872 年美国国会根据此公告设立世界最早的国家公园——黄石国家公园（Yellowstone National Park），黄石国家公园被认为是世界上第一个真正意义上的国家公园（国家林业局森林公园管理办公室和中南林业科技大学旅游学院，2015）。而约塞米蒂也在 1990 年成为国家公园。

黄石国家公园建立后，国家公园的理念逐渐在世界范围内传播开来。进入 20 世纪后，国家公园的建设进一步在世界范围内推广开来。截至 2020 年，国家公园已发展到世界上 225 个国家和地区，世界上被直接冠以"国家公园"名称的保护地共有 3740 个，世界保护区委员会（World Commission on Protected Areas，WCPA）数据库统计的国家公园（II 类）的数量为 5219 个。

国家公园的发展源自自然保护，但其发展的历程中也经历了诸多的教训。在国家公园早期发展过程中，由于生态学思想与原理的缺乏，一些管理实践活动对公园内的野生动植物资源造成了损害，并破坏了景观资源的完整性。

为统一认识并规范国家公园的建设发展，1969 年 IUCN 在新德里召开的第十届大会上确立了一致的国家公园国际标准，并将其发展成为以国家公园为代表的"国家公园与保护区体系"。随后，IUCN 又多次在会议上对国家公园和保护区的概念、体系进行了修改和完善，并逐渐为全球多数国家所认可和接受。

2.5.4　国内国家公园研究简况

我国国家公园的研究起步较晚，研究大致分为两个阶段。

1）1980～2003 年，国内学者的研究主要是对国外国家公园的引介

从汪松（1980）最先介绍哥斯达黎加的国家公园和自然保护区，至文君（2003）介绍肯尼亚的国家公园和自然保护区，20 余年有 10 余位研究人员介绍国外的国家公园，他们是俞德浚（1980）、杨纯（1981）、袁瑞中（1983）、黎红旗（1983）、赵兴华（1986）、王献溥（1989）、

杨佳(1990)、柴禾(1991)、李星(1997)、余秉全(1998)、徐晓东(2003)。

2)2006 年以后，国内学者主要进行我国自然保护区与国外国家公园的对比研究

张倩和李文军(2006)以加拿大国家公园改革为例，提出中国自然保护区管理的借鉴思路；圣隆佐(2006)根据美国黄石国家公园的管理提出了提高自然保护区管理水平的思路；余俊和解小冬(2010)、虞慧怡和沈兴兴(2016)对美国国家公园管理制度与我国自然保护区法律进行了比较；欧阳志云和徐卫华(2014)提出整合我国自然保护区体系、依法建设国家公园的理念；陈宇光(2014)以 51 个面积最大的自然保护区为例，提出我国建立国家公园制度的初步设想；邓思宇等(2017)基于 SWOT 模型做出自然保护区发展国家公园可行性分析。

2.5.5　国家公园试点建设

2006 年,云南迪庆藏族自治州通过地方立法成立香格里拉普达措国家公园,其于 2007年 6 月 21 日正式揭牌，成为我国第一个国家公园。2008 年 6 月，国家林业局(现国家林业和草原局)批准云南省为国家公园建设试点省。2008 年 10 月 8 日,环境保护部(现生态环境部)和国家旅游局(现文化和旅游部)批准建设中国第一个国家公园试点单位——黑龙江汤旺河国家公园。

2013 年 11 月，党的十八届三中全会决定提出建立国家公园体制，并将其作为生态文明制度建设的重要内容。2014 年 3 月，经环境保护部和国家旅游局批准，浙江省台州市仙居县和浙江省衢州市开化县成为首批国家公园试点县。

2015 年 5 月 18 日，国务院批转国家发展改革委《关于 2015 年深化经济体制改革重点工作的意见》提出，在 9 个省份开展"国家公园体制试点"。国家发展改革委同 13 个部门联合印发了《建立国家公园体制试点方案》。

2015 年 12 月 9 日，中央全面深化改革领导小组第十九次会议审议通过了《中国三江源国家公园体制试点方案》。2016 年 3 月 5 日，中共中央办公厅、国务院办公厅正式印发《三江源国家公园体制试点方案》，我国首个国家公园体制试点全面展开。2016 年 6月，国家发展改革委批复《香格里拉普达措国家公园体制试点区试点实施方案》，香格里拉普达措国家公园体制试点正式启动实施。

中共中央办公厅、国务院办公厅于 2017 年 9 月 26 日印发并实施《建立国家公园体制总体方案》，其是为加快构建国家公园体制，在总结试点经验的基础上，借鉴国际有益做法，立足我国国情而制定。截至 2019 年，全国已建成三江源、大熊猫、东北虎豹、湖北神农架、钱江源、南山、武夷山、长城、普达措和祁连山 10 处国家公园体制试点，涉及青海、吉林、黑龙江、四川、陕西、甘肃、湖北、福建、浙江、湖南、云南、海南 12 个省(区、市)，总面积约 22 万 km^2。

2019 年 10 月，党的十九届四中全会指出，加强对重要生态系统的保护和永续利用，构建以国家公园为主体的自然保护地体系,健全国家公园制度。为了规范国家公园的建设，我国已形成了一些国家标准(表 2.4)。

表 2.4　国家公园建设所涉国家标准一览表

序号	标准编号	标准名称	实施日期
1	GB/T 39736—2020	《国家公园总体规划技术规范》	2021-07-01
2	GB/T 39737—2020	《国家公园设立规范》	2020-12-22
3	GB/T 39738—2020	《国家公园监测规范》	2021-07-01
4	GB/T 39739—2020	《国家公园考核评价规范》	2021-07-01
5	GB/T 39740—2020	《自然保护地勘界立标规范》	2020-12-22

2021 年 10 月 12 日，国家主席习近平以视频方式出席《生物多样性公约》第十五次缔约方大会领导人峰会并发表主旨讲话。在讲话中，习近平宣布，中国正式设立三江源、大熊猫、东北虎豹、海南热带雨林、武夷山等第一批国家公园。

2.5.6　建立以国家公园为主体的自然保护地体系

2019 年，中共中央办公厅、国务院办公厅印发的《关于建立以国家公园为主体的自然保护地体系的指导意见》(具体见附录 2)指出，自然保护地是生态建设的核心载体、中华民族的宝贵财富、美丽中国的重要象征，在维护国家生态安全中居于首要地位。我国经过 60 多年的努力，已建立数量众多、类型丰富、功能多样的各级各类自然保护地，在保护生物多样性、保存自然遗产、改善生态环境质量和维护国家生态安全方面发挥了重要作用，但仍然存在重叠设置、多头管理、边界不清、权责不明、保护与发展矛盾突出等问题。

第3章 自然保护区生态旅游开发四体策略

3.1 主体策略——生态旅游者

3.1.1 生态旅游者概述

生态旅游作为一项与可持续发展战略思想密切相关的旅游形式和思想,其活动主体——生态旅游者至关重要,其应具备一定的素质,才能实现生态旅游活动。

1. 生态旅游者的概念

广义的生态旅游者指的是到生态旅游区的所有游客;狭义的生态旅游者指的是对生态旅游区的环境保护和经济发展负有责任的游客。广义概念具有较好的统计学意义,具有统计上的可操作性,但其只是对旅游者行为现象的部分概括,并不能真正体现生态旅游的内涵,将生态旅游与自然旅游等同起来。其忽视了生态旅游的兴起与发展是人们环境意识增强的结果,没有体现"生态"的含义。狭义概念不便于统计分析,但是反映了生态旅游的内涵,同时也涉及生态旅游者的本质特征,把生态旅游者与传统旅游者区别开来,有利于传统旅游者自觉地要求自己,成为一名真正的生态旅游者。

2. 生态旅游者的特征

一般旅游者的共同特点有目的地的异地性、经济上的消费性、时间安排上的业余性、地域上的差异性,在此基础上生态旅游者还应具有自然性、责任性和特定性三个显著特点(表 3.1)。

表 3.1 生态旅游者特征一览表

特征	概念	内涵
自然性	旅游对象和旅游服务的自然性	旅游对象的自然性不但指自然环境形态,还指原汁原味的、人与自然和谐的特色文化;旅游服务的自然性是指生态旅游者在旅游过程中的吃、住、行、游、娱、购等环节,对所接受的服务项目要求原汁原味、自然
责任性	旅游活动促进环境保护和社区经济发展	生态旅游者在旅游地进行丰富多彩的生态旅游活动,在责任感的驱使下,自觉要求自己的行为不对生态环境产生破坏,尊重和维护人与自然和谐的特色文化,并为所在社区经济发展做出应有的贡献
特定性	自身素质要求的特定性	生态旅游者必须具备一定的素质,包括身体素质、道德素质、环保知识及文化修养等,如理解大自然和农业生态平衡的原理,懂得民俗风情的文化内涵,知道自己的行为是否符合环境保护的规范等

3. 生态旅游者的权益与责任

在生态旅游活动中,生态旅游者应明确其享有的权益与应负的责任,他们的权益和责任充分体现了生态旅游的特点要求,应该予以足够重视。

1) 生态旅游者的权益

生态旅游者的基本权益主要有以下三个方面:①自由选择、知悉真实信息的权益;②人身、财产安全受保护的权益;③获得质价相符的商品与服务的权益。

2) 生态旅游者的责任

生态旅游者应承担相应的义务与责任。

(1) 环境保护的责任。生态旅游者对旅游目的地的生态环境维护具有以下责任感:①尊重旅游目的地的生命;②尊重旅游目的地的自然生态系统;③尊重旅游目的地的生态过程;④尊重旅游目的地的文化。

(2) 促进旅游社区经济发展的责任。生态旅游者有责任和义务让生态旅游区与当地社区共同生存,共同繁荣。

3.1.2　生态旅游者形成的客观条件

生态旅游者形成的客观条件涉及社会生活的各个方面,其中主要是经济能力、休闲时间、社会经济环境、身体状况四个方面。

1. 经济能力

经济能力是实现生态旅游活动的基础。旅游者的可自由支配收入越高,旅游动机就越强,旅游消费就越多。一个国家或地区不同人均国内生产总值与旅游动机的关系见表 3.2。

表 3.2　不同人均国内生产总值与旅游动机的关系

人均国内生产总值/美元	旅游的动机类型
≥300	国内旅游
≥1000	跨国旅游
≥3000	洲际旅游

2. 休闲时间

休闲时间是可自由支配的时间,主要包括每日闲暇时间、周末、公共节假日、带薪假期等,没有闲暇时间,就没有生态旅游活动。

1985 年,国际劳工组织确认每天工作 8 小时,每周 40 小时。至 1995 年 5 月 1 日,全世界 175 个国家中,已有 145 个国家实行了 5 天工作制,各国带薪年休假期为 5~32 天不等。随着人类文明不断进步,休闲时间的拥有量不断增加,这为生态旅游活动提供了更为充裕的时间条件。

3. 社会经济环境

1）直接影响

一个地区的政治地位和声誉、社会治安、人民的社会道德水平、旅游政策、经济发达程度等，会对生态旅游者的形成产生举足轻重的作用，游客在旅游时追求安全、舒适和友善的社会环境，他们愿意选择社会环境安定的地方去旅行。

2）间接影响

社会政治经济发达程度影响到交通运输业与旅游住宿业的发展以及都市化进程，而这些因素对生态旅游者的产生也有一定的作用，先进的交通运输工具（如性能良好的越野车）、发达的航空事业，能够让生态旅游者安全、迅捷、舒适地到达生态旅游目的地，有效利用闲暇时间。

4. 身体状况

生态旅游在大自然中进行，对体能的消耗较大，对体力的要求较高，身体状况成了能否出游的重要生理性因素。

3.1.3　生态旅游者形成的主观条件

1. 旅游动机的产生

有了旅游动机进而要选择或寻找旅游目的地，旅游目的地确定后，为满足需求而进行旅游活动，过一段时间又会重新产生旅游需求，又会有新的旅游动机产生。因此，旅游动机的产生和满足过程是动态的、循环往复的。

2. 旅游动机的分类

我国学者把旅游动机分为一般动机与具体动机。一般动机，指的是人们出去旅游的根本原因，包括健康和娱乐的动机、乐趣和冒险的动机、民族和家庭的动机、文化的动机、社会和自我表现的动机。具体动机，指的是人们选择某个旅游目的地、某种旅游方式、某项旅游服务的原因，其主要受到个人知识与经验、他人介绍和广告的强烈影响。

有的学者则把旅游动机划分为六种类型：健康或娱乐动机、猎奇或冒险动机、民族或家庭动机、文化动机、社会和自我表现动机、经济动机。

一个人一旦要做出反映一个或几个旅游动机的旅游决定时，将选择最符合其动机的主要旅游目的地，并将内心所形成的不同旅游目的地的各种形象跟相关动机进行对照，经过反复地强化意识和排除意识，对一系列目的地进行比较筛选，直到把那些符合基本动机的旅游目的地挑选出来。

3. 生态旅游动机

生态旅游者参加生态旅游的动机是满足其"回归大自然"的心理需求。由于人类起源于自然，脱胎于自然，故人类这种重返自然的行为被称为"回归大自然"，这是生态旅游者参加生态旅游的主要动机和心理需求。人们之所以想回归大自然,外因主要是生存环境的恶化,于是希望返璞归真,回归大自然,寻找环境质量好的"世外桃源";内因主要是精神上对自然的"母亲情结"以及身体需要恢复精力,人类属于自然,人类对自然这个"母亲"有本能的依恋之情,到大自然中去能找回原始的"精神家园"。同时,喧嚣的城市、单调的生活、快节奏的工作给现代人带来压抑感、烦闷感和疲劳感,人类向往美好事物的天性会驱使其下意识地去捕捉美、欣赏美和热爱美,从而得到彻底放松。

3.1.4　生态旅游者的培养

一个人通过环境教育成为向往大自然、自觉保护大自然的生态旅游者的过程就是生态旅游者的培养过程。生态旅游者的培养有助于生态旅游目标的实现,有助于生态旅游客源的扩大,有助于全民环保意识的提高。生态旅游者培养的内容主要有两个方面:自然知识的培养与环境意识的培养。

1. 自然知识的培养

自然知识是提高环境意识的基础,通过理解自然而欣赏自然,通过欣赏自然而保护自然。自然环境是人类生存、繁衍的物质基础,要保护和改善自然环境,首先必须认识自然。自然界生机勃勃,气象万千,这一切无不显示自然的神奇博大、变幻无穷,自然所蕴含的智慧和力量激发并吸引着人类去探索、了解。自然知识包含地质地貌、江河湖海、气象气候、动物植物、宇宙繁星等丰富内容,涉及这些组分的起源、构成、规律、特点及价值等各个方面,对某个生态旅游区而言,主要是深入洞察自然生态资源的性质、类别、成因与造景机制,以及切身体验所在社区的风俗习惯与社会文化。

2. 环境意识的培养

人们的环境意识包括两个方面的内容:一是人们对生态环境的认知水平,即环境价值观念;二是人们参与保护生态环境行为的自觉程度。培养环境意识就是要使人们认识到,自然界是包括人类在内的一个有机整体,保持有一定内在生命规律的人类要正常地生存,必须遵从自然规律,有效地计划和控制自身的行为,合理地调节人与自然的物质和能量交换,从而达到人与自然的和谐共存和共同发展。还应意识到生态旅游区中各组成部分的有机联系及相互间固有的物质和能量交换规律,维护自然的调节能力和社会文化的纯洁性,把人类对旅游自然、社会和文化环境的影响限制在其调节能力容许的范围之内。

3.1.5　生态旅游客源市场分析

1. 生态旅游市场的构成和特点

从我国目前的情况来看,生态旅游主要客源市场及特征见表3.3。

表 3.3　生态旅游主要客源市场及特征

客源市场类型	客源市场特征
青少年乡村修学旅游	认识学习型,以学校或家长等安排的特殊旅游与考察、写生、实习等为主要内容,以学生远足、夏令营等为主要形式
青年生态旅游	现代青年人大多追求生态环保潮流,渴望体验多彩人生,生态旅游对于这类人群来说更多的是一种体验式旅游
中老年生态旅游	寻根怀旧、回归自然,有独特氛围和景色的生态旅游;对于受教育程度较高、对建筑及历史文化有兴趣的中老年游客,也可以开发以民居建筑游为主的生态旅游产品
都市居民生态旅游	向往宁静、健康的生活环境,喜好绿色健康食品,偏好休闲的旅游方式
城市文化者生态旅游	城市中文化水平和受教育程度较高的都市知识阶层,主要旅游动机是体验城乡文化差异,选择探索未知的自然历史、地理和独特的风土人情,体验自己不熟悉的自然生活以实现心理享受
度假旅游	主要是城市收入较高者及其家庭(如企业高级雇员、机关干部、事业单位高级职员以及部分企业老板等),山野及水体运动、自然环境疗养健身为主的度假活动较能符合这一市场的需求,如温泉疗养、中草药浴、名贵药材采摘等

2. 生态旅游者的市场特征

生态旅游者由于民族、社会阶层、职业、年龄各异,又有不同的旅游目的,他们的行为特征复杂多变,经营者必须予以区分,开发适合各类生态旅游者的旅游产品。生态旅游者的市场特征如下。

1) 家庭

主要表现为家庭结构和家庭生活周期对旅游动机的影响。

家庭结构是指家庭成员的组合形式,可分为核心家庭、夫妻式家庭、主干家庭和扩展家庭。家庭结构不同,生态旅游消费需求也不同。如夫妻式家庭,由于没有小孩,经济条件宽裕,闲暇时间较多,旅游需求相对容易满足;而其他类型的家庭,由于抚养子女、赡养老人等因素,旅游需求相对不易满足。

家庭生活周期大致可分为单身阶段、新婚阶段、初为父母阶段、空巢阶段、分解阶段。不同发展阶段的家庭,具有不同的消费特点,进而对旅游动机产生不同影响。

2) 社会阶层

不同社会阶层的生态旅游者行为特征也不同,主要是取决于教育与职业两个因素。

一般来说,受教育程度较高、社会阶层较高的人更加开放和自信,愿意接受外界新鲜事物,对生态旅游这种方式抱有积极的态度,乐于参与"奢侈豪华"的生态旅游项目。社会层次较低的人参加生态旅游活动讲究经济实惠,追求物有所值,对价格较为敏感。

生态旅游者的职业构成中,以工人、干部、学生和教师为主,这四种职业的游客除受教育程度较高外,时间、精力等客观条件也较有优势。

3) 性别

男性生态旅游者和女性生态旅游者在视觉、听觉及触觉等感官功能方面有差异,对生态旅游的营销刺激反应不一样。女性生态旅游者往往容易受促销的诱惑,消费时感性思维占主导,自制力比较弱;男性生态旅游者考虑问题比较实际,不大会在细小的事情上斤斤计较。由于体力的差异,男女选择生态旅游项目时也往往有所不同。

4) 年龄

青年游客情感不稳定,遇事不够冷静,喜欢时尚的、刺激性和冒险性较强的、体力消耗较大的生态旅游活动;中老年游客行事较为谨慎,比较务实,对行程的考虑更多注重住宿、用餐等的体验感,容易思古怀旧,对故地重游、文物古迹有浓厚的兴趣,倾向于选择节奏慢、舒适并且体力消耗较少的生态旅游产品,而且重视养生保健。一部分中老年游客由于有较丰裕的积蓄,会倾向于选择较"豪华"的旅游产品。

5) 生态旅游类型

不同生态旅游类型的特征见表 3.4。

表 3.4　不同生态旅游类型市场特征

生态旅游类型	特征
休闲娱乐型	重视娱乐活动的参与,讲求心理体验和心理需求的满足
观光型	喜欢游览独具特色的村落,会购买乡村土特产品,每个景点都会拍照留念
探索考察型	对乡村自然人文环境感兴趣,喜欢独自考察,一般不会购买旅游纪念品,对生态旅游设施和服务要求不高
休闲养生型	对价格不敏感,但对居住环境、餐饮设施以及综合服务有较高的要求

3. 生态旅游者的旅游消费决策

旅游消费决策是游客做出的关于购买某种旅游产品的决定。人们的旅游消费决策五花八门,决定进行生态旅游消费也是其中的一种决策。

1) 消费决策面临影响因素

生态旅游者在做出决策时面临的问题,可以归纳为六个类型(表 3.5)。

表 3.5　生态旅游者消费决策 6 因素

类型	解读	内涵
why	为何消费	消费动机不同,产生消费行为的原因也多种多样
what	消费什么	是生态旅游消费决策的核心,具体内容包括生态旅游产品的类型、品牌、新颖度、等级、规格和价格等
how many	消费多少	消费数量取决于其实际需求、支付能力及市场供求状况
where	到哪消费	一般会选择相对较近的目的地消费,但对一些服务良好、信誉好的旅游园区也会"舍近求远"
when	何时消费	一般取决于生态旅游者需求的紧迫性及生态旅游市场行情的变化状况
which	怎样消费	是否选择预订,是选择书面预订、口头预订、电话预订还是网上预订

2) 消费决策的过程

通常情况下,生态旅游者购买决策的全过程,分为问题认识、信息调查和信息评价等阶段。

(1) 问题认识。

这是生态旅游者消费决策的第一步,这种认识是由于生态旅游者的期望状况和现有状况之间存在一定的差距而产生的。只要发生期望的状况与现有状况不符，就会产生对问题的认识；而期望的状况与现有状况基本吻合时，不会产生问题的认识，因此就无须做出生态旅游消费决策。

（2）信息调查。

根据获得信息来源的不同，生态旅游者获得的信息大致可分为内部信息和外部信息两种。

内部信息是指生态旅游者的经验与知识。选择生态旅游消费时，生态旅游者就会回忆出相关的信息。

外界信息包括家庭成员、亲戚、朋友、邻居的意见和态度，政府部门提供的信息，新闻媒体和专家学者提供的信息，企业公关活动如广告、展销、陈列及销售员的推销指导所提供的信息。其中家庭成员、亲戚、朋友和邻居的口传信息，以及政府、新闻媒体、专家学者提供的中立信息(特别是前者)，往往对生态旅游者的消费决策起着决定性的作用。

（3）信息评价。

收集信息后，生态旅游者就开始对信息进行评价和选择。这个过程往往与外部信息调查同步进行。作为支持的信息可分为三类：解决问题所需的各种评估标准、各种可行的解决方案以及实现的难易程度。

在选择过程中，生态旅游者也会列出不喜欢或因为价格等原因而不能接受的产品，这类旅游产品会被排除。

3.1.6　生态旅游的市场开拓

1. 生态旅游市场调查

1）生态旅游市场调查类型

（1）宏观市场调查。主要包括生态旅游市场总需求及总供给的调查、市场环境调查等内容。生态旅游宏观环境是指影响市场供求变化的经济、政治、社会、文化教育等。

（2）微观市场调查。是指生态旅游经营者根据营销活动的需要而进行的特定调查，包括生态旅游者需求调查、市场营销状况调查和市场竞争调查。生态旅游者需求调查主要包括旅游动机、旅游客源结构和游客费用支出状况调查。市场营销状况调查包括生态旅游者对新老旅游产品质量以及产品生命周期各个阶段的要求、意见和建议的调查。市场竞争调查主要调查竞争对手的状况，如有哪些竞争对手，哪些是现实的竞争对手，哪些是潜在的竞争对手，竞争对手的资金实力、生态旅游产品项目设计、服务质量、价格水平等状况。

2）生态旅游市场调查阶段及资料类型

生态旅游市场调查通常分为三个阶段，即调查准备阶段、实地调查阶段和结果处理阶段。

经过必要的调查准备之后，着手实地调查，收集资料。收集的资料可分为二手资料和一手资料。二手资料是他人收集并整理的资料，这些资料比较容易取得。二手资料可由企业内部资料、政府机关的统计资料、公开出版的报刊和研究报告、区域旅游组织和专业旅游市场调研机构的年报等途径获得。二手资料的搜集比较简单，而且节省费用。一手资料又称原始资料，是调查人员通过现场实地调查所收集的资料，收集的方法有调查法、观察法、实验法和会议法。

2. 生态旅游市场预测

1）定性分析

定性分析是对预测目标的性质以及可能的发展趋势做出的分析，包括游客意见法、营销人员估计法、经理人员判断法和专家预测法。游客意见法是通过当面询问、电话、信函和调查表等，对生态旅游者进行调查或征询，从而预测生态旅游市场。营销人员估计法是由生态旅游的营销人员对市场做出预测。经理人员判断法是由生态旅游主管部门根据经验，对预测期的营业收入做分析和估计，然后取平均数作为预测估计数，此法简单易行，节约费用，是生态旅游经营者常用的预测方法。专家预测法是聘请社会上的专家进行生态旅游市场预测。

2）定量分析

定量分析是用数学计算的方法来研究、推测未来事件的变化及发展趋势。用定量分析法预测生态旅游市场需求，一般要使用多种统计方法和计量经济学方法。常用的方法有时间序列分析法和回归分析法。时间序列分析法包括简单平均法、移动平均法、指数平均法、变动趋势预测法。回归分析法包括一元线性回归分析法和二元线性回归分析法等。

3. 生态旅游目标市场选择及策略

任何一种生态旅游产品的供给者，都没有足够的实力面对整个生态旅游市场并满足所有游客的需要，因此必须对生态旅游市场进行细分，以确定市场目标。生态旅游市场细分，就是根据生态旅游者需求的差异性，把旅游市场整体划分为若干个生态旅游者群体，从而确定目标市场。生态旅游市场细分不是生态旅游产品的分类，而是根据旅游需求的差异划分不同的细分市场。

生态旅游目标市场的选择是在市场细分的基础上进行的。生态旅游经营者选择目标市场的策略一般有三种(表 3.6)，三种策略各有其优缺点。生态旅游经营者在选择目标市场策略时要考虑自己的实力、产品特点、市场特点、产品生命周期和竞争者市场策略等因素，灵活地确定目标市场。

表 3.6　生态旅游经营者选择目标市场的策略

策略	内涵	适用
无差异性	把整个生态旅游市场看成一个无差别的整体，认为所有游客对其生态旅游产品和服务的需求是一样的，将整体市场作为目标市场	一般的大众观光类的生态旅游经营者
差异性	在市场细分的基础上选择几个细分市场作为目标市场，针对每一个细分市场的需求特点，设计和组合不同的生态旅游产品，并采取不同的旅游促销方式分别进行促销，以差别性产品和促销方式满足差异性的生态旅游目标市场需求	大多数生态旅游经营者
密集性	在市场细分基础上只选择一个细分市场作为目标市场，追求的不是在整体市场上占有极小的份额，而是在较小的细分市场上占有较大的份额	资源能力有限的中小型生态旅游经营者

3.1.7　例证研究——唐家河自然保护区市场营销

市场营销是个人和群体通过创造并同他人交换产品和价值以满足需求和欲望的一种社会和管理过程。其规划主要包括生态旅游市场细分、目标市场的选择、营销策略等步骤（游云飞，2001）。

1. 目标客源市场定位

1）大众市场

根据距离衰减规律，初步将唐家河的客源市场定位为如下三级（刘晓琴等，2009）。

（1）一级市场。包括成都、广元、绵阳、德阳、重庆、汉中。与唐家河自然保护区共同竞争这一市场的旅游景区较多，彼此间资源有较大的共性，产品差异化程度不高，市场竞争激烈。

（2）二级市场。包括北京等发达地区和武汉、长江三角洲和珠江三角洲，该市场经济发达，人口众多，旅游消费水平高，市场前景十分广阔。

（3）三级市场。包括郑州、西安、兰州、昆明等国内其他机会市场和欧美等传统远程客源国市场。在质量和效益上，欧美等传统远程客源国市场是唐家河自然保护区应重点开发的核心市场。

2）专项市场

（1）成都、重庆、西安、武汉等城市群的商务、会务市场。包括公司活动、会议、展览和奖励旅游。

（2）成都、重庆、西安、武汉等城市群的政府部门、机关单位兴办的会议市场。

（3）成都、重庆、西安、武汉城市群的奖励旅游市场。

（4）成都、重庆、西安、武汉等地的休闲度假和避暑养生市场。

2. 营销形象口号

围绕唐家河自然保护区生态旅游资源、景观和产品特色，在不同的场合，面对不同的目标市场和生态旅游消费者，应利用如下营销形象口号，开展营销活动，并不断深化和拓展。如中国的"黄石国家公园"；四季唐家河，多彩摩天岭；生命家园，知识胜地——中国唐家河生态和知识之旅；牛羚山岗、紫荆花谷——中国珍稀野生动植物生态旅游目的地；生物多样性王国，文化差异性故地——中国唐家河；千里岷山绿色宝库——中国唐家河；嘉陵江畔绿色明珠，摩天岭上牛羚家园——中国唐家河；摩天岭上观牛羚，阴平古道读三国——中国自然文化之旅；自由原生态，活力唐家河——年轻人的乐园；春赏百花秋望叶，夏有凉风冬听雪——中国唐家河。

3. 市场营销策略

1) 产品营销策略

产品营销策略包括生态化策略、差异化策略、个性化策略。

2) 价格策略

价格是调节旅游需求的一个杠杆，自然保护区应高度重视价格策略的制定。一要通过调整价格来调控游客的数量。二要根据季节、产品、游客三要素来制定出不同层次的价格体系。三要在价格方面采取一定的鼓励措施，吸引更多的回头客。根据这三个原则拟定以下价格策略。

(1) 根据旅游季节和旅游淡旺季实行不同价格。如"五一"或"十一"黄金周旺季，景区管理压力加大、对生态环境及动植物的影响加重，可提高门票价格，冬季游客较少可降低门票价格。

(2) 对特殊群体实行不同的价格。比如对老人、儿童、残疾人员及当地居民实行优惠价格。

(3) 薄利多销策略。对团体购票者，根据人数的多少，采取一定的折扣优惠。

(4) 与剑门关、翠云廊、天台山等旅游景点联合推出套餐门票。

3) 促销策略

(1) 广告促销方案。唐家河自然保护区的广告促销方案主要针对成都、重庆、西安、武汉的电视媒体，同时有选择性地辐射上海、广州等相关媒体。一是制作唐家河旅游形象广告宣传片，重点选择目标市场电视台和旅游频道播出。二是拍摄制作唐家河旅游电视宣传专题片。三是赞助一些比赛活动，比如摄影大赛、游记创作大赛等，通过比赛间接进行宣传。

(2) 网络推广方案。网络促销是一种新的促销形式，它具有覆盖面广、形式多样、快捷有效的优点。首先要建立唐家河旅游门户网，这个网站应该成为景区景点宣传、保护区新闻发布、天气预报等的平台；其次通过筛选确定一些有影响的网站(如同程网、搜狐网等)，在这些网站上投放唐家河保护区广告。

(3) 节庆活动促销方式。举办大型主题活动和节庆活动，吸引目标市场和机会市场的参与。一是定期举办主题活动，如唐家河紫荆花节、冰雪节、漂流节等。二是在节日期间举行优惠活动、有奖活动和体验活动。同时争取四川省内商务活动、大型会议及体育赛事，从而展示唐家河自然保护区的旅游形象。

(4) 公共关系促销。一是与新闻界保持良好的关系，及时向新闻人员提供稿件，适时邀请报刊记者、旅游作家及电台节目主持人到唐家河考察游览。二是协调与政府部门的关系。三是与旅行社、宾馆、饭店保持信息沟通及结成利益共同体。四是与一些企业合作，在企业的产品销售中用抽奖的方式鼓励更大范围的人到保护区游玩。五是响应政府号召的公益活动，例如资助当地社区的基础设施修建、捐助希望工程等。

3.2 客体策略——生态旅游资源

3.2.1 生态旅游资源的概念及类型

1. 生态旅游资源的概念

生态旅游资源是指能吸引旅游者，为旅游业利用，同时产生经济、社会、生态等综合效益的景观客体。作为生态旅游资源的景观应该同时具有吸引功能和综合效益功能，应该是生态环境保护较好的、给人以美的享受的旅游活动的客体。

生态旅游资源应具有人与自然的和谐性、广泛性、多样性、地域性、系统性、季节性、民族性、时代性和保护性等特征。

2. 生态旅游资源的类型

1) 生态旅游资源的分类原则

(1) 相对一致性原则。同一类型的生态旅游资源的主要组成成分、景观外部特征、景观功能、内部结构应保持相对一致性。

(2) 发生与演化一致性原则。同一类型的生态旅游资源的形成基础(包括自然环境、社会环境)应具有相似性的特征，有共同的发展过程和演变规律。

(3) 同时性原则。生态旅游资源是一个具有季节变化和随遇变化特点的地域综合体，不同的季节出现不同的景观，有时甚至会在较短时段内发生较大的变化。

2) 生态旅游资源的分类

生态旅游资源的分类目前没有统一的标准。主要是依据成因、主导因素、人类利用、保护性、旅游价值，将生态旅游资源划分为 3 个大类、8 个中类和 25 个小类(扬桂华等，2000；鲁小波，2010)，见表 3.7。

表 3.7　生态旅游资源分类系统

第 1 级（大类）	第 2 级（中类）	第 3 级（小类）
自然生态旅游资源	陆地	森林、草原、荒漠
	水体	滨海、湖泊、漂流、温泉
人文生态旅游资源 （人与自然共同营造）	农业	田园风光、牧场、渔区、农家
	园林	中国园林、西方园林
	科普	自然博物馆、植物园、天然野生动物园、世界园艺博览园
保护生态旅游资源	自然保护	北极、南极、山岳冰川
	文化保护	宗教名山、水资源
	法律保护	世界遗产自然保护区（国家公园）、森林公园、风景名胜区

按照《旅游资源分类、调查与评价》（GB/T 18972—2003）[①]，旅游资源共有 8 主类、

[①] 本书在项目调查过程中使用了《旅游资源分类、调查与评价》(GB/T 18972—2003)及(GB/T 18972—2017)两种标准，下文具体对比了此两种标准的主要技术差异。

31 亚类、155 基本类型(附录 3)。

在《旅游资源分类、调查与评价》(GB/T 18972—2017)中旅游资源共有 8 主类、23 亚类、110 基本类型。该标准与《旅游资源分类、调查与评价》(GB/T 18972—2003)相比,除编辑性修改外主要技术差异如下。

(1)旅游资源分类表做了继承性修编,对分类层次和类型进行了简化。

(2)旅游资源主类的排序和名称做了调整,将原主类的第五类"遗址遗迹"和原主类的第六类"建筑与设施"前后移位,分别改为第六类和第五类,"水域风光""遗址遗迹""旅游商品"分别修改为"水域景观""历史遗迹""旅游购品"。

(3)旅游资源亚类设置了 23 个,比原亚类总数减少 8 个,主要改变为取消重复类型、同类归并,名称也随之做了相应调整。

(4)旅游资源基本类型设置了 110 个,比原基本类型总数减少了 45 个,主要改变为同类归并,科学吸纳、整合相关物质和非物质遗产类资源,名称也随之做了相应调整。

3.2.2　生态旅游资源的评价与构建

生态旅游资源可以从以下角度进行评价。

1)吸引力

吸引力包括下面几个方面。①自然吸引力。即观赏价值,自然景观的美、奇、特、新、稀缺、特殊的象形含义、美景度、奇特性、稀缺性、特殊价值等。②文化吸引力。即历史文化价值,历史渊源、文化传统、文化品位、风俗民情、民间节庆、优美的历史传说、名人遗迹、传奇经历、社会时尚等。③宗教吸引力。即宗教价值是否对宗教旅游者有巨大的吸引力,比如宗教文化的特殊性、宗教圣地及宗教活动的体验感受等。④科学吸引力。即科学价值,对科考旅游者具有吸引力。

2)知名度

知名度是人们对该旅游资源了解和熟悉的程度及认识的广泛程度。许多旅游资源的美学价值并非很大,但知名度较大,其开发潜力也就较大,因为旅游者特别是大尺度空间旅游的旅游者倾向于选择知名度大的旅游地进行旅游。"口碑效应"对于生态旅游者而言,能够起到巨大的引导作用,知名度是人们形成旅游动机的重要因素。所谓"慕名而来"在很大程度上影响着生态旅游者的旅游决策。

3)可进入性

可进入性主要是指交通条件和交通方式,道路不佳、交通工具落后等因素,会造成旅游者进入困难。此外,若生态旅游资源地距离城市很远,造成旅途时间过长或旅途费用过高,即使交通条件好,也会形成旅游者进入困难。

4)环境容量

环境容量是指旅游地一定时间内对旅游者的容纳量合理度,不能一概而论,生态旅游资源的性质、环境不一样，容纳量的合理度也有很大差别。

5) 环境质量

环境质量包括的因素较多，如气候条件、空气/水/噪声污染情况、游人的安全程度、卫生条件、接待设施条件、绿化植被情况等，若旅游地气候条件恶劣、附近有污染源、游客的安全性较差，就不适合开发生态旅游。

6) 资源的集聚程度

旅游资源的吸引力具有集聚效应，若一个生态旅游地有众多的旅游资源，并且在分布上又较密集，其对旅游者的吸引力会较大。

7) 依托城镇的经济社会发展情况

资源所在地或附近城镇经济社会发展程度越高，对旅游者的吸引力就越大，反之则越小。经济、社会的发展程度可以从以下几方面分析：运动设施、教育设施、休闲设施、购物设施、基础设施、住宿设施等。

3.2.3　生态旅游资源开发利用

生态旅游资源开发指在一定的乡村社区范围内，以营利为目的，以改善和提高旅游资源对游客的吸引力为切入点，为吸引和接待生态旅游者而进行的综合性的经济、社会、科学、生态、技术活动。

在开发生态旅游资源过程中切忌大量修建所谓的景点景物，要兼顾生态旅游资源开发和保护，要进行"保护性开发"。同时注重整体性、文化性、个性化、生态和谐、原汁原味等原则。

生态旅游资源开发的基本模式有三种：文化观光型、文化体验型、文化综合型。旅游地要根据实际情况综合考虑，因地制宜地选择应用。

生态旅游资源开发应坚持可持续发展的观点、系统的观点、保护的观点，注重保护"资源"与"客源"，并形成资源—知识—资金的"三Z"开发投入模式。

3.2.4　例证研究——唐家河自然保护区生态旅游资源调查与评价

1. 唐家河自然保护区生态旅游资源调查

本书依据王建军等(2006)提出的景观和环境并重的生态旅游资源分类与评价体系，结合国家标准《旅游资源分类、调查与评价》(GB/T 18972—2003)，对唐家河自然保护区森林旅游资源进行了分类。唐家河自然保护区旅游资源可分为"主类""亚类""基本类型"3个层次，即3个主类，14个亚类，51个基本类型(表3.8)。

表 3.8　唐家河生态旅游资源分类

主类	亚类	基本类型	代表性资源
生态旅游景观资源	地质地貌	名山(峰)	大草坪、深垭口、麻山、火烧岭、大草堂、大草坡、大尖包、乱石山、光景堂、花梣山、南天门、八卦梁、摩天岭、肚子石、双石人、草坡岩窝、马鞍岭
		岩石岩层	二叠纪、石炭纪和泥盆纪的千枚岩、板岩、花岗岩、灰岩、砂岩等
		冰川景观遗迹	U 形谷地貌，冰斗地貌，悬谷、冰臼、大型漂砾；冰川运移时形成的羊脊石、灯盏石、冰川擦痕等
		奇特山石	鸡角崖
	地域水体景观	河川	红石河、文县河、石桥河、小湾河
		漂流	唐家河漂流
		潭池	碧云潭、黑熊潭
		瀑布	水帘瀑布、麒麟瀑布、九龙瀑布
	生物景观	珍稀兽类	大熊猫、川金丝猴、扭角羚、豹、云豹、林麝、马麝、猕猴、藏酋猴(短尾猴)、豺、黑熊、小熊猫、黄喉貂、水獭、大灵猫、小灵猫、金猫、兔狲、狍狸、鬣羚(苏门羚)、斑羚、岩羊
		珍稀鸟类	金雕、白尾海雕、胡兀鹫、斑尾榛鸡、雉鸡、绿尾虹雉、鸳鸯、黑耳鸢、黑鹳、鹃隼、苍鹰、凤头蜂鹰、雀鹰、灰胸竹鸡、白头鹋、宝兴歌鸫、凤头雀莺、宝兴鹛雀、黑额山噪鹛、橙翅噪鹛、三趾鸦雀、白眶鸦雀、银脸长尾山雀、红腹山雀、黄腹山雀、蓝鹀、斑尾榛鸡、绿尾虹雉、雉鹑、蓝马鸡、红腹锦鸡
		珍稀植物	光叶珙桐、银杏、水青树、连香树、红豆杉、独叶草、油樟、香果树、西康玉兰、麦吊云杉、大果青杆、岷江柏木、金钱槭、华榛
		草原景观	大草堂、大草坡、大草坪
		花卉	紫荆花、高山杜鹃、樱花、野桃花、厚朴花、月季花
		野生动物栖息地	大熊猫栖息地、羚牛山岗、野牛岭、白熊坪、金丝猴研究基地
	气候气象景观	日出日落	日出、日落、蓝天、白云、满天繁星、日月同辉
		云雾	烟雨、云海
		霞光佛光	彩虹、佛光
		冰雪景观	雾凇、冰雪、飘雪
	宗教活动场所景观	寺庙	清真寺
		庙会	唐家河庙会
	历史遗址遗迹景观	关	摩天岭关、北雄关
		司	司曩日安抚司、土司署
		驿馆	摩天岭铺驿栈
		碑庙	邓艾庙与武侯祠、孔明碑、青川伐木厂纪念碑、大熊猫纪念碑
		景点	磨刀河、磨刀石、写字岩、水中井、落衣沟、丁平山、虎盘石、印盒石、鞋土山、撑锅石、兵书石、打箭坪、放马坪大熊猫雕塑、太平缸、鱼洞砭、古银杏树、红军桥、广武县城
	经济文化场所景观	生态露营点	白熊坪、杉木坪、长坪露营点、黄羊坪、倒梯子
		旅游接待点	毛香坝游客接待中心、毛香坝五星级生态木屋、长坪生态旅游服务站、关虎生态旅游接待点
		博物馆	唐家河博物馆春夏秋冬四展厅
		康体游乐休闲度假地	川浙交流中心、唐家河漂流、唐家河接待站、滑雪场
		聚会接待厅	关虎游客中心

续表

主类	亚类	基本类型	代表性资源
生态旅游环境资源	地方建筑与街区景观	乡土建筑	野性中国大草堂科考站
		街景	阴平村、落衣沟村、青溪镇
		保护站	毛香坝、唐家河、蔡家坝、摩天岭
		庭院	蜜园、听涛阁、兰花阁
	地域非生物类环境	大气环境、噪声环境、土壤环境、水环境、环境容量	整个保护区各处空气清新、无噪声污染，土壤无污染，地表水清澈见底，环境容量大
	生态系统物种环境	栖息环境	整个保护区都是动物良好的栖息环境
		有益植物精气	整个保护区都由含丰富精气的植物覆盖，精气植物树高 10m 以上
		空气负离子	主要景点空气负离子含量较高
	生态旅游气候环境	避暑气候	每年 6～9 月为避暑气候
		冰雪气候	每年 12 月到次年 3 月为冰雪气候
	地域区位要素环境	地理位置	位于广元市青川县境内
		客源地距离	距青川县城约 72km，距广元市区约 175km，距成都市区约 320km
		交通可及性	与国道、县道相通
		景点组合	保护区紧邻青溪古城、东河口地震遗址公园
社会生态旅游资源	习俗节庆	民间习俗	锣鼓草、山歌、牛歌、狮舞、龙灯
		节庆集会	杜鹃节、冰雪节、紫荆花节
	旅游商品	菜品饮食	青溪豆腐、烟熏老腊肉、跑山土鸡、野生鱼、酸菜豆花饭(三色饭)、金裹银("大米+玉米"饭)、蒸蒸饭(玉米羹)、荞凉粉、杂面、灰搅团、甜浆饭
		农林畜产品及制品	龙须菜、蕨菜、木耳、香菇、香菌、薇菜、蕨根粉、猕猴桃、野生板栗、山核桃
		中草药材及制品	天麻、党参、山药、木通、五倍子、五味子、猪苓、茯苓、贝母、泡参、杜仲、木瓜、金银花、虫蜡、羌活
		水产品及制品	雅鱼
		传统工艺品	麻柳刺绣、蜂蜜、青川老黄酒、唐家河蜂蜜酒、竹荪、青川黑木耳、七佛茶叶

2. 生态旅游资源评价概述

旅游资源评价就是在综合调查的基础上，运用一定的方法对旅游资源的价值做出评价的过程(丁季华，1998)。旅游资源与生态旅游资源评价方法总体上有定性评价、技术单因子定量评价、定性和定量相结合的综合评价(甘枝茂和马耀峰，2000)。

3. 唐家河生态旅游资源定性评价

定性评价是以美学理论为基础，用审美观点评价其观赏价值、文化艺术价值和科学保护价值，用文学艺术区别对生态旅游资源的质量进行的评价(钟林生等，2003)。如保继刚的经验评价法，黄辉石的"六字七标准"评价法，卢云亭的"三三六"评价法。定性评价是揭示旅游资源事物现象和发展变化本质属性的必要手段，特点是简单明了，相对而言对数据资料和精确度要求不高。

1) 旅游资源丰富，组合良好

唐家河拥有三国阴平古道、红军战斗遗址和众多原生景观。生态旅游资源类型多样、种类齐全、特色鲜明、品位较高。原始的自然风光与特有的回族风情相辅相成，相得益彰。游客可以在不同季节或者同一季节的不同地点、不同海拔开展观光、探险、科考、科普等旅游活动。

2) 旅游资源高品位，特色鲜明

唐家河是岷山山系大熊猫主要栖息地的重要组成部分，被世界自然基金会划定为 A 级自然保护区，也是全球生物多样性保护的热点地区之一，被誉为"天然基因库""生命家园"和岷山山系的"绿色明珠"。唐家河生态旅游资源品位高，特色鲜明，这取决于其所处的地理位置，因而在地质地貌、生物气候方面表现出明显的特有性。

3) 具有重要的科研和保护价值

唐家河保护区生物资源丰富。据调查其有陆栖脊椎动物 412 种，其中属于国家重点保护的动物有 74 种，包括大熊猫 60 只，金丝猴 1000 多只、扭角羚 1200 多只；有植物 2422 种，属于国家重点保护的珍稀植物有 12 种，其中一级为 4 种。得天独厚的自然条件和比较完整的生态系统使唐家河旅游资源具有典型性、多样性和科学性，吸引了许多中外专家学者来此进行地质、森林、水文、环境、生态、动物、植物等科学考察与研究。

4. 唐家河生态旅游资源开发潜力定量评价

旅游资源定量评价有层次分析法、模糊赋分法、综合评分法、条件价值法等(梁修存和丁登山，2002)。层次分析法能够较好地反映客观规律，将定量与定性结合起来，具有明显的优势。如李树德和董宪军(1993)运用层次分析法对济南旅游资源进行了评价；王鹏程等(2007)用层次分析法对南疆旅游资源进行了评价；余敏(2003)对层次分析法在旅游资源评价中的具体运用做了相应探讨；彭立圣和牟瑞芳(2006)用层次分析法针对生态旅游资源评价做了探讨；张美华(2000)用层次分析法对黄山景观生态环境进行了综合评价；谭根梅等(2007)运用层次分析法对乡村旅游资源进行了评价；杨秀平等(2005)基于层次分析法对旅游资源综合评价进行了探讨；刘勇等(2006)等用层次分析法对绵山旅游资源进行了评价；李世涛(2007)用层次分析法对深圳海岸带旅游资源进行了评价；郭绣春和赵明(2006)用层次分析法对阿巴嘎旗旅游资源进行了评价；王吉华等(2003)用层次分析法对西藏札达地区旅游资源进行了评价。

唐家河生态旅游资源开发潜力评价选取 3 个侧面的 16 项指标来衡量其开发利用潜力。采用层次分析法计算出各指标权重，评价因子指标值以满分 100 分标记，以自然保护区的生态旅游资源为背景进行打分，然后采用指标值的加权求和模型计算其总得分(表3.9)。

表 3.9　唐家河自然保护区生态旅游资源开发潜力评价

唐家河生态旅游资源开发潜力评价

评价综合层 目标层		资源条件 0.648							旅游条件 0.230					区位条件 0.122				总得分
评价项目层	因子	景点地域组合	旅游环境容量	稀缺性	奇特度	知名度	环境质量	科研价值	餐饮食宿	交通通信	导游服务	旅游商品	娱乐设施	连接客源地交通条件	与主要客源地距离	与附近旅游地异同	与附近旅游地距离	
	因子权重	0.081	0.027	0.118	0.036	0.060	0.290	0.036	0.056	0.093	0.032	0.032	0.017	0.046	0.015	0.010	0.051	
唐家河	权重	6.885	2.430	10.300	2.880	5.100	26.100	3.240	4.480	6.975	1.920	2.240	1.105	3.450	1.200	0.800	4.335	83.440

　　从定量评价结果看，唐家河自然保护区生态旅游资源种类丰富，品位较高，属四级旅游资源，其开发潜力在广元市自然旅游资源中排名第一。大力开发唐家河自然保护区，完全有可能将其建设成为全国性乃至世界级的生态旅游热门地点。

3.3　媒体策略——生态旅游业

　　生态旅游业是生态旅游系统中沟通生态旅游主体(旅游者)和生态旅游客体(旅游资源)的媒介，又被称为生态旅游的媒体。

3.3.1　生态旅游业概述

1. 生态旅游业的范围

　　从生态旅游活动过程来看，其涉及的相关行业有：一是有关生态旅游"准备"的行业，如办理生态旅游咨询和预订业务的旅行社、出售旅游用品的商业、传播生态旅游及目的地信息的信息业等；二是有关生态旅游"移动"的行业，如铁路、航空、汽车、轮船、自行车等；三是与生态旅游"逗留"有关的行业，如饮食业、旅馆业、娱乐业等。

　　从生态旅游活动的组织和经营管理角度来看，其范围更为广泛，涉及许多经济部门和非经济部门：一是直接与生态旅游有关的企业，如旅行社、饭店、餐馆、交通(包括民航、铁路、汽车公司等)；二是辅助性服务企业，如商场、食品店、洗衣店等；三是开发性组织，如政府旅游机构、旅游协会、旅游培训机构等。

2. 生态旅游业的定义

　　生态旅游业是凭借生态旅游资源，以旅游设施为基础，为生态旅游者的生态旅游活动创造便利条件并提供其所需商品和服务的综合性产业。生态旅游资源、旅游设施和旅游服务是生态旅游经营管理的三大要素。

3. 生态旅游业的性质

　　生态旅游业在传统旅游业的基础上强调生态，兼有经济性、文化性和生态性。

1)生态旅游业的经济性

　　经济性是生态旅游业的根本性质。发展生态旅游业不仅能够增加外汇收入、回笼货币，而且能促进轻工业、手工业、交通运输业等有关部门和行业的发展，对繁荣地方经济、促进地区经济的发展具有重要意义。

2)生态旅游业的文化性

　　文化性是生态旅游业的基本性质。从生态旅游者的角度来看，在整个生态旅游过程中，他们在享受物质的同时得到精神享受，在精神追求中得到物质享受，精神活动和物质活动相互依存，互为条件。

3）生态旅游业的生态性

生态性是生态旅游的关键性质。生态旅游作为一种以协调旅游开发和环境保护之间的关系为核心内容的新型旅游方式和经营理念，其产业具有生态性。生态学思想是产业运作和发展的指导思想，相关行业部门的管理与运行都有生态化要求。

4. 生态旅游业的特点

生态旅游业是整个旅游行业的一个分支，其除了具有旅游业的依赖性、敏感性、带动性、涉外性等一般特点外，还具有综合性、动态性和可持续性的显著特点。

1）综合性

生态旅游业是综合性的产业，这是由其生产、产品及效益的综合性决定的。生态旅游业的生产是综合的，需多个相关部门或相关因素协调配合、共同努力，既涉及旅游部门的旅行社、住宿业和交通客运业，又涉及国民经济中的一些物质资料生产部门。生态旅游业提供的产品也是综合的，其所凭借的资源既有人文的，又有自然的，既有历史遗留的，又有今人创造的；其所需要的设施条件，既包括旅行社设施，又包括以饭店为代表的餐饮住宿设施和交通客运设施；其所提供的服务是由吃、住、行、游、娱、购等多种服务项目构成的综合体。生态旅游业产生的效益也是综合的，其追求的是经济、社会及生态等效益的综合。

2）动态性

生态旅游业的动态性表现为空间与时间的动态变化。空间的动态变化主要是指生态旅游者的生态旅游活动与旅游目的地生态环境之间的互动过程，即相互影响、相互关联、相互制约的动态关系。时间的动态变化是指生态旅游业的季节性，这是由生态旅游活动的季节性所决定的，旅游目的地的自然条件会引起生态旅游资源的观赏利用价值随季节变化，形成生态旅游产业的旺季、淡季和平季，生态旅游者人数的增减，造成旺季旅游设施和服务人员不足，淡季却闲置。

3）可持续性

生态旅游首先考虑生态环境的承受能力，重视旅游环境容量的研究和维持措施，强调生态旅游者、社区居民及从业人员对保护生态环境的奉献，注重旅游发展与社区经济发展、环境保护紧密结合。因此，生态旅游业被认为是达到旅游持续发展目标的有效手段和途径，是一种与可持续发展原则相协调的旅游形式，具有可持续性。

3.3.2 生态旅游业的产业特征

1. 对传统旅游业的反思

1）"无烟"不等于无污染

在中国旅游界一直流行着一种观点，认为旅游业为无烟产业，不产生环境污染，这影响了各地的旅游规划、开发和建设。事实上，旅游业作为一种产业也会产生各种"废物"，虽然不像一般工业所排放的废物那样危害严重，但旅游活动和旅游开发所产生的"旅游公害"，足以对旅游地的持续发展构成严重威胁。

2) 旅游业并非"低投入、高产出"的产业

"旅游业是一个投资少、见效快、产出高的劳动密集型产业"这一提法似乎已得到了学术理论界和政府决策部门的广泛认可。人们之所以会这样认为，主要是没有把旅游资源(特别是生态环境资源)的消耗计入成本，低估了旅游业的社会成本和生态环境成本。如果把旅游地的环境、监测与管理体系的建立计入旅游开发成本，把对生态环境的治理和补偿计入旅游经营成本，建立旅游资源和生态环境的有偿使用制度，那么旅游业就不再是"低投入"的产业。

3) 旅游资源并非"非耗竭性资源"

"旅游资源不存在耗竭的问题"，这又是一种观念(田里和李常林，2004)。这种观念没有考虑到自然资源的再生周期和人文旅游资源不可逆转的演进规律。一个民族被同化后，遗留下来的只是原文化的空壳；一片山林被破坏后，那里的生态也许要几百年才能恢复，而且有可能永远也不能恢复到原生的状态。

2. 生态旅游业的产业特征

旅游业是否是永远的朝阳产业，是否还是"无烟产业"？生态旅游业在这种质疑和挑战中应运而生，其实质是旅游产业的各个环节的生态化。生态旅游是旅游业的一个崭新的发展阶段。

(1) 生态旅游业是一种高投入、高收益的产业。发展生态旅游业需要投入比传统旅游业高得多的开发成本和运作成本。生态旅游业同时也是高收益的产业，其一方面有充足的客源市场和有利的市场地位，另一方面有较高的资源的利用率。

(2) 生态旅游业建立在高科技基础上。生态旅游业所依托的技术包括环境、农业、信息与系统工程，是知识、人才和技术密集型产业。

(3) 生态旅游业是集生态、经济、社会效益和生产性多重目标于一体的产业。生态旅游业是社会经济结构理性化的产物，保护生态环境、促进可持续发展、获得投资收益构成了生态旅游业的复合型利益目标。

3.3.3　生态旅游业的结构体系

生态旅游业的六大要素为"吃、住、行、游、娱、购"，生态旅游业产业结构就是对应的旅游餐饮、住宿、交通、景区、购物和娱乐企业、旅游中介服务企业。

1. 生态旅游景区

从某种意义上讲，在任何区域进行旅游活动和旅游开发，只要符合生态保护原则，都可以视为生态旅游。但旅游资源密集的区域才是生态旅游开发的主要区域，这些区域被统称为"生态旅游景区"。

生态旅游景区与常规旅游景区有较大的差别。常规旅游景区是以获得最大经济利益为其主要目标，景区的功能也是围绕着"为旅游者服务"这一主题来设计。而生态旅游景区是以生态、社会、经济综合利益最大化为目标，同时兼顾生产功能，旅游娱乐只是景区的多种功能之一。另外，生态旅游景区并不像常规旅游景区那样全方位向游客开放，其开放的范围是根据农业生产和生态环境保护的要求来确定的。

对于大多数休闲娱乐型生态旅游来讲，旅游景区是一个浓缩的生态旅游业，旅游者"吃、住、行、游、娱、购"都在景区内完成。

2. 生态旅游饭店

旅游饭店向旅游者提供住宿、餐饮及多种综合服务项目。

1) 旅游饭店的作用

旅游饭店是旅游综合接待能力的重要组成要素之一，其作用如下。

(1) 旅游饭店是旅游业发展的重要物质基础。旅游饭店是为旅游者提供住宿、休息的场所，是一个地区旅游业发展和接待能力大小的重要标志。

(2) 旅游饭店是旅游收入的重要部门。饭店的营业收入为国家增加财政收入，积累资金。旅游饭店是增加就业机会的重要场所，同时，还需要工业、农业、饮食业等许多行业为其提供各种物资，从而给这些行业带来了间接的就业机会。

2) 符合生态旅游业要求的生态旅游饭店

生态旅游业中的旅游饭店应是生态旅游饭店，或"绿色饭店"，其提供的产品与服务应是绿色环保的。生态旅游饭店应做到清洁生产化(包括清洁能源、清洁生产过程、清洁产品)、服务产品和过程生产化、管理生态化，同时做到坚持资源厉行节约(减量、再使用、再循环、替代)原则和发展绿色的企业文化。

3. 生态旅游交通

旅游交通是指为旅游者提供旅游所需交通运输服务而产生的系列性社会经济活动。

1) 旅游交通的重要性

(1) 交通是旅游业产生与发展的前提条件。交通是实现人们旅游活动的必要手段。旅游业是以交通业为基础和前提产生、发展、繁荣起来的。

(2) 交通促进旅游区的兴起与发展。发展旅游业的一个重要条件就是该地区的可进入程度，其在交通方面表现为能否进得去、散得开、出得来。发达的交通把越来越多的旅游者输送到目的地，该目的地也因此扩大了知名度，逐渐兴旺发达。

(3) 交通是旅游业的大动脉。旅游交通担负着为旅游业输送客源的基本职能，它既要承担旅游者进出的交通问题，还要解决旅游者在目的地内的疏散问题，从而保证旅游业的正常发展，实现良好的效益。

(4) 交通是旅游创收的重要渠道。旅游交通是旅游产品组合中不可缺少的部分，旅游者的交通运输费在旅游总消费中占很大比例，而且旅行距离越远，交通运输费也相应越高。

2) 生态旅游业中交通的特性

传统旅游业中旅游交通的特性归纳为游览性、舒适性、季节性、区域性、无形性、流动性、不可贮存性以及供给与消费同步性等。生态旅游业的交通除具备一般旅游交通特性外,还要注重环保性、自然性和有地方特色。

3) 生态旅游业中交通的基本构成

根据使用地点的差异,生态旅游业中的交通主要分为旅游区外交通工具方式和旅游区内交通工具方式。

(1) 旅游区外交通工具。即旅游者使用何种交通工具到达生态旅游区,这主要取决于旅游区外的旅游交通运输网络,该网络由公路、航空、水运和铁路四大现代交通方式有机结合构成。旅游者到达旅游目的地,常常是上述四种方式的相互结合,优势互补,综合运用。

(2) 旅游区内交通工具。旅游区内交通工具除运输功能外,还有旅游参与功能。从运输功能考虑,应满足环保性的要求;从旅游参与功能出发,应具有地方性,也就是富有地方民族特色。因此,旅游区内交通工具方式丰富多彩,各具特色,旅中有游,旅游结合。

①陆运交通工具。包括自行车、三轮车、轿子等人力车,骏马、大象、毛驴、骆驼、牛车等骑乘,流动旅馆汽车、宿营车、游览车等电力车,还有徒步等。

②水上交通工具。包括风景河段上的游船、游艇、赛艇、竹筏、独木舟、乌篷船、羊皮筏、潜水装备,漂流河段上的漂流筏、救生装备等。

③空中交通工具。包括鸟瞰全景的直升机、热气球、观光飞艇、降落伞、滑翔伞等,以及空中登高的索道等。

4. 生态旅游旅行社

旅行社是生态旅游业的重要构成部分,其同旅游交通、旅游饭店一起被认为是生态旅游业的三大支柱。

1) 旅行社概述

旅行社是从事有关旅行业务的行业总称,其既是生态旅游产品的组织者,又是生态旅游产品的销售者。

旅行社的性质是企业,是具有法人资格的经济组织。我国的旅行社按其经济性质划分包括全民所有制和集体所有制两种;按经营业务范围划分包括国际旅行社和国内旅行社两种。

旅行社组织销售各项产品,将分散的、个别的旅游活动社会化,是旅游者与经营者之间的桥梁和协调者,也是旅游者顺利完成旅游计划的执行者。

2) 旅行社不同工作阶段要求

(1) 接待准备阶段。包括培养或聘用旅游专业领队、导游,制定详细的旅游计划,向当地生态专家、社区顾问咨询，听取他们的意见。

（2）接待实施阶段。该阶段是接待工作的中心环节。所做工作包括对游客的旅游前教育、指导游客与旅游地居民交流、组织一些环保的公益活动等。

（3）接待总结阶段。就旅游组织形式及安排、游客感受征求不同对象的意见，总结经验教训，改进下次旅游活动安排。

5. 生态旅游文娱活动

生态旅游文娱活动是为旅游者健身、娱乐活动等提供设施和服务。

1）生态旅游文娱活动的意义

（1）可以满足生态旅游者求乐、求新、求知、健身的心理需求。生态旅游者来到大自然，除了了解自然、保护自然外，还要以大自然为舞台，进行丰富多彩的生态旅游娱乐活动，以满足其求乐、求新、求知和健身的需求，如参与当地有民族特色的歌舞晚会、劳作、垂钓、漂流、滑雪等。

（2）可以调动客流、调整客源结构。生态旅游业具有动态性，在时间上有淡季、旺季和平季之分，在空间上有热点和冷点之分，而文娱活动的安排可以增加或减少旅游者在一地的逗留时间，在全局上起到均衡客流的作用，还可以缓解季节对生态旅游业的不利影响，在旺季加速客流，在淡季吸引客源。

（3）可以增加旅游收入。生态旅游者参与生态旅游文娱活动，一方面有些活动需要交纳一定的费用，增加了旅游收入，另一方面延长了其在目的地的逗留时间，对增加旅游收入有间接的作用。

2）生态旅游文娱活动的种类

生态旅游文娱活动可按活动场所分为旅游饭店的文娱活动、游乐园的文娱活动、专项旅游的文娱活动三类。

（1）旅游饭店的文娱活动。三星级以上的旅游饭店和旅游度假村一般都有比较完备的文娱设施作为配套服务设施提供给旅游者，主要包括歌舞厅、健身房、桑拿浴、保龄球、桌球、壁球、游泳池、网球场、冲浪等。生态旅游者在旅游之余，可借助上述设施选择文娱活动。

（2）游乐园的文娱活动。一些旅游区设立了游乐园或游乐场，根据不同年龄层次的需求来设计活动设施，如适合儿童的童话世界、秋千、转盘、滑梯、跷跷板等。

（3）专项旅游的文娱活动。生态旅游活动可以由丰富多彩的专项旅游构成，如农业体验及比赛、民俗文化参与、自行车旅游、森林生态旅游、草原生态旅游、登山探险旅游，在这些专项旅游中不乏文娱活动。

3.3.4　生态旅游业的运作

生态旅游应建立在科学管理的基础之上，从而实现和谐发展。生态旅游业的运作要略如下。

1. 准备工作

(1) 确定旅游景区和路线。这是开展生态旅游工作的第一个步骤，主要包括以下工作。①确定现有景点目录和参观活动的程序与办法。首先要确定核心景点(自然景点)和支撑措施(如人造景物、道路和服务设施等)。②对游客的观测分析。如哪些游客对哪些景物感兴趣，他们有什么需求，如何开展宣传介绍。③所列景点吸引力和活动方式评价。适当的评价能科学地进行宣传和介绍，让游客对景点有所了解。④确定宣传的方式和办法。对宣传方式、经费、预计效果做出规划，并让员工知晓，动员大家去完成。

(2) 宣传教育和导游讲解。对于生态旅游区来讲，解析生态过程、农业生产、动植物区系、区域地理、生态系统和景观类型是最基本的。对该区域的基本情况、管理条例、主要景点线路、活动方式、保护环境的意义、经济价值和发展要求也应简要介绍，对游客个人生态保护意识和支持方式等也应加以说明。宣传教育和讲解可通过就地讲解、游客服务中心张贴、咨询、文字、图片和实物展示、影视厅放映等方式进行。

(3) 生态旅游培训。生态旅游正在兴起，应在社会各界进行宣传介绍，特别是对于主管部门领导、工作人员、导游、广大公众，应对其普及知识并进行培训，培训可以采用书籍、宣传资料、广播、电视、广告、培训班、讲座、研讨会等多种形式。

(4) 生态旅游基础设施的建立。要开展生态旅游，建立游客服务中心、展览馆、陈列馆、影视厅、标牌系统等生态解释系统是必需的，这些设施一般建在入口处，并连成一片，使游客在观光之前就能了解该旅游区的基本情况，便于选择景点、路线和确定旅游时间。开展生态旅游还需要有必要的基本建设，如不同要求的房屋、道路、小径和公用事业系统。同时还应根据实际需求和可能，建立旅店、饭馆、小卖部、土特产品经营部、生产农场、果园、菜园、鱼塘、旅游加工业和手工业等部门，以保证旅游发展的需要。此外，还有一些基本的建设内容，如旅游门票价格的确定、生态旅游管理数据信息系统的建立等。

(5) 生态旅游建设设计标准。主要包括以下工作：①功能分区。在三区结构模式(旅游服务区、观光娱乐区、农业专业生产区)划分的基础上，再进行功能分区和布局，确定观赏区、示范区、休闲区和产品区。②景点和线路的设计。根据生态旅游区的类型、自然环境特点、农业生产特点、当地民风民俗来设计旅游景点和线路。③废弃物的处理。把有机物和无机物分开，并妥善转移或处理，通过设置临时垃圾箱、确定安全储存地等各种办法减少废弃物的量。④道路、广场和自然小道的建设。合理配置必要的公路、步行道、自然小道、停车场所、休息场所，确定其面积，使其与周围环境和景观相协调。

2. 管理工作

(1) 明确目标。生态旅游的管理目标主要有：①不损害环境，对旅游条件进行评价，做出规划，控制容量。②尽量满足旅游者的要求，丰富旅游产品，改善服务质量。③促进本地经济繁荣和人民生活水平的提高。

(2) 制定策略。生态旅游的管理策略主要有：①旅游现状和发展的评价。重点分析发展生态旅游的可能性和必要性，现有的自然和文化景观的价值，生态旅游的要求、标准和设施，利益分配的前景和办法，景区和周围地区有关部门和社区的关系，旅游者的数量、来源、要求和停留时间的预测。②确定适当的生态旅游方案。可以从确定和完善观光自然和文化景观着手，确定如何管理才能保护环境。关于宣传和讲解的内容，与当地政府、社区和公众的关系等问题应优先考虑。③落实生态旅游的重要任务。包括培训导游或业主，建立游客服务中心和生态监测系统，出版宣传手册和有关部门资料，建立必需的服务设施和有关土特产品、标志产品和手工艺品生产基地，确定观光收费标准、旅游容量，吸引社区居民参与等。④宣传促销。利用各种媒体，介绍生态旅游的旅游项目、特色和相关问题。

(3) 实施和管理。在生态旅游的规划和管理过程中，需要根据情况变化做必要的调整，对基本策略和方案实施进行分析，要不断总结经验，提出改善办法，完善策略。生态旅游的管理因素主要体现在以下方面。①建立不同的管理区。在功能分区的基础上，对不同的功能区实施不同的管理方式。②旅游特征的分析与调整。对旅游区域的开发条件等情况，结合旅游实际进行分析，并做适当的调整。③生态解释系统的完善。对于生态解释系统应不断检查，随时进行补充和完善。④对培训计划实施检查。对各种培训，如旅游区工作人员、导游、主管领导、保护伙伴等的培训，要经常检查，不断丰富和增加其内容。⑤服务设施及价格检查。对各种服务设施和价格应进行检查、核实，注意价格的变化和调整。⑥自筹经费机制的建立和完善。主要吸引有关商业、交通和其他服务行业到旅游区开展经营活动，自建生产和销售系统并争取与有关方面建立合作项目和捐赠等的规划和实施方案。

(4) 与旅游部门合作。旅游部门通常从单纯建立旅游市场出发，过于注重以营利为目标，不够重视环境保护，因此，要注重与旅游部门的合作，协助其逐渐发展对环境影响较小的旅游活动项目，并支持当地的环境改善。

(5) 与旅游地社区合作。开展生态旅游离不开当地社区，要依靠当地居民，明确管好旅游区是大家共同的责任，只有这样，才能实现经济、生态和社会效益的统一。

3. 监测和评估

(1) 环境影响评价。包括对整个旅游区、不同功能区等在开展旅游后所产生的问题进行环境影响评价和分析，并提出改善办法。

(2) 承受能力的科学确定。对于整个旅游区和不同功能区，从客观因素、心理因素和管理因素深入分析，对旅游人数、旅游天数、旅游季节、评价对象、游客活动方式、大气和水的质量、物种变化等各种参数进行分析评价，找出可接受的最大限度容量，确定最为合适的承受能力。可以从下列步骤开展：①确定需要分析的对象，调查了解基本情况和问题；②按上述内容逐个评价；③确定关键因素；④确定需要开展的管理行动；⑤落实行动计划；⑥监测变化；⑦总结。

(3) 对旅游者安全的管理。首先要确定危险的影响程度、严重性和潜在性，然后制定改善的策略和办法，再根据实施的效果、存在的问题再次提出改善办法。

4. 指南的编制

(1) 编制指南的目的。主要有以下三个方面：①提供观光的景点和线路，详细介绍观光的对象和意义；②提高公众生态意识，介绍旅游地人文和风俗习惯，加强环境教育；

③把对环境和社会经济发展的不利因素影响程度降到最低，实施可持续发展战略。

(2)观光内容介绍。观光内容介绍应注意以下问题：①应用图表介绍景点的位置、线路、形成、意义和利用等，著名景点和独特景色应详细说明；②宣传语言要科学、随和、有说服力、内容简洁、有吸引力，尽可能翻译成多国文字，并遵循经济、美观的原则；③对环境保护和具体规定加以说明；④将旅游区的名称、地址、电话号码、电子邮箱等标注清楚，以便联系和咨询。

(3)对旅游者的要求。对旅游者的如下要求可以体现在指南中：①了解自然界生态系统的脆弱性，了解旅游区常用物种和保护物种，不购买保护物种及其产品，积极参与保护自然的有益活动；②爱护旅游区一草一木，不损害和污染环境，鼓励步行、骑自行车、骑马或划船观光；③了解旅游区域的地理特征、风俗习惯和文化传统等，不要将自己的文化价值强加于人；④按规定线路进行观光；⑤鼓励购买旅游地土特产品。

(4)提供必要的基本资料。①各种手册，如导游手册，交通手册，宣传手册，旅游和购物手册，必要的登山、下海或其他危险地区装备和采购手册等；②各种介绍，如游客服务中心服务项目和内容介绍、野营地介绍、步行道路图等；③各种参考书目录，如旅游、自然保护、农业等参考书目录。

3.4 载体策略——生态旅游环境及保护

优美的环境是旅游业赖以生存和发展的基础。生态旅游强调人与自然的和谐共存，所以更强调其旅游环境。

3.4.1 生态旅游环境概述

1. 生态旅游环境概述

旅游环境是以旅游活动为中心的环境，是指旅游活动得以存在、进行和发展的一切外部条件的总和。旅游环境最初主要指自然旅游环境，即由旅游地域的地质、地貌、大气、水、动植物等自然要素组合而成的环境，包括旅游生态、旅游空间和自然资源环境，通常被称为狭义的旅游环境。广义的旅游环境增加了人文旅游环境，包括旅游经济、气氛、政治和行业环境。

生态旅游环境的内涵有以下几个方面。

(1)生态旅游环境是在符合生态学和环境学基本原理、方法和手段下运行的旅游环境。

(2)生态旅游环境以系统良性运行为目的，统筹规划和运行，使旅游环境与旅游发展相适应、相协调。

(3)生态旅游环境是以某一旅游地域的旅游容量为限度而建立的旅游环境。

(4)生态旅游环境不仅包括自然环境和人文环境，而且特别重视"天人合一"的旅游环境。

(5)生态旅游环境是运用生态美学原理与方法建立起来的旅游环境。

(6)生态旅游环境是一种考虑游客心理感知的旅游环境。

2. 生态旅游环境的构成

生态旅游环境由自然环境、社会文化环境、经济环境、气氛环境四个子系统所构成。

1)生态旅游自然环境

生态旅游自然环境是指由自然界的一些自然要素(如旅游区的地质、地貌、气候、水体、动植物等)组成的自然环境综合体,即狭义的旅游环境。其是由生态旅游的天然环境、空间环境以及自然资源环境所组成的。

2)生态旅游社会文化环境

生态旅游社会文化环境是指政府或有关组织、政治局势对生态旅游的支持程度以及人们在人与自然和谐发展思想指导下的文化环境氛围。据此,可以说生态旅游社会文化环境包括生态旅游政治环境和"天人合一"的文化环境。

3)生态旅游经济环境

(1)外部经济旅游环境。外部经济旅游环境是指满足生态旅游者开展生态旅游活动的一切生态经济条件,包括基础设施条件、旅游设施条件、旅游投资能力的大小和接纳旅游投资能力的大小等。基础设施条件包括区域内外交通条件、通信能力、供水供电能力、物资供应能力等,旅游设施条件包括旅行社、旅游饭店、旅游娱乐设施等硬件建设。

(2)内部经济旅游环境。内部经济旅游环境主要指旅游行业(经营者)内部的管理制度、秩序、政策倾向、人员等对生态旅游的认识和支持程度。生态旅游需要行业内部对其有较高的认识、较多的理解、较多的支持。

4)生态旅游气氛环境

生态旅游气氛环境是指由历史和现代旅游开发所形成的反映地方生态或民族生态、当地社区和游客的生态旅游意识等环境。

(1)区域气氛环境。区域气氛环境主要指在洁净、优美、少污染的生态环境基础上,由历史开发和现代开发所形成的反映该区域历史生态、地方生态或民族生态气息的环境。区域气氛环境在一个旅游地域往往是独特的,是长期在当地各种生态系统演替、社会发展以及社会与自然共生条件下所形成的,充满着神秘的气氛而吸引游客,其往往是一个生态旅游区域的历史的、地方的、民族的特色在某些方面的体现,是游客所能感知的一种气氛环境,也是一地旅游的生命力和灵魂,开发时要加以注意。

(2)社区气氛环境。社区气氛环境是生态旅游社区居民对于生态旅游的观点、看法、行为等所形成的一种软环境。社区居民是否支持发展生态旅游,往往也是该地生态旅游发展是否成功的关键性问题之一。

(3)游客气氛环境。游客气氛环境是指生态旅游者的素质和游客在进行旅游活动时的行为等反映的旅游环境。生态旅游者应该是素质高、旅游行为文明的游客。

3. 生态旅游环境的特点

生态旅游环境是一种较为特殊的旅游环境。其与一般旅游环境相比有以下几个特点。

1) 资源性

资源通常分为自然资源、人力资源、技术资源和资金资源等。生态旅游环境也是资源，其被称作环境资源。生态旅游环境容量(承受能力)的有限性表明了资源的稀缺性；生态旅游环境能产生价值表明了资源的有效性；生态旅游环境的系统性表明了资源的层次性和整体性；生态旅游环境的可变性、可控性表明了资源的可塑性；生态旅游环境具有利用的多宜性。

2) 综合性

生态旅游环境是由若干子系统所组成的综合性环境系统，其由自然、社会、经济、文化和气氛等子系统组成。生态旅游环境系统还具有四维空间结构的特性，即空间结构、组分结构、时间特征及功能结构。其四维结构特性反映了生态旅游环境的综合性。生态旅游环境的多宜性、有效性等也在某种程度上反映了生态旅游环境的综合性。

3) 容量有限性

在一定时期内，一个旅游地开展生态旅游活动后，不会对环境、社会、文化、经济及游客感受质量等方面带来无法接受的不利影响的生态旅游者规模和生态旅游活动强度的最高限度，即生态旅游环境的极限容量，也称作"饱和容量"，如果超出了这一极限值即视为"饱和"或"超载"。在实际规划和管理中，往往要谋求一个"最适值"或"合理值"，称作"最佳容量"。

4) 复杂性

生态旅游环境应明显高于、优于一般乡村生态环境质量，生态旅游环境在时间和空间上具有较强的变化性。生态旅游是自然人工复合系统与旅游系统的叠加，森林生态系统、草地生态系统、池塘生态系统、河流生态系统、农田生态系统、果林生态系统、农村聚落与交通网络、旅游服务设施系统、游览系统等在空间上相互交叉，人流、物流、能流等在各个系统中交互流动，容易造成新的环境、卫生问题。目前人们对非消耗型破坏(建筑污染、用地结构不当等)对生态环境造成的影响还不够重视。

3.4.2　生态旅游环境容量的确定和调控

环境容量代表的是人类活动的界限标志，如果超过此界限，资源地就会退化，游客满意度会降低，对旅游地的社会经济和文化会产生负面影响。

生态旅游的环境容量是指在生态旅游园中，在对农业生态系统未造成过度影响的情况下的最大的游人量(即在单位面积上所能容纳的最大游人数量，单位以人/hm^2或人/m^2来表示)。

1. 生态旅游环境容量的基本知识

生态旅游环境容量的评价、监督及反馈与生态旅游发展甚至旅游业的可持续发展息息相关，其可以作为制定生态旅游可持续发展政策的参考。

1）生态旅游环境容量的影响因素

(1) 自然特性。包括地形与土壤、地理区位、植被、动物、地域类型和产品类型等。

(2) 时间节律。时间节律一方面是指一些生态旅游园区旅游景观随着时间的推移而有所改变，如雪景、红叶等自然气象气候景观和植物的外相、色相景观，又如动物的迁徙、繁殖，人文生态方面也有时间节律，如民族节庆、宗教节庆等；另一方面是指旅游流的时间变化，旅游目的地往往只是在旅游流高峰期时，在某一类生态旅游景观最精彩时达到饱和或超饱和状态，其他时期一般都在生态旅游环境容量范围之内。

(3) 管理技术。生态旅游园区中不同的游览活动和适宜的功能分区对环境容量的影响较大，如安静休息、文娱活动、科学考察、垂钓、打猎等性质不同，要求各异，其中文娱活动环境容量可相应加大，安静休息环境容量可相应小些。

(4) 社会文化环境。游客对当地居民的社会文化的冲击是随着游客数量的增加而有所增加的。为保证生态旅游园区的文化完整性，有必要考虑其文化生态旅游环境容量。游客密度指数为游客人数与当地居民人数的比值（又称游居比），这一比值因区域不同有所差异。旅游开发时间长的区域，居民已习惯了游客的到来从而游居比会增大；旅游产业化程度高的地域，游居比也会增大；文化差异（包括宗教信仰、生活习俗、生活观念等）大的地域，居民所能承受的游居比较小。

(5) 经济环境。经济环境由食物供给、水电供应等经济要素所组成，既有各个经济因素所能给予的容量，又有整个经济环境的容量，往往其中某一因素限制性最大，从而确定了经济环境的容量。作为生态旅游应更多考虑生态经济或生态旅游经济的状况。

(6) 旅游用地。一个区域内旅游用地面积越大，旅游活动的规模越大，居民用地面积就越小。当居民用地面积缩小到一定程度，会导致当地居民（包括旅游从业与非从业人员）产生心理抗拒、扰乱生活秩序，导致紧张、焦虑与沮丧，降低了生活环境质量。

(7) 游客种群。环境容量也取决于游客的地域分布及其文化背景。在地域上，容忍高密度的拥挤和近距离的个人空间的程度为南欧高于北欧和北美，亚洲高于欧美；爱独处的人或许认为其他人的加入会给其旅游享受带来不利影响，而另一些可能是反感其他人的某些恶劣行径（如乱丢果皮、言行粗鲁及不同的行为习惯等）；有些人出于社交缘故或仅从安全角度考虑，希望仅有少数人来到旅游地等。相较于当地居民，游客可以接受更高的人群密度。

2）生态旅游环境容量的特征

(1) 综合性。生态旅游环境容量包括自然生态、社会文化生态、生态经济、生态旅游气氛等若干个环境容量指标，并组成具有时、空、功能、多组分的多维结构。

(2) 反馈性。生态旅游活动行为与生态旅游环境之间存在着正、负反馈作用。良好的生态旅游环境在一定程度上呈现出资源性，往往能吸引生态旅游者；而一旦旅游活动过度或其他活动导致生态旅游环境质量恶化，就会降低生态旅游者的兴趣，导致该区域生态旅游环境容量降低；游客和当地居民保护生态旅游环境质量、关系和谐可能会使生态旅游环境容量适当扩大。

(3)可变性。生态旅游活动行为与生态旅游环境之间存在的反馈性表明了生态旅游环境容量的可变性。另外若生态旅游环境系统中某一个(或某几个)要素或者整个系列发生变化，如水质发生了污染、森林遭受病虫害或火灾，其容量会减小；若原来遭受破坏的植被得到恢复，如引进了新的生物品种、增加了新功能的生态旅游产品等可能会使容量略有增大。

(4)可控性。根据上述生态旅游环境容量的可变性、反馈性可以得知，生态旅游环境容量按照一定的规律变化，人们认识并利用其规律，可以对生态旅游环境容量进行调控。

(5)有限性。生态旅游环境容量是一种限度值，达到这一数值即为饱和，超过这一数值即为超载。为了实现生态旅游环境系统良性循环，往往在实际中应用其最佳容量(或称最适容量)。

(6)可量性。生态旅游环境容量有其极限容量和最佳容量等，表现为生态旅游环境容量为一个伸展一定范围的值域，这一值域可以通过一定的手段或方法进行把握和计算。

3)环境容量的基本构成

(1)生态环境容量。生态环境容量的最佳指示性指标是草本植物，在不同的游憩负荷下，植物群落中草本植物变化最为明显，游憩负荷强度增加，草本植物减少，耐阴草本植物减少更为明显。土壤板结，具毛刷性根系的植物增多，而长根系植物减少。因此，可根据草本植物的变化程度来判断旅游负荷强度的大小，确定其生态环境容量。

(2)景观环境容量。景观环境容量指维持良好的景观和游览情趣所容许的适宜游人数量，应根据不同的游览内容和要求以特有的情趣来确定。

(3)社会经济环境容量。社会经济环境容量是指游览、服务设施以及交通、能源供给等方面所能承受的游人数量，其大小通常通过面积等因素确定。

2. 生态旅游环境容量的确定

生态旅游环境容量的确定与量测并不是件容易的事情，存在着一定的难度。

1)经验量测法

生态旅游环境容量的经验量测法是通过大量的实地调查研究而得出其经验值或经验公式。这种量测方法可运用于生态旅游空间环境容量、自然资源环境容量、生态旅游气氛环境容量、游客生态旅游环境容量等的量测上。常用的方法有如下三种。

(1)自我体验法。调查者作为一名生态旅游者，实际体验所需要的最小空间，体验在不同游客密度情况下的感受，感受游客数量和活动强度对生态旅游环境的影响等。

(2)调查统计法。在不同的生态旅游园区、社区、路段等，分别对不同的生态旅游者进行调查，了解生态旅游者对生态旅游环境容量各方面的认知、感受与需求，并进行统计处理。

（3）航拍问卷法。以航拍来了解生态旅游者的人数和分布状况，同时采取问卷形式调查生态旅游者的看法，比较、分析得出生态旅游环境容量的经验值或相关结论。

2）理论推测法

（1）自然地理容量（physical carrying capacity，PCC）。指的是一个有限的空间在特定的时间段可以容纳的最大游客量，计算公式为＝

$$PCC=A \div (V/a) \times R_f \tag{3-1}$$

式中，A 为可利用的公共区域面积；V/a 为每位游客需要占有的面积；R_f 为日接待人次，计算方法为营业时间/游客的平均逗留时间（计算自然地理容量时，可假设每位游客所需要的自由活动空间为 $1m^2$）。

（2）事实容量（real carrying capacity，RCC）。事实容量就是特定景点可允许容纳游客的最大量。计算公式为

$$RCC=PCC-C_{f1}-C_{f2}-\cdots-C_{fn} \tag{3-2}$$

式中，C_f 为用百分比表示的矫正因子，可通过生态景区的生物、物理、环境、生态、社会和管理等方面的变量而获得。于是，事实容量的计算公式也可表示为

$$RCC=PCC-(100-C_{f1})\% \times (100-C_{f2})\% \times (100-C_{fn})\% \tag{3-3}$$

考虑到具体的景点，矫正因子群会有所不同，它们与具体景点的特定条件和特点密切相关。矫正因子用下列公式计算：

$$C_f=M_1/M_2 \times 100 \tag{3-4}$$

式中，M_1 为变量的最大值；M_2 为变量的总值。

（3）有效容量（effective carrying capacity，ECC）。指的是在考虑到现有的管理容量的情况下，特定景区在不影响可持续发展的前提下可接待的游客数量的最大值。有效容量就是事实容量与管理容量之比。

管理容量指的是生态景区实现管理功能和管理目标所需要的所有条件之和。但对管理容量的计算绝非易事，因为这涉及众多的变量因素，比如政策措施、立法、基础设施与设备、员工数量与质量、资金、管理动力等。

但无论如何，这三种环境容量的值呈递减关系，有效容量肯定小于事实容量。乐观来讲，管理水平会不断提高，有效容量也会随之提高。

3）生态旅游环境容量的确定

（1）环境容量指标。国内外针对生态旅游中林业、旅游等有一些相关的指标。我国的风景区环境容量标准为近郊 $600 \sim 1000m^2$/人，远郊 $2000m^2$/人，大型风景区 $4000m^2$/人；名胜古迹、公园、游园等 $4060m^2$/人；文化、体育、商业设施 $40m^2$/人。美国森林旅游野营地的密度为 30 个/hm^2。

（2）环境容量修订。在生态旅游园区内，根据我国的国情，结合不同的观光内容修订环境容量。

（a）植物园、农作物种植地、果园、菜地等农作物综合观光型。以生产为主的，其环境容量主要由开放时间、广场面积、道路长度及宽度决定。如花卉园以生产为主，平时不

对外开放，花卉采收季节在工作人员的带领下进行的参观、采摘活动可由开放时间、限额和道路广场的面积决定。非生产性的特别是开展采摘的果园、菜园的环境容量根据植物的品种、产量、大小年、生产管理水平等安排，如菜园叶菜类的采摘园依据产量的80%可供采摘计算供应量为宜；瓜菜类由于颜色、果形、大小等的限制，按产量的60%可供采摘计算供应量；果园不同，品种的果期、果肉、果色、果形、口感、产量、采摘中的损耗等差别大，应区别对待；农作物按其产量及人均的日工作量安排收割人数。因此，在确定不同园区的产量和人工采摘量后，根据单位游人拥有水果、蔬菜等产品的平均量为标准计算游人数。

(b)动物园、垂钓场、狩猎场、牧园等农牧综合型。生产性的开发时间短，可供游览的面积有限，以开放时间和供游览的面积计算；非生产性的参见动物园的容量计算法。

(c)观光、娱乐类。参见农园、科技示范园和风景区的容量计算标准，根据开设的游览道路或小游园、广场面积等计算允许的最大游人量。

按照不同的观光类型独立核算后，汇总成为园区总的环境容量，对环境容量指标应全面理解其相对性和可变性。

用上述方法，结合基本的空间标准，初步确定生态旅游的环境容量为600～1000m²/人。在规划设计中，为扩大环境容量，可使环境容量不同的区按总体布局的要求安排相对集中或分散的程度，形成不同的游憩环境。同时，加强疏导，开发新的景点、景区，增设游步道，调整不合理的功能安排，增加环境容量。

3.4.3　生态旅游与环境保护

1. 生态旅游环境保护内容

1) 自然环境要素的保护

(1)大气保护。①避免引进污染严重的企业；②交通换乘，避免太多汽车尾气污染；③改变传统柴薪，减少炊烟尾气污染。

(2)水体保护。①完善排污系统，努力实现污水、灌溉用水分流，促进无公害、有机农产品品质的提升；②新建沉降设施、人工小湿地，对农户排水进行简单处理。

(3)土壤保护。①垃圾分类收集，为分类回收、处理打下基础。②减少化肥、农药的施用量，避免对土壤造成新的污染，从而避免对水体的污染。③合理利用土地，节约用地，防止利用发展生态旅游的机会进行新一轮的宅基地占用和扩张；合理利用公路沿线的土地，设定一定的缓冲地带；绿色食品、无公害食品、有机食品的生产基地应远离交通线路。

(4)生物保护。①保护动物，避免对动物造成直接和间接的伤害；②慎重对待外来物种的引入，有选择地进行本地物种的繁育和培养；③加强法律意识，保护好乡村的一草一木。

2) 人文环境要素的保护

(1)建筑保护。①进行乡村建筑的普查与分类工作，为区别开发和保护打下基础；②进行乡土建筑的设计和策划工作，逐步规范，形成地方特色浓郁的建筑景观；③本土化设计，本土化选材，做好老房、老屋的开发、利用工作。

（2）服饰提倡。①生态旅游的从业人员应规范着装，强化本土服饰的吸引力。当然，非少数民族乡村也存在本土服饰的问题，应该强化具有村寨特色的服饰。②进行本土服饰的制作与销售工作，不仅能够解决部分农村劳动力的就业问题，而且可以使传统文化发扬光大。

（3）语言保护。本土语言或方言随着大量的人口流动，在逐步退化甚至"消亡"。在生态旅游的发展过程中，也应该进行相关的普查和整理工作，把语言传承作为旅游开发的一个方面，借助旅游开发来推动传统语言、文字的保护。

（4）精神风貌塑造。①结合卫生城市、生态村等精神文明工作的开展，提倡健康、文明的农村新风，营造团结、安定、幸福的乡村风貌，树立健康、乐观、好客的乡村主人形象。②采用本土化的解说系统，避免商业化味道太浓的宣传策略和宣传材料，营造与城市不同的营销系统。特别注意户外广告、道路解说系统、门牌等的设计和实施。

2. 生态旅游环境保育措施

1）认真做好开发及发展规划

要使生态旅游持续发展，必须尽力去改善景区、当地社区的发展和旅游业之间的关系。实现这一目标的方法之一就是进行整体规划和区域规划。政府旅游规划中应该界定出一般方法论的框架、旅游发展的宏观经济模式、部门经济政策指导、公共投资在部门经济中要实现的目标等。为了实现就业和创汇，总体规划中应该明确指出旅游服务必须现代化，必须加强旅游基础设施建设；还应强调旅游业部门经济应该有益于农业和经济发展，应提倡旅游文化建设，让居民知道旅游业对当地社区的重要性。

2）认真进行环境影响评价和环境审计

环境影响评价又称环境效应评价，是进行环境预防管理的有效方法。对实施生态旅游而言，主要是确认风险，减少不利影响，确定环境容量，通过研究、管理、监测，以及有效的公众参与过程，提出合理的生态环境措施。

环境审计一般被认为是一个预测企业组织运行的过程，以确定其是否依从已制定的环境规章制度、标准和政策，这个过程主要包括评价、检验和证实三个步骤。很明显，环境审计对生态旅游企业管理、生态旅游环境保护也有重要意义。

3）加强对废弃物的管理

（1）减少废弃物量。主要采取下列措施。①使用生产垃圾最少且无毒的产品，不能被生物降解的或不能被回收再利用的物品不要带入生态旅游园区。②尽可能购买使用当地产品（无须运输、较少贮藏、包装垃圾少）。③再利用物质。最好选择使用耐用消费品，如为同一目的再次使用（例如容器、杯子和厨房用具的再使用），以及为不同目的再次使用（例如脏水可用来浇洒花园）。④回收物资。回收可以减少乱丢的东西，促进资源恢复，还能节约能源。总的来说，生态旅游的物资回收率比家庭用品的回收率低。调查表明，回收率最高的是玻璃（57%）和铝制品（55%），其次是塑料制品（31%），报纸（21%）和杂志（10%）回收率较低。⑤不乱丢废物。乱丢的塑料会伤害甚至杀死动物;有毒的物质可能会从被丢弃的物品和容器中漏出而进入食物链。⑥将经营中产生的废弃物开列出来,列出废弃物产生源,列出处理的废弃物数量,估计废弃物处理的成本,说明改进措施和采取的行动。

(2)废弃物最小化的措施。①把废弃材料送到再生利用处理中心,并且将其作为日常工作内容的一部分。②在废弃材料无法就近再生利用的地方,可考虑将一定数量的废弃物捎带回家,并将其投放到家庭所在地的再生利用处理系统中。③外出旅游时,注意不要擅自处理任何可被再生利用的废料。④把可回收的容器压扁,减少运输成本(尤其是需要长途运输的废弃物)。⑤当场回收有机废弃物的主要办法是制肥、蠕虫培殖和厌氧消化。

4)加强自然保护地生态环境监督考核

实行最严格的生态环境保护制度,强化自然保护地监测、评估、考核、执法、监督等,形成一整套体系完善、监管有力的监督管理制度。

(1)建立监测体系。建立国家公园等自然保护地生态环境监测制度,制定相关技术标准,建设各类各级自然保护地"天空地一体化"监测网络体系,充分发挥地面生态系统、环境、气象、水文水资源、水土保持、海洋等监测站点和卫星遥感的作用,开展生态环境监测。依托生态环境监管平台和大数据,运用云计算、物联网等信息化手段,加强自然保护地监测数据集成分析和综合应用,全面掌握自然保护地生态系统构成、分布与动态变化,及时评估和预警生态风险,并定期统一发布生态环境状况监测评估报告。对自然保护地内基础设施建设、矿产资源开发等人类活动实施全面监控。

(2)加强评估考核。组织对自然保护地管理进行科学评估,及时掌握各类自然保护地管理和保护成效情况,发布评估结果。适时引入第三方评估制度。对国家公园等各类自然保护地管理进行评价考核,根据实际情况,适时将评价考核结果纳入生态文明建设目标评价考核体系。

(3)严格执法监督。制定自然保护地生态环境监督办法,建立包括相关部门在内的统一执法机制,在自然保护地范围内实行生态环境保护综合执法,制定自然保护地生态环境保护综合执法指导意见。强化监督检查,定期开展"绿盾"自然保护地监督检查专项行动,及时发现涉及自然保护地的违法违规问题。对违反各类自然保护地法律法规等,造成自然保护地生态系统和资源环境受到损害的部门、地方、单位和有关责任人员,按照相关法律法规严肃追究其责任,涉嫌犯罪的移送司法机关处理。建立督查机制,对自然保护地保护不力的责任人和责任单位进行问责,强化地方政府和管理机构的主体责任。

第4章　自然保护区生态旅游规划与设计

生态旅游的规划设计是进行旅游开发和管理的基础和依据，在生态旅游发展中占据极为重要的地位。

在国内，从唐永锋(2005)的自然保护区生态旅游规划设计，到李美霖(2016)的自然保护区生态旅游开发与规划研究，一批学者做了大量的研究，为自然保护区生态旅游规划设计奠定了基础。

4.1　规划设计基础

4.1.1　生态旅游规划设计的理念

1. 开发与保护并重

生态旅游规划设计要以可持续发展理论为指导思想，进行有计划的空间拓展和适度的开发和建设。在保护、开发、培育资源和环境的过程中提高资源的开发利用程度，确保园区景观的完整性、原始性和生态性。

2. 大力推行社区经营

社区整体发展能更多地将当地文化、景观、生态等各方面的地方资源进行整合，产生一个地方整体发展的规划方案，使园区与当地社区关联，提高产业的丰富性与综合竞争力。并适时结合"社区"理念来推动各项工作，从而走在生态旅游的园区规划的前列。

3. 因地制宜，体现特色

因地制宜可以强化产品的差异特色。生态旅游的规划设计应突出自然野趣、民族气息、历史文化特色，因地制宜地开发旅游产品，科学合理地设计旅游线路。

4. 兼顾综合效益

综合效益，尤其是社会效益和环境效益，是政府所追求的目标，生态环境质量是旅游吸引力和竞争力的主要基础，维护好经营场所和周边的生态环境质量是实现经济效益的前提。

5. 多样性

生态旅游的经营应以满足消费需求为导向，突出多样化的发展思路。要求在旅游产品开发、旅游线路、游览方式、时间选取、消费水平的确定上有多种方案以供选择，同时要求园区品种选择、景观资源配置突出丰富性、多样性的特点。

6. 整体规划、阶段发展

园区建设是一个长期的过程，要按照整体布局方案，分步实施、滚动发展，最终实现园区的建设目标。要有计划地依照生态发展规律进行空间拓展，注重各景区、各景点的功能协调，进行统一布局、统筹安排、宏观调控、阶段发展。

4.1.2　生态旅游园区开发条件评价

生态旅游园区开发是一项综合性的社会活动和技术经济活动。其是与农业产业开发和旅游开发相关的众多要素的综合体。

1. 社会经济发展水平

开发生态旅游必须对其依托地区的社会、经济条件进行细致而深入的分析，这也是进行生态旅游宏观区位选择的一个参考。具体分析的内容主要包括八个方面：区域总体发展水平，开放意识与社会承受力，开发资金，区域城镇依托，区域水、电、能源、交通、通信等基础设施情况，区域劳动力保证，物产和物资供应情况，建设用地条件。

2. 客源市场分析与定位

生态旅游的开发首先应该从客源市场分析开始，了解当前的市场需求，根据市场需求规划设计生态旅游产品。其任务主要包括：确定市场的特点及潜在市场的规模，对市场进行细分；从游客的需要和偏爱、最能满足市场需要的设施(规模、数量、质量)、当前消费的热点项目和未来开发引导性项目三个方面对市场进行评估；从生态旅游季节因素、其他旅游点及周边生态旅游园区是否邻近、竞争性经营、互补性经营等诸多方面来分析客源市场的限制因素；根据逗留目的(娱乐、公务、保健等)、地理区位、社会经济水平、人们的旅游观光嗜好等确定生态旅游客源市场。

3. 区位分析与选择

宏观区位选择依据旅游区所依托的城市的区位条件；微观区位选择依据旅游区与所依托的城市的联系。

生态旅游最好选址在离城市或已形成的名胜旅游区较近，且具有便利的交通条件的地区，如机场附近、公路沿线、江河两岸的区域。一般的生态旅游区与城市中心的距离随城市的大小、交通情况的不同而有所不同，特大城市要相对远一些。

4. 自然资源条件分析

自然资源条件对观光的影响因素主要为其所在区域的地貌、气候、水文、土壤等。地貌因素决定生态旅游园区地表形态，从而影响到园区的可进入性和景观的丰富程度；气候因素影响生态旅游园区所在区域的生物种类和分布，从而在某种程度上决定了园区的景观及其季节演替。生态旅游园区所在地区的综合自然条件在一定程度上确定了其开发类型和方向。

5. 旅游发展基础分析

主要考虑旅游资源的类型、特色、资源组合、资源分布及其提供的旅游观光功能。

6. 协作与竞争态势

考虑本区域内的同业项目的合作及竞争发生的可能性。

7. 经营人才匹配条件

一方面可以采取"走出去、请进来"的办法和"长短结合、内外结合"的方式，认真抓好员工培训工作，提高项目质量和服务水平；另一方面可以利用高等院校教育的优势，加强生态旅游的相关研究和人才培养，为生态旅游发展提供持续动力。

8. 政策导向

相关产业政策会对生态旅游的规划产生举足轻重的影响，形成开放的软环境。在规划时要研究政府政策文件，包括会议纪要、指示、文件等，充分透析政府的决心和意图，并要很好地渗透到规划中去。至少应分析以下几方面的政策：农业、旅游业、社会经济发展（优惠政策）等。

4.1.3 生态旅游开发的 SWOT 分析

1. SWOT 分析概述

SWOT 分析又称为态势分析法，由优势（strength）、劣势（weakness）、机遇（opportunity）和威胁（threat）四个英文单词第一个字母组成（刘晓琴，2010），是综合考虑各种因素进行系统评价，将优势、劣势、机遇和威胁列举出来，用系统分析得出结论（高红梅和黄清，2007），选择最佳经营战略的方法（方有为，2007；孙亚伟和孙英隽，2016）。SWOT 矩阵的指导原则是：制定与选择的战略都应该利用机遇克服威胁，利用优势克服劣势。

SWOT 分析法已经广泛应用于旅游开发的决策行为中，是目前国际上通行的条件综合分析法，它通过对资源地发展旅游业所具备的优势、机遇及所面临的弱势和威胁等进行综合分析，从而确定该地发展旅游业的战略措施和其他原则性问题。

科学地进行 SWOT 分析，有助于制定科学的发展目标与发展规划。其中，优势、劣势是分析自身的条件，对生态旅游开发的资源条件、要素投入、市场份额、经营管理等方面进行分析，以明确和把握生态旅游开发的比较优势和存在的不足；机遇和威胁则是分析外部的条件，重点是对市场供求、竞争对手、环境变化、发展趋势等方面进行分析，以找出生态旅游产品开发的机遇和潜在市场，同时明确生态旅游产品开发面临的竞争和挑战。

把 SWOT 分析方法运用于生态旅游园区规划和制定旅游发展战略，有利于了解园区运行和发展的各项影响因素，是一种切实可行的研究方法。生态旅游园区的发展既具有自身的优势和劣势，又面临着外部环境给予的机遇与挑战。

要开发的生态旅游园区项目，其优势一般有优越的自然环境、良好的区位条件、雄厚的经济基础、多元的投资体系、畅达的交通网络、完备的基础设施、发达的高新科技、政府的大力支持、居民盼开发的高涨热情、生态旅游的区域布局已具雏形等。但不同的园区项目其优势条件的构成可能有一定的差异。其劣势一般有项目所在地人均耕地面积少,用地矛盾突出;自然灾害时有发生,生态旅游资源面临威胁;旅游大环境部分环节薄弱等。这些情况在经济发达地区也有不同程度的存在。

生态旅游园区建设和开发一般有产业政策等宏观环境为其提供契机,生态旅游的发展适应了城市居民对自然生态旅游的偏好。生态旅游园区的建设和开发也必须正视一些挑战,如来自本区域及周边地区的同业竞争和其他类型旅游产品之间的竞争。

通过 SWOT 分析确定生态旅游发展的方向、目标,为实现既定目标而采取相关战略,这是在规划的战略选择阶段要完成的任务。因此,发展战略主要是在 SWOT 分析的基础上,解决三个关键性问题,即发展方向、发展目标、战略选择。

2. 例证研究 —— 卧龙自然保护区生态旅游开发 SWOT 分析

1) 机遇分析

(1) 西部大开发战略将有利于卧龙国家级自然保护区生态旅游区寻找新的资金注入,进一步改善旅游软硬环境。

(2) 四川省委、省政府高度重视卧龙旅游业的发展,明确指出要将卧龙大熊猫自然保护区建成成熟的世界级旅游精品,将卧龙大熊猫自然保护区列入重点推出的精品旅游线路之一,省旅游局积极促进区域旅游合作,并致力于更大规模的市场营销活动,以吸引更多的国内外旅游者来川访问,四川作为旅游目的地的整体吸引力正在不断增强。

(3) 国内外游客更加关注生态环境问题,逐渐认识到全球生态系统的脆弱性以及保护濒危物种的必要性和紧迫性,关注灾后卧龙大熊猫栖息地恢复和社会经济重建工作,是开展生态观光、环境教育的良好时机。

(4) 利用重建契机,生态旅游发展具有更好的政策和资金保障。

(5) 随着城市居民私人汽车拥有量的增加,四川省内快速交通网正逐渐形成,使短期可自行支配旅游方式成为度假潮流,这将为卧龙带来更多短程游客和周末度假旅游者。旅游者更趋向于选择个性化的旅游产品和新颖体验,拥有独特资源优势的卧龙将比其他大众旅游目的地具有更大的开发空间,为旅游者提供独特的产品和服务。

2) 威胁分析

(1) 受"5·12"汶川特大地震灾害影响,一定时期内难以重建大众游客的信心。

(2) 卧龙东有成都大熊猫繁殖中心,北有王朗、唐家河、小寨子沟大熊猫自然保护区,南有蜂桶寨大熊猫自然保护区和雅安碧峰峡大熊猫研究基地,同质性旅游产品竞争激烈。考察各个竞争对手的发展状况和距离区域性中心城市程度的区位优势,发现成都大熊猫繁殖中心、雅安碧峰峡大熊猫研究基地和蜂桶寨大熊猫自然保护区的竞争和威胁最大。卧龙应强调大熊猫的原生环境和观赏方式,同时在"中华大熊猫园"这一品牌上深入挖掘相应的规模和品位。单一的资源构成很容易被竞争对手打垮,先入为主的产品销售和全方位包装才是超越竞争者的有效手段。

(3) 旅游发展带来的环境风险。如基础设施建设及频繁的旅游活动对生态系统的破坏,使大熊猫栖息地的保护难度增大,大熊猫及其生态环境的保护与提高旅游者来访人数的预期之间存在冲突。

3) 优势分析

(1) 拥有国宝级大熊猫资源。卧龙是我国已建立的 37 个大熊猫保护区中面积最大的自然保护区,已经成为"熊猫之乡""熊猫王国"的代名词。震后大熊猫保护工作恢复正常,核心旅游资源已经具备吸引中外游客的功能。大熊猫的唯一性和不可替代性使卧龙拥有无可比拟的资源优势,作为我国最大的大熊猫保护区,在国内外熊猫专家的长期努力及世界野生动物基金会的帮助下,卧龙关于大熊猫的科学研究取得了举世瞩目的成就,这种独特性将增加其获得成功的机会。

(2) 交通恢复畅通。卧龙地处西环线、九环线等多条线路上,303 省道贯穿全区。同时位于阿坝州的黄金旅游线上,是前往世界级高品位旅游区九寨沟、黄龙及国家级风景名胜区四姑娘山的重要通道。目前卧龙至映秀线已经开通,对外交通便利。

(3) 旅游区位优势明显。卧龙距成都 120km,可进入性好,是快速恢复川西旅游的重要节点,也是世界自然遗产核心区域。卧龙西南部有蜂桶寨自然保护区和夹金山,北部穿越四姑娘山可达米亚罗景区和桃坪羌寨,西北部有四姑娘山和巴郎山,东部有都江堰、青城山等景区,多目的地度假旅游方式的流行,进一步增大了卧龙与周边地区资源互补利益均沾的可能性,具备旅游目的地的发展潜力。

(4) 社会环境稳定和谐。卧龙地震后各项恢复工作井然有序,社会稳定,民心安稳,具备迅速恢复旅游的社会基础。

(5) 资源保存完好。卧龙是我国最早建立的保护区之一,尚未进行大规模的旅游开发,区内植被保护状况良好,环境舒适度较高,具有提供优质户外活动的良好条件,满足旅游者崇尚健康自然游乐方式的心理需求,是理想的生态旅游度假目的地。

4) 劣势分析

(1) 旅游产品单一,除了大熊猫生态观光以外,缺乏多样化的旅游产品组合,缺乏有吸引力的令人兴奋的活动和事件,因而旅游者在旅游区逗留时间较短,旅游花费较少。

(2) 旅游周期较长,不适合开展短线旅游。

(3) 作为大熊猫生态旅游目的地的旅游形象不够鲜明。缺乏高效的市场营销渠道和全面的信息服务,无法将大量国际旅游者对大熊猫的兴趣转化为来卧龙旅游的实际行动。

(4) 缺乏灵活的融资渠道,旅游基础设施建设投入不足,加之旅游接待服务设施在地震中严重受损,在短期内难以满足大量游客的需求。

(5) 旅游开发与资源保护之间存在矛盾突出。卧龙自然保护区部分旅游项目的开发与资源的永续利用之间存在矛盾,且当地居民经济条件差,生产方式落后,毁林开荒、砍伐林木、烧木炭等破林资源的现象仍不时发生,生态旅游资源难以得到有效保护,加之地震后生态环境和地质环境更加脆弱,可开发用地有限,而且比较零碎分散。

(6) 缺乏健全的旅游人才培训机制,高素质的旅游管理人才储备不足,无法为旅游者提供优质的旅游服务,难以实现生态旅游的各项功能。

5）基于 SWOT 分析的生态旅游战略

（1）生态恢复战略。在卧龙自然保护区开发生态旅游的过程中，一方面要充分利用卧龙自然保护区丰富的资源进行生态旅游开发，另一方面要保护好区内的生态资源。卧龙的生态环境极具特殊性，生态地位十分重要，加上地震后生态环境更加脆弱，在旅游开发中要把"严格保护、合理开发、永续利用"的原则贯穿始终。加快自然生态环境和人文生态环境的恢复和培育，强化旅游业可持续发展的基础。在不超过环境承载力的前提下，严格限定建设范围和游憩范围。在旅游收益与生态恢复投入之间建立有效的反馈机制。

（2）科普教育战略。将科普研修和环境教育作为灾后开展生态旅游的主要功能之一，在较小的开发强度之下充分利用卧龙作为大熊猫栖息地的资源特色，发挥保护区重要的环境教育意义，满足旅游者对"大熊猫之乡"的好奇心。不仅应加强对游客的教育，还应加强对当地人的培训，引导其适应以环境教育为导向的生态旅游发展趋势，有力保障保护区内生态旅游的可持续发展。

（3）当地居民参与战略。以农家乐为龙头，建立多元化的当地居民参与方式。通过分工、协作，形成区域性的规模经营，以尽快恢复旅游接待环境，同时改善当地居民生活条件，解决更多当地居民的灾后生计问题。促进当地社会经济的发展，提高当地居民的生活水平。

（4）区域联动战略。卧龙四周拥有众多的著名景区，要加强与九寨沟、黄龙、青城山、都江堰、四姑娘山、蜂桶寨等景区的联动，优势互补，构建以世界遗产为核心的生态旅游精品。灾后重点开发"成都–雅安–宝兴（蜂桶寨）–日隆（四姑娘山）–卧龙–成都"旅游线，争取将其纳入四川省地震后旅游业重建规划推介的游览线路。通过区域旅游资源重新整合，改善灾后卧龙和周边地区的发展条件。

（5）保护性开发战略。处理好保护与开发的关系，决定着生态旅游开发的成功与否。一些在开发初期不利的因素可能在开发后会转化为有利因素，而一些有利因素也可能转化为不利因素，如果管理不当，就会造成难以弥补的生态灾难。因此，要保护好自然生态资源，为卧龙自然保护区管护工作提供资金，促进保护区的可持续发展。

4.1.4　生态旅游设施的开发设计

1. 生态旅游基本设施的开发设计

生态旅游基本设施的开发设计是保证旅游活动得以进行的基本条件，基本设施主要包括道路、房屋、水电和通信设施、废弃物的处理设施。

1）道路

生态旅游园区的道路设计首先考虑的是保护环境和游客的旅游效益，所以，一般主要设计为人行小道、栈道、马帮道，即便设计了公路，也主要使用无污染的电瓶车。道路是景观中的廊道，具有通道、屏障或过滤、生境、源、汇五个基本功能。在生态旅游景观的道路规划设计中，应充分考虑这些功能。

2) 房屋

生态旅游应尽量少建房屋，更不允许城市化的宾馆饭店进入。必需的房屋可以建造，但建筑风格应与当地文化和环境协调；建筑体量不宜太大，以掩于树丛中为宜；建筑材料尽量就地取石料、倒木等；为体现保护，尽量少用或不用工业用漆。

3) 水电和通信设施

生态旅游园区的水源供应一般就地取材；电能尽量用自然能，因地制宜地搞小型水电站；通信设施必不可少，但必须注意这些设施的管线要尽量埋于地下，掩于树丛中，避免视觉污染。

4) 废弃物的处理设施

这里的废弃物主要指固态废弃物和液态废弃物。固态废弃物即垃圾，其处理步骤是分类收集，在适当的位置安置有机物和无机物分开的垃圾桶，然后集中运到一个地方加以处理，杜绝就地堆放和深埋。液态废弃物主要指游人的大小便，主要通过修生态厕所来解决，如国外流行的免冲干式卫生间等。

2. 生态旅游生态解释系统的开发设计

为提高游客在旅游时的环境意识，旅游区需要设计游客中心、展览馆、陈列室、影视厅、标牌系统等生态解释系统，又称环境教育特殊设施。

(1) 游客中心。游客中心一般应设在入口处，是帮助游客了解景区内的基本情况、售卖各种必需品和资料、为游客解决困难的咨询服务综合性设施。

(2) 展览馆。将景区内的图片、实物展示出来，让游客了解景区，启迪游客的环境保护意识。

(3) 陈列馆。把景区的重点项目、详细资料及生产产品陈列介绍给游客。

(4) 影视厅。向游客放映介绍景区内的主要景点及保护自然的录像带、影片等。

(5) 标牌系统。在景区内适当的位置设计标牌，图文并茂地向游客介绍景区内的自然现象及保护环境的宣传口号。

3. 生态旅游生产设施的开发设计

为了方便游客同时向其展示自然农业生态系统的能流物流规律及当地传统生产工艺，生态旅游园区一般设置一些生产小部门，如利用景区人畜粪便发展的生态农场，以及不用化肥和人工饲料的果园、菜地、鱼塘等，符合生态规律，满足清洁生产的要求。还可在景区内建设生产当地特色旅游商品的小作坊，游客在此可进行参观和购买。

4.1.5 例证研究——唐家河自然保护区功能定位与旅游功能区划

1. 功能定位

四川唐家河国家级自然保护区以保护大熊猫及其生存环境为主，全面保护其他濒危、珍稀物种及其栖息地和森林生态系统，是集物种与生态保护、科学研究、国际交流、生态与环境科普宣传、水源涵养、生态旅游、可持续发展利用等多功能于一体的综合类国家级自然保护区。

2. 旅游功能区划

根据唐家河的资源承受能力和游客体验最大化原理，将唐家河自然保护区划分为六大功能区："野牛岭—白熊坪探险体验型生态旅游区""毛香坝—蔡家坝生态旅游区""落衣桥—关虎配套服务和古军事文化旅游区""红军桥—蔡家坝野生动植物观赏生态旅游区""毛香坝—水池坪科普休闲生态旅游区""红军桥—摩天岭自然文化观光生态旅游区"（表 4.1）。

表 4.1　唐家河自然保护区旅游功能区划表

序号	功能区名称	生态小区	景点	现有功能和产品	设计旅游产品
1	野牛岭—白熊坪探险体验型生态旅游区	白熊坪区	红石河保护站	登山健身、森林览胜、品氧清肺、观奇峰日出、赏高瀑	学习生态知识、学习植物知识、学习三国文化、日光浴、露营、吊床小憩
			长坪		
			白熊坪		
			石桥河口		
		野牛岭区	金丝猴研究基地		
			大草堂		
			倒梯子		
			野牛岭		
2	毛香坝—蔡家坝生态旅游区	毛香坝区	唐家河大酒店	登山、天然林探幽、丛林穿越、品氧清肺、观冰川飞瀑	溯溪、亲水赏石、深山探宝、攀岩、动植物探险、原始乐园
			鸡公崖		
			北雄关		
			古冰川遗迹		
			牛羚岗		
		蔡家坝区	蛇岛		
			蔡家坝露营地		
3	落衣桥—关虎配套服务和古军事文化旅游区	阴平村区	唐家河漂流	行政管理、旅游服务(游客吃、住、停车)、旅游购物、休闲度假	漂流比赛、野营野餐、自行车比赛、植物标本制作、棋牌休闲、啤酒烧烤、生态瓜果园
		落衣沟	点将台		
			鱼洞砭		
			磨刀石		
			水中井		
		青溪古城景区	伊斯兰教堂		
			青溪古城		
		保护区入口	博物馆		
			关虎游客中心		

续表

序号	功能区名称	生态小区	景点	现有功能和产品	设计旅游产品
4	红军桥—蔡家坝野生动植物观赏生态旅游区	紫荆花谷景区	野生紫荆花林	徒步、野外自行车骑行、观赏路旁或山间的珍稀野生动植物等旅游活动	林区生活体验及乡村生活体验系列产品、森林休闲、森林游戏、紫荆花专项游、珍稀动物亲近游、杜鹃风情游
			凉水井		
		动物观赏	扭角羚、金丝猴、猕猴、红腹锦鸡、短尾猴、黑熊、夜视动物		
		红军桥区	水淋飞瀑		
			千年银杏		
			写字岩		
			红军桥		
			蛇岩		
			两河口		
			岩羊岭		
5	毛香坝—水池坪科普休闲生态旅游区	灵猴谷景区	落英碧潭	林间漫游、亲水活动、近距离观赏野生动物等	水上游戏、野营野餐、游泳健身、水球运动
			石桥河口南岸亲水区		
			观瀑、戏水、观猴、水池坪、阴坝		
			红旗渠瀑布		
6	红军桥—摩天岭自然文化观光生态旅游区	摩天岭区	孙明碑、烽火台	山地越野自行车骑游、徒步暴走、历史古迹考察、溯溪、野营、红叶观赏旅游	马走阴平
			裹毡岩		
		潭水瀑布	黑熊潭		
			碧云潭		
			水帘瀑布		
			麒麟瀑布		
			九龙瀑布		
		阴平古道	小黄山		
			南天门		
			半边街		
			红军战壕		

4.2　规划设计模式

为了能将自然保护、科研、生态、旅游等方面有机结合，自然保护区的生态旅游规划设计应与三区（核心区、缓冲区、试验区）功能规划相结合。

4.2.1　核心区

核心区是自然保护区的核心，也是一个重要的功能小区，又被称作绝对保护区，是各种原生性生态系统保存最好的区域。核心区主要任务是保护，严禁任何采伐和狩猎，保持其生物多样性，成为遗传基因库，并可用作生态系统基本规律研究，还可用作对照区监测环境。

4.2.2　缓冲区

缓冲区一般位于核心区的外围，也包括一部分原生性生态系统类型和由演替类所占据的半开发地段。缓冲区一方面可以预防和阻止核心区受到外界的影响和破坏，起到一定的缓冲作用；另一方面也可用作某些试验性或生产性的科学试验场所，但应保留其群落环境。缓冲区可以划出一定范围作为生态旅游场所，作为采药、休养、疗养、保健等基地，充分发挥其功能和效益。

4.2.3　试验区

缓冲区的周围最好再划出相当面积的保护区域，可包括荒山荒地，最好能包括部分原生或次生生态系统类型。主要用于发展本地特有的生物资源生产，也可开展部分短期有收益的农业、林业、牧业生产，建立人工生态系统。试验区是主要的生态旅游场所，是旅游活动项目、旅游接待设施规划布局的主要区域。试验区可为当地或所属自然景观带的植被恢复或人工生态系统的建立及生态旅游开发起到示范作用。

生态旅游空间布局模式为自然风光布局，形成"三区结构模式"（图4.1）。核心区（C）是严格保护的区域，限制或禁止游客进入；缓冲区（B）是生态旅游区，生产结合参观、休养、疗养、保健、野营等活动，并设立服务设施；试验区（A）可建立生态旅游服务设施，为游客提供各种服务，如餐厅、商店或娱乐设施。

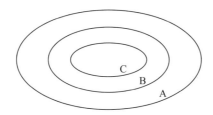

图 4.1　自然保护区生态旅游的三区结构模式图

注：A 为试验区（生态旅游服务）；B 为缓冲区（生态旅游活动），C 为核心区（保护监测）。

当然，并不是所有的自然保护区都是连成一片的，形状也不一定是圆形或规整的，在设计中可以考虑建立自然保护区群（或联营保护区、保护区联合体），可以借鉴这个三区结构功能模式，在规划设计中灵活应用。

4.3   形象设计与建设

4.3.1   生态旅游形象的概念及内涵

1. 旅游形象的概念

生态旅游形象是具体与抽象的统一，主观与客观的统一，内在素质与外在表现的统一。生态旅游形象的一个本质特点是具有"附加值"。这种附加值甚至对游客的购买决策起着关键的作用。

2. 旅游形象识别系统

生态旅游形象是由三大部分组成的，即理念识别、行为识别和视觉识别。这三者相互作用、相互影响，形成一个完整的识别系统，简称 CIS（corporate identity system，企业形象识别系统）。理念识别是行为识别和视觉识别的基础，行为识别、视觉识别分别是理念识别的动态和静态的外在体现。

（1）理念识别系统。理念识别是旅游形象系统的支柱，由经营观念、社会使命、活动领域行为规程组成。

（2）行为识别系统。行为识别是从业人员自觉遵守的工作方式、行为方法，通过服务行为和社会行为来体现理念识别系统。

（3）视觉识别系统。视觉识别是生态旅游所特有的一套识别标志。包括用来展示旅游形象的视觉设计物、制服、车辆、办公用品等。

4.3.2   形象设计

1. 形象设计系统

生态旅游形象塑造是一个系统工程，是以理念识别系统为基础和核心，以行为识别系统为主导，以视觉识别系统为表现的整合工程。

视觉识别有两个设计系统，即基本设计系统和应用设计系统。

基本设计系统包括企业名称、标准标志、变形标志、标准字体、印刷字体、标准色彩、辅助色彩、商标品牌、吉祥物等，其中以标准标志、标准字体、标准色彩为核心，而标准标志是这三大核心中的核心，是促发和形成所有视觉要素的主导力量。

应用设计系统包括办公用品类、旗帜类、指示标识类、服装类、广告宣传类、资料类、环境与陈设类、运输工具及设备类、公关礼品类、产品与包装类等。

2. 形象应用设计

（1）办公用品类。包括名片、信封、信纸、发票、介绍信、合同书等。

（2）指示标识类。其中指路类标识要考虑色彩、名称、指路语言、方向标。

（3）服装饰品类。员工统一着装，可产生归属感，便于管理，整齐划一。可以根据工作性质、岗位定不同的样式，注意色彩协调搭配。

(4)环境陈设类。讲究风格，讲究装饰材料，不同的材料有不同的风格，可以根据地域特色就地取材，力求经济实惠且突出风格。如饭店可配以花坛、盆栽或地毯式草地来美化环境，此外还要考虑灯光照明。

4.4.3　品牌建设

1. 品牌的识别

品牌是生态旅游的无形资源。旅游产品的价格被视作质量的"暗示"，品牌所体现的品质支持更高的定价，游客在许多情况下乐意为购买品牌产品而支付更多的款项。品牌的存在使游客做购买决策时更轻松，也更满意。游客会根据旅游产品品牌的象征意义做出选择，从而节省评判旅游产品的时间。

2. 品牌符号设计

旅游品牌符号设计是对品牌识别系统的具体化。一个好的旅游品牌符号，能让旅游产品信息和品牌形象直达游客的内心。

(1)旅游企业品牌的命名。品牌名称蕴涵着旅游企业或旅游产品的理念和品质，命名时要注意名实相符、易于认读、个性独特、寓意深刻。

(2)旅游品牌标志的设计。品牌标志设计要选择特定的表现元素，运用新颖的创意和设计风格。典型的设计方法有两种：文字和名称的转化、图案的象征寓意。其产生出三类设计标志：文字型、图案型以及文图结合型。

(3)旅游品牌标识语创意。独特显著的标识语有很强的可记性，所以要重视标识语的创意。品牌标识语既要展示品牌识别功能，又要为品牌提供额外的联想，强化名称和标志的意义。

4.3.4　形象传播

生态旅游形象通过一定的传播发挥其效力。生态旅游形象传播对象是多维的：既包括内部员工，也包括外部公众；既包括上游的供应商，也包括下游的游客；同时包括社区与当地政府。

传播包含主体、客体、媒介三方面的内容。传播的主体是人或组织，包括传播者和接收信息的受传播者。传播者主要是生态旅游经营者，受传播者则包括生态旅游的员工、消费者、供应商、社区与当地政府等。生态旅游员工在旅游形象内部传播时是受传播者，而在与游客接触时又成为旅游形象的传播者。传播的客体是被传播的对象，即生态旅游形象。传播的媒介是传播信息的载体，如报纸、杂志、广播、电视、信函、活动等，也包括员工采用面对面的形式向游客做口头介绍。

4.4　社区参与设计

关于开发基于社区参与的旅游，学术界提出过许多行之有效的方法和途径。其中，美国高山研究所提出的"积极有效的计划和行动参与"（Active Planning Participation Action，APPA）得到了广泛的认同。APPA 的推进，需要居民有很强的社区认同感和积极的参与性。

在 APPA 的推进过程中，核心是发现（discovery）、愿景（desire）、设计（design）、交付（delivery），简称"4D"。这种方法贯穿整个社区参与的旅游发展全过程，并且循环往复，不断地升级，每一次的循环都是一次升级提高的过程。

4.4.1　发现

社区参与旅游的基础，是寻找一个社区的旅游吸引物。通过一系列问题的考量，识别或"发现"旅游吸引物的质量和特征。这些旅游吸引物将是社区参与旅游发展的基础，也是需要大力保护的对象。

"发现"是对社区旅游吸引物进行一次集体性的识别和评估，旅游吸引物可能包括：①自然资源（如大山、森林等）、文化景点、传统节日、地方食品和服饰等；②航空服务、基础设施，通信服务等；③当地人的技能、知识、技术；④当地机构的作用和影响力；⑤旅游点的声望和流行程度；⑥可以获得的资金支持。

旅游吸引物和社区优势的识别，更多是强调游客的旅游质量。"发现"阶段的关键是建立起保护社区的理念。在"发现"阶段，应该积极主动地设计问题，设计问题越积极，越能调动居民的积极性，为下一步"愿景"阶段的工作提供坚实的基础。

4.4.2　愿景

在"愿景"阶段，参与者描述他们希望将来的社区怎样发展，如何从旅游发展中受益。依托在"发现"阶段识别的旅游吸引物和社区优势，参与者可以一起规划希望社区实现的"愿景"。对于社区的"什么是好的"的评估，为"应该是什么样"的愿景提供有力的基础。

在"愿景"阶段，社区居民应该注意以下几个要点。第一，"愿景"是基于"发现"的，是有依据的，而不是天马行空的胡思乱想。第二，"愿景"是共同的，不是权威人物的或者单个集体的。第三，"愿景"是基于社区的，不是为了旅游者而改变或更正的。

4.4.3　设计

在"设计"阶段，主要是通过社区参与者的工作，开发可实现的计划和活动。这些计划和活动使得"愿景"变为现实。

"设计"阶段首先是评估成功因素。"发现"阶段的发现和产出被用作成功因素初步评估的基础，这些因素将被合并到社区旅游产品和服务中。可以主要考察以下主要因素：

市场问题、资源保护问题、金融问题、政策和立法问题、技能和资源问题。基于以上的发现和成功因素的进一步评估，引出一个具体的、可执行的行动计划。

在"设计"阶段，必须认真考量以下的关键因素：社区成员有没有积极参与；其他相关利益者是否也积极参与；一些基本问题是否确定，即谁做、怎样做、到什么时候为止；是否根据社区旅游的目标和产品的特征，确定有针对性的发展计划。

4.4.4　交付

经过"发现""愿景""设计"的流程后，需要把以上这些事务落实到行动中，使之产生效益，形成影响，这就是"交付"。"交付"包含下述几个方面的功能。

第一，个人的承诺。每个参与者承诺自己能够做什么来实现愿景。承诺应该是现实的，应该是个人将要做的一些事情。

第二，立刻付诸行动。也就是确定社区成员现在要做的事。立刻付诸行动的计划激发出社区成员进一步的自信，强调参与精神，使整个社区受益。

第三，不断的监测。就是对正在进行的活动及后续活动进行监测。通过社区实施行动计划，监测和后续支持(机构和财务的支持)来检查活动的进程，并调整时间表、目标、预算和职责等。项目工作人员应该与社区保持紧密联系，以监测实施行动计划的进程。

4.4.5　再发现

APPA 的 4D 过程是一个循环的过程。这个过程需要定期回到原点，从取得的成就、新的优势和机遇等方面进行反思。"再发现"没有一个固定的时间表，它可以作为监测活动定期进行，以便后续评估新的形势，应对不可预测的限制及新的机遇，形成新的策略。

4.5　产品开发与设计

谢婷等(2006)认为生态旅游产品是以生态旅游资源为中心吸引物,按生态学目标的要求,实现环境优化组合。田里和李常林(2004)认为,生态旅游产品是以生态学思想为指导,通过对旅游要素所蕴含的生态内涵的挖掘和组合包装而开发的富有生态教育意义的旅游产品。也有学者认为生态旅游产品是指为了满足生态旅游者在生态旅游活动过程中的需要而向其提供的各种(旅游)资源、设施和服务的组合，是生态旅游者支付一定的金钱、时间和精力所获得的一次完整的生态旅游经历和体验。

4.5.1　旅游产品的含义

综合来看，旅游产品是以生态学原则为指导，以生态环境和自然资源为取向而开发的一种既能获得社会经济效益，又能促进生态环境保护的旅游产品。

(1)在产品的构成上，旅游产品主要由具有美感的自然环境及在该环境下形成的地方特色文化组成，包括山、水、森林、气候、动植物以及地方民族风情等。

(2)在形态上，生态旅游产品中的自然资源原始状态保留得较为系统，生态环境特征相对突出。

(3)在功能上，不过多地加入人为因素和人工雕琢，而是强调人与自然的"天人合一"，迎合旅游者返璞归真、回归自然的心理感受。

(4)最终目标是强调人与自然共生共利的关系，不是简单地回归自然，而是一个利用生态发展旅游，通过旅游保护生态的双向促进的特殊旅游产品。人们应以保护为主，在这一前提下开发和享用自然资源，以求得生态旅游的可持续发展。

(5)生态旅游的"三高"（高成本、高附加值、高知识含量）体现于生态旅游产品中（彭青，2000）。

4.5.2　旅游产品的构成要素

对旅游目的地而言，旅游产品是指旅游经营者凭借旅游吸引物、交通和旅游设施，向游客提供的满足其旅游活动需求的全部服务。对游客而言，旅游产品是指游客花费一定的时间、费用和精力所换取的一段经历。

作为一个整体概念，旅游产品的构成要素包括六个方面，即满足游客吃、住、行、游、购、娱等精神需求和物质需求的实物和服务。这六个方面既可以各自单独成为一项旅游产品，也可以在某些方面组合成综合性产品统一销售给游客。

4.5.3　旅游产品的特征

与其他物质产品相比，旅游产品具有不同的特征（表 4.2）。

表 4.2　旅游产品特征一览表

旅游产品特征	具体表现
多样性	种类繁多，覆盖面广，包括旅游景区景点、旅游服务设施、信息服务、旅游商品等各种各样的产品和服务
综合性	既包括有形的物质产品，也包括无形的服务，有形的物质产品是无形服务的基础，无形的服务与有形的物质产品密切联系、不可分割
复杂性	涉及各个行业，如交通、娱乐、商业、住宿、景区等环节，任何一个环节的失误与变动都会影响旅游产品的正常供应与消费
再生产性	需要一定的再加工过程，即对有形的物质产品进行一定的加工才能投入使用，才能实现旅游产品的可消费性。简单的对有形的物质产品的采购和储存并不能真正满足游客的需求

4.5.4　旅游产品体系

核心产品、辅助产品和扩张产品构成完整的生态旅游产品体系。我国现阶段主要是核心产品，有部分的辅助产品，基本上没有扩张产品。因此，要注意对核心产品的深度开发、对辅助产品的多样化开发和对扩张产品的统一化开发。

1) 核心产品

生态旅游的核心资源是农业景观和乡村文化，生态旅游的核心产品包括乡村景观、乡村文化，以及接待和度假服务，其是生态旅游与其他旅游的本质区别。游客通过消费核心产品，能够在乡村环境中与本土居民共享乡村文化和乡村生活。

2) 辅助产品

辅助产品是在核心产品的基础上构筑的延伸产品，由本土的各种直接或间接旅游从业人员提供，如餐饮、娱乐活动、土特产、工艺品、集市庙会等，超越了农业核心产品的范畴。辅助产品不仅扩大了核心产品的层次和内容，而且增加了核心产品的市场吸引力。辅助产品是生态旅游不可缺少的重要产品层次，是旅游体验的主要载体之一。

3) 扩张产品

扩张产品是生态旅游发展到一定规模和阶段后生长出来的增值服务。其为核心产品和辅助产品提供服务营销和服务网络。由政府、企业、行业协会等组织提供的营销或网络服务，可以解决因产品分散性而造成的营销和管理困难，通过生态旅游网络，政府、行业协会可以为当地生态旅游产品提供统一的促销渠道，为游客提供信息沟通平台和预订服务。

4.5.5　旅游产品开发原则

生态旅游产品的开发应该遵循下列几个原则。

1) 市场导向

生态旅游要紧紧围绕主要目标市场的需求进行产品的要素设计。管理者应当加强市场调查，把握真实的市场需求，从而根据市场需求设计出适销对路的产品。

2) 质量控制

质量是旅游产品的要素，如果缺乏有效的质量控制机制，可能给生态旅游产品带来毁灭性的打击。在进行产品开发时，必须从一开始就讲究产品质量控制，以保证生态旅游的健康发展。

3) 可持续发展

生态旅游产品的开发不能以牺牲当地资源为代价，必须紧扣可持续发展这一主题，重视旅游资源的开发与生态环境的协调发展，防止出现掠取性开发。还要把握好资源类型，对当地的旅游资源进行正确的评估，在此基础上设计的产品才能符合当地的实际情况，体现当地的资源价值和核心竞争力。

4) 科学营销

旅游市场营销是产品推广和销售的重要保障。通过科学的旅游营销管理与协调，可以扩大销售额，提高生态旅游产品的知名度。在进行产品开发设计时，要根据各自的资源优势，因地制宜地考虑和制定产品的营销战略，重视旅游整体形象的宣传促销，进行旅游品牌建设。

4.6　线　路　设　计

4.6.1　生态旅游线路开发设计基础

生态旅游线路是旅游产业的重要组成部分，是产品的主要表现形式。主要由吸引物、交通、住宿、娱乐、购物等设施及其服务要素组成。

1. 生态旅游线路的类型

(1)观光游览型线路。这种线路以观光游览为主，游客在每一景点的滞留时间相对较短，旅游活动安排较为紧凑，游客获得的是一种综合体验，体验程度一般不深。这种线路对时间、空间、旅游活动、设施搭配等方面的要求十分严格，应科学设计、妥善安排。

(2)体验参与型线路。这种线路主要考虑的是游客在某些方面的体验效果，串联的景点(体验区)较少，旅游活动相对较为松散，耗费时间较长。游客自由活动余地大，很多甚至是间隔性的旅游，大多数生态旅游线路应设计为这种类型。

2. 生态旅游线路的设计原则

(1)主题突出原则。每一条线路应具有自己的特色，形成鲜明的主题。

(2)市场导向原则。针对市场需求，注意季节波动，保持客流平衡，合理搭配旅游热点、温点和冷点。

(3)注重游客行为分析原则。应充分考虑游客的行为特征，设计出符合游客行为规律的线路。

(4)环境保护和环境教育原则。线路设计要用于环境保护和环境教育，这是基本要求。

(5)用于展现景点风采和充分发挥景点功能原则。线路设计中在景点串联和时间安排方面应充分利用最佳观赏时间和功能的最佳发挥时间。

(6)合理安排顺序和节奏原则。线路设计应考虑游客的心理、体力、精力状况，注意人体生物节奏对游览心理和体验效果的影响，并以此安排旅游的顺序和节奏。

3. 生态旅游线路的设计步骤

(1)确定目标市场的成本，这决定了线路的性质和类型，涉及开发导向的问题。

(2)根据游客的类型和期望，确定组成线路内容的旅游资源的性质、类型及空间布局。

(3)根据组成线路的资源环境保护目标，结合上述两个步骤的背景材料，对相关基础设施和专项设施进行分析，设计出若干可供选择的线路。

(4)根据专家咨询及试验分析，选择最优的线路。

(5)信息反馈及线路优化调整。

4.6.2　例证研究——唐家河自然保护区旅游产品与线路规划

为借助外力推进唐家河的旅游发展,将其纳入九寨黄龙旅游圈内,通过品牌旅游产品带动其发展,可通过外部旅游精品主题线路和内部主题游览线路这两种方式设计旅游线路。

1. 外部旅游精品主题线路

1) 以成都为中心的旅游线路产品

成都—唐家河—九寨沟—黄龙—成都五日游。

在常规的"九黄四日游"基础上增加在唐家河自然保护区观赏牛羚行程,考虑在东进西出环线时,在毛香坝游客接待中心住宿一夜,乘保护区环保车在红军桥—毛香坝旅游线路观赏牛羚等珍稀野生动植物,并参观唐家河自然博物馆和毛香坝环境教育中心,或在毛香坝小环线徒步认知观景。

2) 以重庆为中心的旅游线路产品

重庆—南充(万卷楼)—阆中(古城、滕王阁)—剑阁(剑门关)—唐家河—九寨沟—黄龙—成都—重庆七日游。

在毛香坝游客接待中心住一夜,乘保护区环保车在红军桥—毛香坝旅游线路观赏牛羚等珍稀野生动植物,并参观唐家河自然博物馆和毛香坝环境教育中心,或在毛香坝小环线徒步认知观景。

3) 以广元为中心的旅游线路产品

(1) 广元—剑门关—唐家河—九寨沟—黄龙—广元五日游。

在毛香坝游客接待中心住一夜,乘保护区环保车在红军桥—毛香坝旅游线路观赏牛羚等珍稀野生动植物,并参观唐家河自然博物馆和毛香坝环境教育中心,或在毛香坝小环线徒步认知观景。

(2) 广元—唐家河—报恩寺—王朗—窦圌山—剑门关—昭化古城—广元五日游。

在毛香坝游客接待中心住一夜,乘保护区环保车在红军桥—毛香坝旅游线路观赏牛羚等珍稀野生动植物,或者乘车在红军桥—摩天岭生态旅游线路观赏牛羚等珍稀野生动植物和考察古三国历史文化遗迹,或者徒步在毛香坝—长坪生态旅游线路认知野生动植物,并参观唐家河自然博物馆和毛香坝环境教育中心。

4) 以绵阳为中心的旅游线路产品

绵阳—唐家河—九寨沟—黄龙—绵阳五日游,或绵阳—剑门关—昭化古城—唐家河—猿王洞—绵阳三日游。

在毛香坝游客接待中心住一夜,乘保护区环保车在红军桥—毛香坝旅游线路观赏牛羚等珍稀野生动植物,或者乘车在红军桥—摩天岭生态旅游线路观赏牛羚等珍稀野生动植物和考察古三国历史文化遗迹,并参观唐家河自然博物馆和毛香坝环境教育中心。

2. 内部主题游览线路

1) 探险体验型生态旅游线路产品

针对具有较高付费能力的探险体验型生态旅游者，首先推出以下两条线路，并可根据游客的特殊需要，对线路进行调整、组合和整合。

（1）毛香坝/红军桥－倒梯子－野牛岭探险体验型生态旅游线路产品。需事先预订，不接待散客。区内停留 3 天。

D1：游客到达后在唐家河保护站/关虎生态旅游者接待大厅入口处办理入区手续，然后自驾车或乘保护区环保车至毛香坝游客接待中心或生态木屋住宿，并安排参观唐家河自然博物馆、毛香坝环境教育中心、开放式观赏植物聚落等地。

根据游客需求，也可住宿倒梯子露营区，并相应调整以下日程。

D2：清晨起床，由保护区专业导游带队，分组沿毛香坝－水池坪生态旅游线路或毛香坝科普小环线观鸟、观兽，呼吸新鲜空气，然后返回游客接待中心吃早餐。餐后由保护区专业导游人员带领，乘保护区环保车至倒梯子生态旅游管理点，然后向杉木坪徒步进发，沿途穿插讲解唐家河自然保护区的旅游注意事项、文化传说、历史沿革、基本情况、动植物概况，识别野生植物，鉴别野生动物痕迹，感受原始林森林风景。到达杉木坪后，搭建露营帐篷、野炊，进入牛羚观察点用高倍单筒望远镜观赏牛羚集群。傍晚，赏云海、晚霞与落日。夜间，利用红外（微光）夜视设备观察牛羚等野生动物。

D3：清晨，观赏高山日出，识别和观赏绿尾虹雉、血雉、斑尾榛鸡、红腹锦鸡等雉类及其他鸟类。早餐后，徒步深入牛羚活动区，近距离观察牛羚。午餐后，沿原路下山，并乘车返回毛香坝游客接待中心。

（2）毛香坝－水池坪－长坪－白熊坪探险体验型生态旅游线路产品。需事先预订，不接待散客。区内停留 3 天。

D1：游客到达后在唐家河保护站/关虎生态旅游者接待大厅入口处办理入区手续，然后自驾车或乘保护区环保车至毛香坝游客接待中心或生态木屋住宿，并安排参观唐家河自然博物馆、毛香坝环境教育中心、开放式观赏植物聚落等地。

根据游客需求，也可住宿长坪露营区，并相应调整以下日程。

D2：清晨起床，由保护区专业导游带队，分组沿毛香坝科普小环线观鸟、观兽，呼吸新鲜空气，然后返回游客接待中心吃早餐。餐后由保护区专业导游人员带领，乘保护区微型环保车至长坪保护站，然后向白熊坪文县河段徒步进发，沿途穿插讲解唐家河自然保护区的旅游注意事项、文化传说、历史沿革、基本情况、动植物概况，识别野生植物，寻找和鉴别大熊猫活动痕迹，收集大熊猫粪便并固定标本，感受原始林森林风景。到达白熊坪露营区后，搭建露营帐篷、野炊。下午，在专业向导带领下，寻踪探访大熊猫，考察大熊猫生存环境，了解大熊猫及其保护知识，参与保护区大熊猫生态监测活动。傍晚，赏云海、晚霞。夜间，赏星观月，讲解大熊猫的生活习性和趣味故事，利用红外（微光）夜视设备观察牛羚、豹等野生动物。

D3：清晨，感受原始林的勃勃生机，识别和观赏绿尾虹雉、血雉、斑尾榛鸡、红腹锦鸡等雉类以及其他鸟类。早餐后，继续徒步深入大熊猫活动区，寻踪探访大熊猫，考察大熊猫生存环境，了解大熊猫及其保护知识，参与保护区大熊猫生态监测活动。林中野餐后，沿原路下山，徒步至长坪保护站，并乘保护区微型环保车返回毛香坝游客接待中心。

2）生态保护型休闲旅游线路产品

针对生态保护型休闲旅游游客，首先推出以下四条线路，并可根据游客的特殊需要，对线路进行调整、组合和整合。

（1）红军桥－毛香坝野生动植物观光旅游线路产品。全程 11km，游览时间 4～6 小时。

自驾车、乘保护区环保车、徒步、野外自行车骑行均许可。沿途观赏路旁、山间的珍稀野生动植物。

以毛香坝游客接待中心为住宿地。先在毛香坝参观唐家河自然博物馆和毛香坝环境教育中心，再从毛香坝经蔡家坝到红军桥进行野生动植物观赏，进入蔡家坝牛羚观察点观赏牛羚，在背岭沟观赏野生紫荆花林及相关景点，然后返回。

（2）毛香坝－长坪科普休闲旅游线路产品。往返全程约 16km，步行游览需 6～8 小时。

以毛香坝游客接待中心为出发点，早餐后沿巡护摩托车道漫步至水池坪，做短暂停留观景听鸟，并进入牛羚野外观察点观赏牛羚。继续徒步前行抵达长坪保护站，简单中餐后折返。在旅游线路往返途中，游览沿途各景点，开展林间漫游、亲水戏水、野生动植物认知、近距离观赏野生动物等活动。

（3）毛香坝－香妃墓－毛香坝科普教育线路产品。游程较短，全程约 2km，步行游览需 1～2 小时。

主要开展野生植物认知、清晨观鸟和历史遗迹观光等活动。

（4）红军桥－阴平古道标牌－摩天岭/倒梯子自然文化观光旅游线路产品。三国古战场遗迹"阴平古道"全线长 14km，徒步游览需 6～8 小时。

阴平古道标牌－倒梯子徒步和自行车旅游线路全程约 3km，徒步需 1 小时，自行车越野需 20 分钟。

游客在倒梯子露营区/黄羊坪露营区住宿，徒步或利用山地自行车沿途观光，在唐家河倒梯子段开展拓展运动、溯溪、山地越野自行车骑游、徒步暴走、红叶观赏或登摩天岭寻幽访古。

第5章 自然保护区生态旅游管理

5.1 生态旅游管理概述

生态旅游管理是指旅游管理主体(包括政府、行业主管部门、旅游中介组织、旅游专业组织等)以可持续发展思想为指导,充分运用各种管理手段(包括行政、经济、法律、科学、市场等方面),对生态旅游管理客体(包括生态旅游环境、企业、游客、社区、市场等)实行以生态系统保护为目标的旅游管理与决策活动的过程。

5.1.1 生态旅游管理的特征

(1)生态旅游管理的对象是生态旅游经济系统。对生态系统和旅游的经济系统的管理,形成了具有独立结构和功能的生态旅游经济复合体。

(2)生态旅游管理主体是广泛的社会群体。生态旅游管理主体是社会各种管理机构和每一个人。

(3)生态旅游管理更强调人类的责任和义务。生态旅游复合管理系统更突出自然生态环境的可持续发展,更注重人类的责任和义务。应注重以下三点:第一,人类的一切旅游活动都应考虑自然生态系统提供条件的可能性;第二,物质和能量最终都取自自然生态系统,自然生态系统的可持续发展直接关系到旅游经济系统的发展和前途;第三,旅游开发商和游客是旅游经济系统的主体,通过他们的活动调节社会经济和自然生态的关系使之保持平衡,和谐发展。

5.1.2 生态旅游管理的主体与手段

1. 生态旅游管理的主体

生态旅游管理的主体主要是政府管理部门和行业管理组织,其职能见表5.1。

表 5.1 生态旅游管理的主体及职能

管理的主体	职能
政府管理部门	基本职能是行政功能,从所作用的领域可划分为政治功能、经济功能、文化功能、社会功能等,行业管理是政府经济功能的体现之一。生态旅游由旅游行政管理部门来管理。在我国,文化和旅游部是国务院主管全国旅游业行政事物的直属机构,各省、市、地县相应成立地方旅游行政管理组织,管理全国旅游业。
行业管理组织(服务性、信息性及销售性组织等)	行业管理组织既是政府管理职能的延伸,又是整个行业利益的代表,其实质是介于政府和企业之间的市场中介性组织。我国的中国旅游协会、中国旅游饭店业协会、中国旅游车船协会都能对生态旅游的发展和行业管理起到一定的作用,尤其是2009年10月,中国旅游协会成立了中国旅游协会休闲农业与乡村旅游分会,旨在促进生态旅游的健康发展。

2. 生态旅游行业管理的手段

生态旅游行业管理的手段主要有经济管理手段、教育管理手段、法律管理手段、科学技术管理手段(表 5.2)。

表 5.2　生态旅游管理的手段及内涵

管理手段	管理的内涵
经济管理手段	运用价格、工资、利润、税收、奖金、罚款等经济杠杆和价值工具以及经济合同、经济责任制等进行生态旅游管理。经济管理的核心与实质在于物质利益原则，即从物质利益方面调节国家、集体、个体等与生态旅游开发经营者之间的分配关系。经济管理手段是我国现阶段必不可少的一种手段。
教育管理手段	生态环境保护与旅游经济发展不协调，主要是由于人们缺乏环保意识，受不正确的经济思想和经济行为支配，所以要对全民特别是游客和旅游从业人员进行不间断的环境教育。教育管理手段是实现生态旅游管理目标的重要基础手段。
法律管理手段	利用各种法律法规约束开发者和游客，其基本特征是权威性、强制性、规范性和综合性，基本要求是有法可依、有法必依、执法必严、违法必究。法律、法规是通过各级立法机构制定和颁布的，是生态旅游的重要管理工具。目前我国制定了一些与生态旅游相关的法律、法规，为生态旅游的环境保护活动提供了法律管理的基础。
科学技术管理手段	行业主管部门运用电脑网络、管理软件等现代科学的机器设备和方法，对管理对象实施计划、组织、协调、控制、监督等职能的管理，是生态旅游迈向国际化、科学化的重要标志。其主要包括利用数据库软件进行客源增减、客源结构等方面的数据处理，通过互联网发布旅游信息、实施投诉监督、进行客人住宿调配、实施行业企业资料档案管理等。

5.2　生态旅游的标准化管理

5.2.1　我国的标准体系

目前，我国的标准主要分为国家标准、行业标准、地方标准和企业标准。我国的标准体系及内涵见表 5.3。

表 5.3　我国标准体系及内涵

分类	内涵
国家标准	由国家标准化机构或国家政府授权的有关机构批准、发布并在全国范围内统一适用的标准。国家标准的代号用 GB 表示。我国旅游业的国家标准主要是由文化和旅游部（原国家旅游局）制定和颁布实施，由全国旅游标准化技术委员会归口管理。
行业标准	由我国各主管部、委（局）批准发布，在该行业范围内统一使用的标准。我国旅游业的行业标准同国家标准一样，主要由文化和旅游部（原国家旅游局）颁布，代号用 LB 表示。
地方标准	由当地旅游标准化行政主管部门负责制定颁布。随着服务业的迅速发展，各地发布的旅游方面的地方标准也越来越多。目前我国有关生态旅游的标准基本都属于地方标准，地方标准的代号用 DB 表示。
企业标准	没有国家标准和行业标准的企业产品，应当制定企业标准作为组织生产的依据。已有国家标准和行业标准的，国家鼓励企业制定严于国家标准或行业标准的企业标准，在企业内部适用。企业标准由企业自行制定，由企业的法人代表或法人代表授权的主管领导批准发布，由企业法人代表授权的部门统一管理。企业标准是标准体系的重要组成部分，应该积极鼓励生态旅游经营者制定相关的企业标准。

5.2.2 生态旅游组织的标准化工作

生态旅游组织要想提供超越竞争对手的服务，需要制定较高的企业标准。那些具有一定实力和规模较大的生态旅游服务组织应当在这方面有所作为，而一般的生态旅游经营户，主要还是贯彻执行国家标准、行业标准和地方标准。

实行标准化管理的目的在于提高服务质量，令广大旅游者满意。生态旅游经营者服务质量的最终评判者是旅游者，只有旅游者认可的质量才是高质量，生态旅游经营者必须进行市场分析研究，以深入了解生态旅游旅客的需求和所追求的服务质量。

生态旅游服务标准的执行者是广大员工，如果企业员工对这些标准有抵触情绪，即使强制实行也未必能取得好的效果，这些标准甚至会被束之高阁。生态旅游经营者标准的制定，一定要听取各个部门及广大员工的意见，制定的标准要具有科学性和可操作性。

生态旅游服务质量包括方方面面的内容，服务标准应该具有系统性。标准与标准之间应该相互配套、协调统一。这种配套协调性体现在两方面：一是生态旅游经营者内部的各个标准应该配套协调，不能相互抵触，否则标准的执行者将不知所从，影响标准的效果；二是内部标准与外部标准(即国家标准、行业标准和地方标准)之间应该配套协调，内部标准应该高于外部标准的要求。

标准具有普遍适用性，而且相当一部分的标准主要侧重于对硬件设施设备的要求，因此标准的实施相对而言是一件容易的事。在实施标准化服务的过程中，应当大力提倡个性化、人性化的服务，这比执行标准要困难得多，却是提高旅游服务质量的"黄金宝典"。

5.3 生态旅游法治化管理

生态旅游的经营活动，必须以法律法规为准绳，规范经营服务，保障旅游者和经营者的合法权益，维护旅游市场秩序，促进生态旅游的健康发展。

5.3.1 生态旅游合同管理

1) 合同的履行

生态旅游合同的履行，是指当事人各方按照合同规定的条款，全面履行各自承担的义务，实现各自享有的权利。合同履行的原则包括实际履行原则和全面履行原则。合同履行的担保通过定金、保证、抵押、留置来实现。

2) 合同的变更和解除

生态旅游合同依法成立后具有法律约束力，任何一方都不得擅自变更或解除合同。但在某些情况下，当事人的主观或客观条件发生了重大变化，为减少不必要的损失，或为取得更好的旅游效益，也需要对合同做出变更或解除。合同的变更或解除，必须符合法律规定的条件并按照法律规定的程序进行。

在生态旅游合同正式变更或解除之前，原来签订的合同仍然有效，任何一方当事人不得以合同将要变更或解除为借口而拒绝履行，因变更或解除合同而使一方当事人的利益受到损失时，应承担相应的责任。

3) 无效合同的处理

生态旅游合同确认无效后，合同规定的当事人之间的权利义务关系即属无效，尚未履行的不得履行，正在履行的立即终止履行。无效合同的处理，包括无效合同引起的财产后果的处理和无效合同中的违法行为的处理两个方面。

4) 可撤销的生态旅游合同

可撤销的生态旅游合同，是指合同签订后其法律效力处于不确定状态，当事人有权要求人民法院或仲裁机构予以撤销的合同。

5) 生态旅游合同的管理

加强生态旅游合同管理，就要坚持以国家的法律法规为依据，以监督为主，依法办事，坚持维护当事人各方的合法权益。在合同订立时，尊重当事人的意志自由，确保所签订合同的合法有效；在合同履行过程中，按约履行合同规定的各项义务，保障生态旅游经营者和旅游者的应有权利；当发生纠纷时，及时公正地处理，尽量减少损失。作为生态旅游经营者，要自觉运用合同开展经济合作，增强自我约束的法律意识，不断改善经营管理。

我国生态旅游合同的管理机关是各级工商行政管理机构，其负责统一管理和监督检查合同的订立和履行，调解合同纠纷，查处履行合同过程中的违法行为，做好合同的签证工作。各级旅游行政管理部门指导生态旅游合同的订立和履行，协调旅游业各单位之间的合同关系，妥善处理合同纠纷。金融机构从金融业务领域(如信贷、结算管理)对生态旅游合同进行监督管理。

5.3.2　生态旅游违约责任的处罚

生态旅游违约责任的处罚主要包括以下内容。

(1) 承担违约责任的原则。违约责任主要是一种财产性质的责任，其是由旅游合同法律关系的性质和原则决定的。承担违约责任必须坚持过错责任原则、等价补偿原则、风险责任原则、自愿协商原则。

(2) 违约责任的免除。在一般情况下，当事人违约应承担相应的法律责任，特殊情况(不可抗力的发生、免责条件的发生、情势变迁的发生)可以酌情免除违约方的违约责任。

(3) 承担违约责任的方式。生态旅游经营者承担违约责任有支付违约金、支付赔偿金、返还定金等方式。

5.3.3　生态旅游经营者违规行为的处罚

生态旅游经营者违规行为的处罚类型有以下几类。

（1）超范围经营的处罚。生态旅游经营者必须在核定的经营范围内开展业务，并按国家有关规定收取费用。如果超出核定的经营范围开展旅游业务，擅自增加服务项目，强行向旅游者收取费用，责成其限期改正或没收违法所得；逾期不改的，责成其停业整顿，并处罚款；情节严重的，吊销经营许可证。

（2）价格欺诈行为的处罚。生态旅游经营者必须遵守国家和旅游行政主管部门颁布的价格法规和规定。我国旅游价格实行"统一领导，分级管理"的原则，生态旅游经营活动应当优质优价，同质同价，低质低价，做到价格基本稳定。生态旅游经营者违反旅游价格政策、法规的，按有关规定予以经济制裁，停业整顿或吊销营业执照。

（3）收受回扣和索要小费的处罚。违反规定索要、收受回扣的，根据数额大小，可处以没收非法所得、罚款、行政警告或记过、留用察看、开除公职等处分。

5.3.4　生态旅游投诉及其处理

1. 生态旅游投诉的条件

投诉人投诉时必须明确指出侵犯自己权益或与自己发生争议的对方当事人，提供投诉所依据的事实及有关证据，提出投诉请求，以便有关部门进行调查和处理。

凡是发生下列各类损害行为的，可以向旅游投诉管理机关投诉：①不履行合同或协议；②没提供质价相符的产品或服务；③造成投诉人人身伤害或财物损失；④欺诈投诉人，损害投诉人利益；⑤私自收受回扣或索要小费；⑥其他损害投诉人利益的行为。

旅游投诉必须具备以下条件：①直接利害关系明确；②有损害行为发生；③被投诉的人有主观上的过错；④投诉纠纷有因果关系。

2. 投诉状的要求

投诉者要递交书面投诉状，由于投诉状是法律性文书，因此有较为严格的格式规范。

投诉状必须写明以下四方面的事项：①投诉者的姓名、性别、国籍、职业、年龄、单位（团队）名称及地址；②被投诉者的单位名称或姓名、所在地；③投诉请求及投诉依据的事实和理由；④能够证明投诉案件事实情况的证据。投诉案件发生的时间、地点、人物、过程、危害结果、损害行为与损害结果之间的关系，都要一一写明，做到齐全、具体、准确和明确。

3. 生态旅游投诉的处理

符合条件的投诉，旅游投诉管理机关予以受理；不符合受理条件的投诉，通知投诉者不予受理，并说明理由。

旅游投诉管理机关受理投诉后，及时通知被投诉的生态旅游经营者。生态旅游经营者在接到投诉通知以后，必须在规定期限内做出书面答复，说明被投诉的事由、调查核实的过程、基本的事实和证据、责任及处理意见。如果投诉事实属实，应当主动诚恳地承担责任；如果认为完全不实或部分不实，可以针对投诉者的意见进行反驳。对于生态旅游经营者的书面答复，旅游投诉管理机关应进行调查核实。

在投诉事实调查清楚的前提下,尽量先行调解。调解由旅游投诉管理机关主持,投诉当事人通过摆事实、讲道理,相互谅解,达成解决纠纷的协议。如果达成调解协议,投诉管理机关应当制作调解协议书。

投诉管理机关经过调查核实,认为事实清楚证据充分的,可以做出以下的处理决定:属于投诉者自身过错的,撤销立案,并向投诉者说明理由;属于投诉者无理投诉,故意损害被投诉者的合法权益的,责令其赔礼道歉并承担赔偿责任;属于投诉者和被投诉者共同过错的,各自承担相应的责任,其承担的方式由双方当事人自行协商确定,也可以由管理机关决定;属于被投诉者过错的,由被投诉者承担责任,赔礼道歉,赔偿损失,承担全部或部分调查处理投诉的费用;属于其他部门过错的,转送有关部门处理。

旅游投诉管理机关做出的处理决定,制作成"旅游投诉处理决定书",并通知投诉者和被投诉者。投诉者和被投诉者如果对旅游投诉处理决定或行政处罚不服,可以在接到处理决定后的规定期限内向上一级管理机关申请复议,或者向法院起诉。如果对复议决定不服,可以在接到复议决定后的规定期限内向法院起诉。逾期不申请复议,也不向法院起诉,又不履行处理决定或处罚决定的,做出处理决定的投诉管理机关依法强制执行或申请法院强制执行。

特别要强调的是,生态旅游经营者要正确对待旅游者的投诉。一般而言,旅游者是在迫不得已或"忍无可忍"的情况下才会进行投诉。正确地对待投诉,妥善地处理投诉,不仅能够帮助顾客解决投诉中的实际问题,而且可以使得双方有效沟通、消除误解,使"不满意"的顾客转变为"满意"的顾客。当然,也不应一提到处理投诉,就判定旅游经营者有过失,武断采取打折或退款的方法,这样既损害生态旅游经营者的利益,也没有从根本上让顾客满意。

第6章　四川自然保护区与生态旅游开发

四川素称"天府之国"，是长江上游的重要屏障，建设"生态四川"是巩固长江上游生态屏障的重要战略举措。为进一步推进四川生态文明建设和美丽四川建设工作，四川积极发展生态旅游：2004 年四川省政府发布了《四川省生态旅游发展报告》，积极推出九寨沟、黄龙、峨眉山、乐山大佛等生态旅游产品；2005 年初，四川省委、省政府决定由省环保局牵头编制《四川生态省建设规划纲要》；2006 年《四川省"十一五"旅游产业发展规划》提出到 2010 年建成香格里拉生态旅游区、攀西阳光度假旅游区、嘉陵江流域生态文化旅游区、蜀南竹海石海生态文化度假旅游区、"两湖一山"休闲度假旅游区五大新精品旅游区。因此，关于四川旅游生态补偿的研究在这个过程中发挥了重大作用。

随着自然保护区的发展，旅游业也蓬勃发展起来，自然保护区成为越来越多旅游者出行首选的旅游目的地。但是在旅游发展的同时会产生一系列问题：一是有些自然保护区的景观资源没有被充分发挥和认识，造成资源的不完全利用；二是有些自然保护区被过度开发，造成自然保护区保护与旅游发展的不可持续。自然保护区作为特殊的旅游产业，实现其可持续发展的目标是急需探讨的问题。

6.1　四川生态旅游开发

四川位于中国的西南部，地处长江中上游，位于东经 97°21′～108°33′、北纬 26°03′～34°19′，面积 48.6 万 km²，辖 21 个市(州)183 个县(市、区)。毗邻青海、甘肃、陕西、重庆、贵州、云南和西藏等省(区、市)。

四川地域辽阔，地貌复杂。以龙门山、邛崃山、大相岭、大凉山一线为界，全省分为西部高山、东部盆地。其中西部地区是青藏高原东缘，山体南北走向，切割深陷，气势磅礴，形成著名的横断山脉。

四川气候类型多样，山地气候垂直变化明显，由低到高依次分为亚热带、暖温带、温带、寒温带、亚寒带等几种气候类型；水域面积大，97%的面积属长江水系。

四川生物资源极为丰富，动物区系组成复杂，同时具备了古北界和东洋界的特征。尤其以大熊猫、川金丝猴、牛羚等闻名于世。四川植被属亚热带常绿阔叶林区，具有种类丰富，热带、亚热带和温带的科、属多，特有种、属和单种、少种的科、属多，起源古老，孑遗植物多，裸子植物的种类多等特点。

四川民族众多，地域辽阔，在漫长的历史岁月里，独特的民族文化与大自然长期融合，孕育了独具特色的民族风情、乡土习俗、建筑风格、民间传说等原生性地域特色文化，沉淀出丰富多彩、富于传奇的文化底蕴，构成四川人文资源丰富的文化大省的地位。

6.1.1　四川生态旅游资源圈层分布特征

四川自然资源丰富，人文历史悠久，是我国西部举足轻重的旅游资源大省。受特殊地形地貌的影响，四川的生态旅游资源在内容、分布、类型构成等各方面均表现出明显的盆地特征，受盆地形态和人文活动强度的影响，四川的生态旅游资源分布还呈现按圈层分布的独特规律。

四川生态旅游资源具有由中心平原向盆地边缘山区呈环状递增的地理分布规律。高山、高原、江河源头、高原湖泊等生态旅游资源主要分布在川西的甘孜州、阿坝州；高山峡谷、天然动植物园、阳光生态等生态旅游资源主要分布在川西南的凉山州、攀枝花市；人工植被生态旅游资源主要分布在川东丘陵区；山地森林系统主要分布在川北/川东北山地区；竹海、喀斯特地貌和丹霞地貌生态旅游资源主要分布在川南地区；传统与现代农业生态旅游资源主要分布在成都平原。

1）核心文化资源圈层——由成都山前平原地区构成的中心地貌圈

该圈层受到强烈的人文影响，开发历史悠久，自然面貌被完全改变，代之以各种人工建设的物质载体，生态旅游资源表现为密集的遗址、遗迹、古建筑、古城镇群等，以古老、清雅为区域景观特征。该圈层是四川人文类风景名胜资源的集中分布区和突出的代表性区域。古老是指具有悠久的发展历史及人类文明史，以三星堆为其形象代表；清雅是指平原区广泛存在的由田园、水网、村舍构成的生活场景景观，以刘氏庄园、郫县农科村及周边水网农田为其形象代表。

2）文化扩散资源圈层——由川中地区构成的丘陵低山圈

由于人文活动的扩散过程受到强烈改造和影响，自然面貌所存甚少，该圈层成为四川历史文化资源分布面积最大、强度与特征性弱于核心圈层的文化分布区。其资源表现为较稀疏的古城镇、分散的遗迹与历史文化保护单位、大面积的田园风光等。该圈层以淳朴、秀丽为区域景观特征，以蜀中田园风光和点缀其间的丛林、寺观、小城镇为其形象代表。

3）交融景观资源圈层——由盆周山地构成的中山圈

该圈层处于人文活动强度的边缘区，自然面貌保留较多，人文内容也有相当的分布，成为自然因素、人文因素交叉，以交融性资源分布为主的区域。其资源表现为传统的风景游览地、宗教人文丛林与少量聚居城镇，幽深、雄险是其区域景观特征。幽深是指其传统的风景游览地和宗教丛林构成的"影视"性景观；雄险则是指该圈层各地段拥有的古蜀道、古关隘等景观，前者以峨眉山、青城山为形象代表，后者以剑门关等为形象代表。

4）自然生态资源圈层——由盆西高山和极高山构成的圈层

该圈层人文活动甚弱，自然面貌保存完好，成为生态旅游资源的集中分布区，资源表现为保存完好，以大面积、块状成片分布的自然山体、森林、水系和珍贵的动植物栖息地等为其分布形态。该圈层以典型生态景观为主，兼有部分少数民族聚居的民俗文化景观。

该区域是四川最具代表性的生态旅游资源分布区，以神奇、珍贵为区域景观特征，这在很大程度上代表着四川的总体景观特征，并以拥有珍贵物种和生境景观的九寨、黄龙、卧龙、贡嘎山等为其突出形象代表。

5) 旷野山原资源圈层——由高山原和部分中山原组成的圈层

该圈层人口稀少，分布零散，多数区域为未受人类影响的旷野地区，成为四川大范围山地、旷野型风景名胜资源的分布区。其资源表现以草原、流石滩、丘状高原景观和湿地景观、河源景观等为主，并兼有较为突出的少数民族风情景观。粗犷、豪放为其区域景观特征。

6.1.2　四川生态旅游资源分区及评价

综合多方面因素，根据自然条件的分异特征和生态旅游资源的分布规律，可将四川划分为 6 个生态旅游资源地区。杨国良(2010)利用累加型模型按资源价值、开发条件、生态环境综合评价了不同类型区(表 6.1)。

表 6.1　四川 6 个生态旅游地区及资源评价表

分区	主要区域	总分	级别
川北/川东北低中山地区	绵阳、广元、巴中、达州	64.985	良好
川东丘陵地区	南充、广安、遂宁	63.083	良好
成都平原地区	成都、德阳、眉山、资阳	71.556	优良
川西南中山峡谷地区	凉山、攀枝花	72.165	优良
川南丘陵低中山地区	乐山、内江、自贡、宜宾、泸州	80.785	优秀
川西高山高原地区	阿坝、甘孜、雅安	81.368	优秀

四川由于特殊的自然地理环境，形成了以原始、孑遗、典型、丰富的生态群和生态景观为主要特点的生态旅游资源。雄奇秀丽的自然山川、历史悠久的巴蜀文明、如诗如画的田园风光、独特有趣的民族风情，构成了西南资源区自然生态资源的主要基础，也构成了四川生态旅游资源的最大资源特点。四川生态旅游资源表现出总量丰富、类型多样、分布广、组合好、特色鲜明、品位高、空间组合配套好、互补性强等优势。

1. 资源类型多、基数巨大

四川生态旅游资源类型多样、富集度高。这是由其拥有的旅游资源及旅游资源赖以存在的地理环境共同决定的。其旅游资源和地理环境类型众多、内涵丰富，具有高度的综合性和鲜明的时空性，对旅游者具有强烈的吸引力。从整体上看，除了沙漠以外，几乎我国所有的自然景观在四川均可看到。四川民族众多，人文景观多姿多彩。

据《四川年鉴》2018 年统计数据，四川拥有世界遗产 5 处，其中世界自然遗产 3 处(九寨沟、黄龙、大熊猫栖息地)，世界文化与自然遗产 1 处(峨眉山—乐山大佛)，世界文化遗产 1 处(青城山—都江堰)。被列入世界《人与生物圈保护网络》的保护区有 4 处(九寨沟、黄龙、卧龙、稻城亚丁)。有"中国旅游胜地 40 佳"5 处(峨眉山、九寨沟—黄龙、蜀南竹海、乐山大佛、自贡恐龙博物馆)。全省建立了国家级风景名胜区 15 处,省级风景名胜区增至 79 处。有 5A 级景区 12 个,在全国排名第四;有中国优秀旅游城市 21 座。如此庞大的自然与人文生态旅游资源集于一省,是国内各省区所罕见的,也为世界罕见。

2. 资源独特、珍贵、品质优异

四川的生态旅游资源突出表现在以下三个方面。

(1)资源优势大。不少自然保护区气势雄浑,面积辽阔,集多种景观于一体,高山流水、蓝天白云、原始森林、湖泊草甸、冰雪温泉、珍稀动植物等多种资源巧妙融合在一起,景观异常优美。

(2)资源品位高。丰富多彩的生物资源,千姿百态的地文景观,奇丽清澈的水域风光,缤纷灿烂的天象气候,春华秋实的森林季相,不仅在全国属上乘,即便在世界范围也毫不逊色。

(3)资源配套好。生态旅游资源往往与宗教文化、民族风情以及红色旅游资源紧密结合在一起,各种资源相互配套,独特性与多样性有机统一。

四川的生态旅游资源有全国其他省(区、市)无法比拟的垄断性和唯一性。四川拥有如九寨沟、黄龙、峨眉山、乐山大佛、剑门蜀道、武侯祠、三星堆、青城山、都江堰等国内外知名的生态旅游资源。例如,卧龙有世界上最大的大熊猫种群;若尔盖铁布保护区有中国独特的四川梅花鹿野生种群;巴塘竹巴笼保护区有世界特有的四川矮岩羊;九寨沟和黄龙绚丽多彩的高山湖泊伴以壮美神奇的钙华景观;措普国家森林公园有高温间歇喷泉;海螺沟的冰瀑气势宏伟,是世界同纬度海拔最低的现代冰川瀑布;瓦屋山有世界上落差最大的兰溪瀑布;蜀南竹海有大面积楠竹林像翡翠般洒落在石质山地等。这些生态旅游资源,只能在四川见到,堪称世界奇观。这些资源无一例外地具有国家地理或风貌的保存意义,具有良好的生态环境和景观环境,代表着一部分重要的国家历史文化内容,成为省域生态旅游资源在国内外的知名品牌,并可成为国内外生态旅游的特殊地区。

3. 资源富集,景点多、功能多

四川省内有九寨沟、黄龙、峨眉山、乐山大佛、都江堰等国家重点风景名胜区;有与世界野生生物基金会合作的世界上第一个大熊猫研究中心——汶川卧龙自然保护区;有贡嘎山、四姑娘山、雪宝顶等多座对外开放的登山区;有举世罕见的冰川奇观海螺沟冰川森林公园。由于地形多样,垂直差异明显,大自然为这个富于垂直变化的气候地带造就了"一山有四季,十里不同天"的特殊景观。如此多的景点,可开展观光、休闲度假、科考等多功能生态旅游活动。

四川生态旅游资源富集度高,如在岷江上游不到 150km 半径范围内集中分布着九寨沟、黄龙、四姑娘山、卧龙、米亚罗、牟尼沟、毕棚沟、大草原等数十个以高山湖泊和高山自然景观生态系统为主的旅游景区;又如在以峨眉山为核心的近 100km 范围内,集中分布有乐山大佛、瓦屋山、碧峰峡、朝阳湖、天台山、槽鱼滩、三苏祠等以自然和文化相融为特征的旅游景区。高密度的景区富集群为开发生态旅游、减少基础设施建设费用、合理保护环境创造了优越的条件。

4. 原生保存好, 特色突出

四川由于所处地理位置及复杂多样的地质、地貌、气候条件的影响, 蕴含丰富的资源和不同的生态系统类型, 原生态保存完好, 极具旅游观光价值。四川的生态旅游资源大都保留了未经雕饰的原始风貌, 景观独特、神秘感强, 如雪峰连绵的贡嘎山、景色瑰奇的九寨沟、气氛神秘的阿坝、甘孜的藏传佛教, 以及摩梭女儿国、羌寨等万千民族风情。四川省的生态旅游资源中, 无论是山水风光还是人文胜迹, 都有许多奇特度高、神秘性强的垄断性景观, 成为西部生态旅游资源中的极品。四川省古老、奇特、丰富的生态旅游资源具有质量高、吸引力大等优势, 不少生态旅游资源都被誉为"世界上最壮观、最神奇的景观", 其中包括许多出类拔萃的风景名胜区和文化遗产、独具魅力的自然美景、气势宏伟的遗址规模。

由于四川省内相当地区地势变化强烈, 人为活动较弱, 多数地区(川西山地和盆周山地)保持了原始或较为原始的生态体系, 资源外貌更为自然。这种原生性较强的资源构成特点, 使省域生态旅游资源不仅成为一般意义上的观光旅游热点, 而且成为国家生态保护的重点地区, 也成为珍贵的物种基因库和水源涵养地, 其价值远远超出传统的游览审美范畴。其生境、物种、景观的典型程度, 类型上的丰富程度及组合上的千变万化, 是次生资源无法比拟的。

5. 资源整合好, 利于多层次开发

四川许多资源兼有自然和人文之内涵, 相映生辉, 相得益彰; 不少资源可以串联组合, 形成系列产品。四川生态旅游资源组合具有综合性优势, 尤其是自然景观与民族风情相互融合, 在很大程度上避免了自然景观的单一性和同质性。四川生态旅游资源具有种类上的综合性, 最主要的是具有整体组合上的综合优势: 生态旅游资源地域分布具有相对集中的特点, 这使资源组合规模较大, 对开发较为有利; 生态旅游资源还具有多样性特征, 多种多样的自然景观、气候类型和各具特色的民族文化在地域上组合, 形成多个风格各异的生态旅游资源区。

四川生态旅游资源独特性与广泛性兼备, 自然风光与人文胜迹融为一体, 有利于多目标、多层次综合开发。四川各主要生态旅游区不仅主体景观风貌的特色十分突出, 而且各风景区规模一般都很大, 内部多由数个二级风景区构成, 且山水风光往往与人文胜迹、名刹古寺紧密融合在一起, 相互依存, 相互烘托, 为特色景区建设和多目标综合开发提供了极为有利的条件。

6. 生态环境脆弱, 保护难度大

四川地处长江上游地区, 分布着流量丰富的大江大河, 植被景观资源是长江生态屏障的骨干, 景观资源与环境的保护尤为重要。此外, 在自然生态旅游资源集中的川西地区, 生态环境极其脆弱。自然、经济、社会以及文化传统体系的过渡、交错及融合, 构成了川西山地复合生态系统有别于其他系统的特殊的复杂性和多样性。这种复杂而多样的过渡交

错性,说明景观资源具有较强的相互依赖性和对干扰的敏感性,表明山地系统对外界人为干扰的抵抗力弱,人们从事生产活动必须严格控制在其承受能力和弹性调节限度内,否则将引起系统退化。此外,川西地区山高坡陡,交通状况较差,有的线路尚待开发。如何协调旅游与环境的关系是旅游开发的关键问题,且在该区表现尤为突出。

7. 资源分布不均

受地貌单元及历史、社会发展的影响,东部盆地是开发强度较高的地区,原生性资源基本不存在,而次生性资源(如人工水库、寺庙丛林、人工林场等)较多,具有东部盆地人文生态旅游资源数量巨大而规模小的特点;西部山地则相反,其原生性资源众多、规模大且分布集中。除此之外,生态旅游资源在各区域的集中程度也存在极大差异:成都平原一带人文资源高度密集;自贡、宜宾、泸州一带人文与自然资源均较为密集;盆地其他地区,除市县中心地段有一定人文生态旅游资源分布外,其他地区资源较为稀疏;盆地北缘米仓山—大巴山一带则有较多自然资源分布;贡嘎山、岷山一带为大量高品质自然生态旅游资源的分布地,继续向西为大面积高原景观和少数民族分布地。整个省域生态旅游资源的分布呈现出极大反差。

6.1.3　四川生态旅游特征

四川复杂多样的条件和悠久的文化历史,形成了丰富多彩的生态旅游资源,其中具有不少世界级精品旅游资源。四川生态旅游资源的显著特点表现为丰富性、原生性、独特性、垄断性等,具有总量丰富、类型多样、富集度高,原生性保存好、特色突出、品位高,空间组合配套好、东西部差异明显、互补性强等生态旅游资源优势,是开展生态旅游不可多得的宝贵财富和物质基础。

长期以来,人们被旅游业巨大的经济效益所蒙蔽,忽视了对旅游资源和生态环境的保护和建设,造成了一系列的生态、环境问题,如景观破坏问题、生态退化问题、环境污染问题等,这些问题直接阻碍了旅游业的可持续发展。与此同时,四川生态旅游资源破坏、旅游区环境质量下降的问题也日益突出,近年来有些自然保护区出于增加经济收入的目的,纷纷开设生态旅游项目,热衷于旅店、餐馆、游乐场等设施的建设,而对生态环境保护重视不够,对环保科研投入甚少,造成开发过度,生态破坏问题严重。

目前,四川省生态旅游区除九寨沟、黄龙、峨眉山、王朗、卧龙等,其余大多数仍存在诸多环境问题。例如,旅游区废水直排、水体质量下降,固体垃圾尚未进行无公害化处理、环境脏乱,车辆直驱而入、大气污染与噪声污染等问题。尤其是川西地区的自然保护区仍存在欠缺科学评估而进行盲目开发的情况,时有造成脆弱生态系统崩塌、滑坡等山地灾害。

继中央提出实施西部大开发战略以来,按照国家的统一部署,四川先后启动了“天然林保护”“退耕还林(草)”“长江上游防护林”工程,加快了建设长江上游生态屏障的步伐,生态环境明显改善。

同时，四川全省围绕旅游抓交通建设，基础设施条件明显改善，可进入性大大提高。全省高速公路基本覆盖，已开通数百条国内航线和数十条国际航线，可通达数十个国际城市，为游客提供了便利的交通条件。

经过 20 多年的实践和建设，四川以世界自然遗产、"世界人与生物圈保护区网络成员"、森林公园和自然保护区等为生态旅游的主要载体，以森林观光、疗养避暑、休闲度假、野生动植物观赏、生态体验、科学考察等为生态旅游的主要内容，生态旅游发展呈现出良好的态势。

生态旅游已成为建设"生态四川"、旅游经济强省和构建四川新型林业产业体系的重要内容，对于树立四川的整体形象、实现生态旅游资源保护性开发和促进四川经济社会可持续发展具有重大而深远的影响。

四川生态旅游发展中还存在一些问题。比如认识不足，生态旅游以生态环境为基础，强调保护与开发并重，在以往的旅游发展中，人们还没有广泛接受生态旅游应注重保护资源和环境的理念，对生态旅游发展的内在规律没有清楚的认识，在促进人与自然和谐统一，实现环境、经济和社会协调发展方面还存在不足。

1. 生态旅游开展早

作为全国最早开展生态旅游的省份之一，四川相继成功开发了九寨沟、峨眉山、黄龙、四姑娘山、海螺沟、瓦屋山、猿王洞、稻城亚丁、卧龙、唐家河、王朗、二郎山(喇叭河)、碧峰峡、石象湖、千佛山等生态旅游区，建成了融合民族风情的世界知名的和在国内有较大影响的自然生态观光、休闲度假、探险旅游目的地。

人口、资源、环境是我国旅游发展的三大问题，四川亦如此，而最突出的问题就在于人口。四川人口多达 8000 余万人，是全国人口大省，人均资源占有量较低，且过去在开发传统大众旅游时对生态环境(尤其是川西脆弱的生态系统)影响较大，通过近年来的旅游开发实践，人们已真真切切地体会到，以牺牲环境为代价来谋求深度发展，将来会付出更大的代价。因此，四川在全国范围内最早开展了生态旅游。20 世纪 80 年代即通过政府合作、多边国际合作、国内外非政府组织合作和交流开展了生物资源环境建设，相继在九寨沟、卧龙、王朗等自然保护区开展生态旅游试点，逐步推广到全省范围，为四川生态旅游发展奠定了良好的基础。同时也对全国各地发展生态旅游起到一定的引导与促进作用。

2. 生态旅游业作用突显

四川山川秀美、景点荟萃，可谓"天下山水之观在蜀"；其又是"国宝"大熊猫的故乡；地处长江上游，与黄河源头接壤，江河纵横，号称"千河之省"；地跨青藏高原、横断山脉、云贵高原、秦巴山地，地貌复杂、气候多样；拥有丰富的动植物资源和独特、罕见的生态旅游资源。四川位于中国西南部的交通口岸，具有区位优势。四川有我国三分之一以上的植物种类，有 84 个特别保护的珍稀物种，100 多种珍稀动物，包括国家珍宝和世界动物保护的标志——大熊猫。总体说来，四川生物物种繁多，居全国第二位，已成为国际生物多样性保护组织重点关注的区域和世界自然基金会选定的全球 200 个生态区域之一。

四川有海拔 5000m 以上的高山体系 20 多个，具有丰富多样的水景观和水体生态体系，如长江、雅砻江、大渡河等。

四川历史悠久，是文化资源大省，人文生态旅游资源丰厚，如三星堆文化、金沙文化、康巴文化、羌文化、彝族文化、摩梭母系文化等，赋予生态旅游丰富的文化内涵。

综上所述，四川生态旅游资源数量丰富、类型繁多、品位极高、特色鲜明、具垄断性，若组合较好，其许多资源在世界上都是独有或罕见的，并且开发潜在优势颇大，在占领全国各大旅客"源头"方面具有相当基础，还具有区位优势，是中国推向世界的重要的生态旅游目的地，在全国生态旅游发展中有着举足轻重的作用和地位。

3. 生态旅游亮点突出

四川经过近 20 年对生态旅游理念的研究和探索，为全国发展生态旅游提供了可借鉴的经验和教训。尤其近年来，四川省委、省政府提出了建设"生态四川"，加强生态旅游发展和生态环境建设，建立旅游可持续发展模式，努力把四川建设成中国生态旅游目的地甚至世界生态旅游目的地的要求。这加速了四川传统的旅游形象的改变，使四川生态旅游业更上一个台阶。从旅游地的旅游产品生命周期看，四川正在加速实施旅游产品的转型和升级，以开拓一批创新型的生态旅游产品。这些工作为全国全面发展生态旅游打下了一定基础。

四川省域内的自然山水、绿色生态、熊猫栖息地、多元化的原生态文化等，展示了其丰富独特的生态旅游资源。四川新近打造的"绿色四川，熊猫故乡""沿着威尔逊之路，重返中国西部花园""九寨天堂—生态九寨、数字九寨"等生态旅游产品很切合四川实际。这些产品的竞争力主要表现在：一是品位高，国际认同度高，容易打入国际国内市场；二是组合良好，易于连线连片开发利用，易于形成合力；三是在海外有一定市场和知晓度，易于形成品牌；四是与中国崛起的"中国概念"紧密关联，易于借助国家效应和国家大事形成市场影响，如北京奥运吉祥物引发国际社会对大熊猫的关注等。由此有力促进了中国乃至四川成为世界重要生态旅游目的地，也无疑将是全国发展生态旅游的基础和亮点。

4. 为生态旅游发展提供借鉴

四川的生态旅游景区各具特色，各有所长，有的已形成自己的绿色经营理念和管理模式。如绿色的经营管理模式（九寨沟保护区生态旅游案例）、强调自然保护与发展生态旅游的开发模式（王朗自然保护区生态旅游规划案例）、控制生态旅游区环境容量（蜀南竹海风景区生态旅游开发模式案例）、区别资源类型推出分层次产品（成都近郊发展生态农业旅游等案例）。四川省先后出台了《四川省生态旅游发展报告》《四川省生态旅游发展规划》，制定了《四川省生态旅游资源分析评价指标体系》，并对全省省级以上的生态旅游景区资源进行分析评价，展开《生态旅游景区建设服务规范》的编制工作。该规范的内容包括定义术语、资源保护、环境保护、规划建设、经营服务、制度与管理、生态教育、社区共建等方面的基本要求和评分细则。

6.2 四川自然保护区现状

四川自然资源丰富，生物多样性区系组成复杂，并保留了大熊猫、川金丝猴、扭角羚、珙桐、水青树等众多举世瞩目的珍稀濒危物种。为加强保护与管理，截至 2018 年 10 月，四川已建立各类自然保护区 169 个，位居全国第 5，保护区总面积为 8190219.39hm²，占全省面积的 16.85%。有 90% 以上的濒危物种及其栖息地受到有效保护，其中自然生态系统类及野生生物类占保护区总数的 95% 以上，主要保护对象为森林、湿地及野生动物(杨国良，2010)。

在四川的自然保护区中，按照管理级别划分，有国家级 32 个、省级 63 个、地市级 28 个、县级 46 个。按照归口管理部门划分，有林业部门归口管理 132 个、环保部门归口管理 30 个、农业部门归口管理 7 个。

四川九寨沟、黄龙、蜀南竹海等自然保护区正式通过了"绿色环球 21"的评审，成为亚太地区首批通过"绿色环球 21"认证的自然保护区。这 3 个自然保护区按照"绿色环球 21"的标准在土地使用和管理、生态系统保护管理、交通安全管理、危险品的保管和使用、环境管理体系、与利益相关者的磋商和交流、废水管理、社会和文化管理、减少固体废弃物、噪声控制等方面做出了较大的改进，树立了良好的社会形象，同时也取得了很好的生态效益和经济效益(杨国良，2010)。

6.2.1 国家级自然保护区

截至 2018 年 10 月，四川共有国家级自然保护区 32 个，总面积 3057712.67hm²，其中林业部门归口管理 25 个，环保部门归口管理 5 个，农业部门归口管理 2 个(表 6.2)。

表 6.2 四川的国家级自然保护区概况

序号	保护区名称	位置	总面积/hm²	主要保护对象	类型	自然景观	始建时间	主管部门
1	四姑娘山	小金县	56000	野生动物及高山生态系统	野生动物	森林	19950301	环保
2	若尔盖湿地	若尔盖县	166570.6	高寒沼泽湿地及黑颈鹤等野生动物	内陆湿地	湿地	19941118	林业
3	卧龙	汶川县	200000	大熊猫等珍稀野生动物及森林生态系统	野生动物	森林	19630402	林业
4	九寨沟	九寨沟县	64297.3	大熊猫等珍稀野生动物及森林生态系统	野生动物	森林	19781215	林业
5	诺水河珍稀水生动物	通江县	9220	大鲵及其生境	野生动物	湿地	19980110	农业
6	龙溪—虹口	都江堰市	31000	亚热带山地森林生态系统、大熊猫及珙桐等珍稀动植物	森林生态	森林	19930424	林业
7	白水河	彭州市	30150	森林生态系统、大熊猫及金丝猴等珍稀野生动植物	森林生态	森林	19960101	林业

续表

序号	保护区名称	位置	总面积/hm²	主要保护对象	类型	自然景观	始建时间	主管部门
8	花萼山	万源市	48203.37	森林生态系统及野生动物	森林生态	森林	19960101	环保
9	亚丁	稻城县	145750	森林生态系统、野生动植物、冰川	森林生态	森林	19960320	环保
10	海子山	理塘县、稻城县	459161	高寒湿地生态系统，白唇鹿、马麝、藏马鸡等珍稀动物	内陆湿地	湿地	19951108	林业
11	贡嘎山	泸定县、康定市、九龙县、石棉县	409143.5	高山森林生态系统及珍稀动物	森林生态	森林	19960301	林业
12	格西沟	雅江县	22896.8	四川雉鹑、绿尾虹雉、大紫胸鹦鹉等珍稀鸟类	野生动物	森林	19950101	林业
13	察青松多白唇鹿	白玉县	143682.6	白唇鹿、雪豹等野生动物	野生动物	草原	19950101	林业
14	长沙贡玛	石渠县	669800	高寒湿地生态系统和藏野驴、雪豹、野牦牛等珍稀动物	野生动物	草原	19971208	林业
15	米仓山	旺苍县	23400	森林及野生动物	森林生态	森林	19990106	林业
16	唐家河	青川县	40000	大熊猫等珍稀野生动物及森林生态系统	野生动物	森林	19781215	林业
17	黑竹沟	峨边彝族自治县	29643	水源涵养林	森林生态	森林	19970101	林业
18	马边大风顶	马边彝族自治县	30164	大熊猫等珍稀野生动物及森林生态系统	野生动物	森林	19781215	林业
19	美姑大风顶	美姑县	50655	大熊猫等珍稀野生动物及森林生态系统	野生动物	森林	19781215	林业
20	画稿溪	叙永县	23827	桫椤等珍稀植物及地质遗迹	野生植物	森林	19980112	环保
21	小寨子沟	北川羌族自治县	44384.7	大熊猫、扭角羚及森林生态系统	野生动物	森林	19790501	林业
22	王朗	平武县	32297	大熊猫、金丝猴等珍稀动物及森林生态系统	野生动物	森林	19630402	林业
23	雪宝顶	平武县	63615	大熊猫、川金丝猴、扭角羚及其生境	野生动物	森林	19930828	林业
24	千佛山	安州区、北川县	11083	大熊猫、川金丝猴、扭角羚及其生境	野生动物	森林	19930828	林业
25	攀枝花苏铁	西区、仁和区	1358.3	攀枝花苏铁等珍稀濒危植物及其生境	野生植物	森林	19830314	林业
26	栗子坪	石棉县	47940	森林生态系统	森林生态	森林	20010924	林业
27	蜂桶寨	宝兴县	39039	大熊猫等珍稀野生动物及森林生态系统	野生动物	森林	19750320	林业
28	长宁竹海	长宁县	28719	竹类生态系统	森林生态	森林	19961001	环保
29	老君山	屏山县	3500	四川山鹧鸪及森林生态系统	野生动物	森林	20000229	林业
30	长江上游珍稀特有鱼类	四川省、贵州省、云南省、重庆市	33174.2	珍稀鱼类及河流生态系统	野生动物	湿地	19971208	农业
31	白河	九寨沟县	16204.3	金丝猴等野生动物	野生动物	森林	19630402	林业

续表

序号	保护区名称	位置	总面积/hm²	主要保护对象	类型	自然景观	始建时间	主管部门
32	南莫且湿地	壤塘县	82834	湿地生态系统	内陆湿地	湿地	20020901	林业

资料来源: 四川省自然保护区名录(截至 2018 年 10 月)及全国自然保护区名录(2015 年版)。

6.2.2 省级自然保护区

截至 2018 年 10 月,四川共有省级自然保护区 63 个,总面积 2674060.13hm²,其中林业部门归口管理 49 个,环保部门归口管理 11 个,农业部门归口管理 3 个(表 6.3)。

表 6.3 四川的省级自然保护区概况

序号	保护区名称	位置	总面积/hm²	主要保护对象	类型	自然景观	始建时间	主管部门
1	曼则唐	阿坝县	165874	高原沼泽湿地生态系统及黑颈鹤等珍稀野生动植物	内陆湿地	湿地	20001201	林业
2	米亚罗	理县	160731.7	高山森林资源、藏羌古建筑	森林生态	森林	19990106	林业
3	草坡	汶川县	55612.1	大熊猫及其生境	野生动物	森林	20020301	林业
4	宝顶沟	茂县	89883.6	森林及野生动物	野生动物	森林	19930828	林业
5	白羊	松潘县	76710	大熊猫、川金丝猴、扭角羚及其生境	野生动物	森林	19930828	林业
6	黄龙寺	松潘县	55050.5	大熊猫及森林生态系统	野生动物	森林	19830101	林业
7	贡杠岭	九寨沟县	147844	大熊猫及其栖息地	野生动物	森林	20090918	林业
8	勿角	九寨沟县	36280.21	大熊猫、川金丝猴、扭角羚及其生境	野生动物	森林	19930828	林业
9	三打古	黑水县	62319.3	野生动物、珍稀植物	野生动物	森林	20001229	林业
10	铁布梅花鹿	若尔盖县	27408	梅花鹿等珍稀动物	野生动物	森林	19650101	林业
11	光雾山	南江县	22411	自然地质地貌	森林	森林	19960101	环保
12	诺水河	通江县	57043	大鲵及其生境	内陆湿地	湿地	19860101	环保
13	驷马	平昌县	12162	湿地及珍稀动物	内陆湿地	湿地	20000508	林业
14	五台山猕猴	通江县	27900	猕猴为主的珍稀濒危野生动物,野生兰科植物和北亚热带常绿与落叶阔叶混交林生态系统	野生动物	森林	20010201	林业
15	大小兰沟	南江县	6932	巴山水青冈及其生境	野生植物	森林	19910102	林业
16	黑水河	大邑县	31790	大熊猫及森林生态系统	野生动物	森林	19930601	林业
17	鞍子河	崇州市	10141.4	大熊猫、川金丝猴及森林生态系统	野生动物	森林	19930828	林业
18	龙泉湖	简阳市	552	水域生态系统	内陆湿地	湿地	20000114	环保
19	百里峡	宣汉县	26260	水生野生动物	野生动物	湿地	19990525	环保

序号	保护区名称	位置	总面积/hm²	主要保护对象	类型	自然景观	始建时间	主管部门
20	蜂桶山	万源市	13650.24	森林生态系统	森林生态	森林	20151023	环保
21	九顶山	什邡市、绵竹市	61640	大熊猫等珍稀动物	野生动物	森林	19980701	林业
22	墨尔多山	丹巴县	62103	亚高山针叶林	森林生态	森林	19971008	环保
23	湾坝	九龙县	38644	森林生态系统	森林生态	森林	19970401	环保
24	火龙沟	白玉县	139600	森林及珍稀野生动植物	森林生态	森林	19990512	环保
25	泰宁·玉科	道孚县	141475	森林植被、地形地貌	森林生态	森林	19991001	林业
26	亿比措湿地	道孚县、康定县、雅江县	27275.73	高寒湿地生态系统	内陆湿地	湿地	20040101	林业
27	卡莎湖	炉霍县	31700	湿地及珍稀鸟类	内陆湿地	湿地	19850201	林业
28	下拥	得荣县	23693	野生动植物	森林生态	森林	20000816	林业
29	新路海	德格县	27038	白唇鹿、雪豹、黑颈鹤等珍稀野生动物	野生动物	湿地	19950101	林业
30	金汤孔玉	康定市	26908.6	珍稀动物及其生境	野生动物	森林	19951108	林业
31	莫斯卡	丹巴县	13700	珍稀动物及其生境	野生动物	草原	19951108	林业
32	神仙山	雅江县	39114	湿地生态系统	野生动物	湿地	20010311	林业
33	雄龙西	新龙县	171065	湿地生态系统及白唇鹿、黑颈鹤等珍稀野生动植物	野生动物	森林	20000925	林业
34	洛须白唇鹿	石渠县	155350	白唇鹿、藏野驴、野牦牛等野生动物	野生动物	草原	19951108	林业
35	竹巴笼	巴塘县	28198	野生动物及其生境	野生动物	草原	19940101	林业
36	东阳沟	青川县	30760	大熊猫及森林生态系统	森林生态	森林	20010101	林业
37	毛寨	青川县	20800	金丝猴及森林生态系统	森林生态	森林	20010101	林业
38	九龙山	苍溪县	8048	森林及野生动植物	森林生态	森林	20001201	林业
39	水磨沟	朝天区	7337	森林及珍稀动植物	野生动物	森林	20000608	林业
40	翠云廊古柏	剑阁县、元坝县、梓潼县	27155	古柏及森林生态系统	野生植物	森林	20000314	林业
41	汉王山东河湿地	旺苍县	585.94	河流湿地生态系统及珍稀水生生物	内陆湿地	湿地	20140324	农业
42	芹菜坪	沐川县	3662	四川山鹧鸪、白腹锦鸡、白鹇、红腹角雉等	野生动物	森林	20051111	林业
43	金阳百草坡	金阳县	25597.4	湿地生态系统及林麝等珍稀野生动物	内陆湿地	森林	19990325	林业
44	马鞍山	甘洛县	27981	森林及野生动植物	森林生态	森林	20010621	林业
45	麻咪泽	雷波县	38800	野生动植物及其生境	森林生态	森林	20010301	林业
46	螺髻山	德昌县、普格县	21900	白唇鹿、高山草原及其生态系统	野生动物	森林	19971101	林业

续表

序号	保护区名称	位置	总面积/hm²	主要保护对象	类型	自然景观	始建时间	主管部门
47	鸭咀	木里藏族自治县	11013.4	马鹿等野生动物	野生动物	草原	19630402	林业
48	冶勒	冕宁县	24293	大熊猫、川金丝猴、扭角羚等珍稀动物	野生动物	森林	19930828	林业
49	申果庄	越西县	33700	大熊猫等野生动物及其生境	野生动物	森林	20001025	林业
50	古蔺黄荆	古蔺县	36522	森林生态系统	森林生态	森林	20020325	环保
51	瓦屋山	洪雅县	36490.1	大熊猫、川金丝猴、扭角羚等珍稀动物	野生动物	森林	19930828	林业
52	海绵生物礁	绵阳市安州区	5230	海绵生物礁遗迹	古生物遗迹	古生物遗迹	20000114	环保
53	观雾山	江油市	29253	森林及野生动植物	森林生态	森林	20000701	林业
54	片口	北川羌族自治县	19730	大熊猫、金丝猴、森林生态系统	野生动物	森林	19930828	林业
55	小河沟	平武县	28227	大熊猫、川金丝猴、扭角羚及其生境	野生动物	森林	19930828	林业
56	白坡山	米易县	23620	森林及野生动植物	森林生态	森林	20010617	林业
57	二滩湿地鸟类	盐边县	74960	鸟类及湿地生态系统	野生动物	湿地	20010325	林业
58	大相岭	荥经县	29000	大熊猫及其生境	野生动物	森林	20030401	林业
59	喇叭河	天全县	23437.3	大熊猫、扭角羚等珍稀动物	野生动物	森林	19630402	林业
60	周公河	雅安市雨城区	3170	大鲵、水獭及珍稀特有鱼类	野生动物	湿地	19990501	农业
61	天全河珍稀鱼类	天全县	3618.61	川陕哲罗鲑、大鲵、水獭等水生野生动物	野生动物	湿地	19980401	农业
62	安岳恐龙化石群	安岳县	5000	恐龙化石	古生物遗迹	古生物遗迹	19980101	环保
63	金花桫椤	荣县	110	桫椤及其生境	野生植物	森林	19861023	林业

资料来源：四川省自然保护区名录（截至 2018 年 10 月）及全国自然保护区名录（2015 年版）。

6.2.3 地市级自然保护区

截至 2018 年 10 月，四川共有地市级自然保护区 28 个，总面积 816023.73hm²，其中林业部门归口管理 17 个，环保部门归口管理 9 个，农业部门归口管理 2 个（表 6.4）。

表 6.4　四川的地市级自然保护区概况

序号	保护区名称	位置	总面积/hm²	主要保护对象	类型	自然景观	始建时间	主管部门
1	日干乔	红原县	122400	高寒沼泽湿地生态系统及黑颈鹤等珍禽	草原草甸	草原	19991124	林业
2	竹厂沟	金川县	46881	森林及野生动植物	森林生态	森林	20000922	林业
3	杜苟拉	壤塘县	90847	森林及野生动植物	森林生态	森林	20001229	林业
4	严波也则山	阿坝县	116870	珍稀野生动植物	野生动物	森林	20001229	林业
5	马尔康岷江柏	马尔康市	31600	岷江柏、红豆杉等珍稀植物	野生植物	森林	20000915	林业
6	党岭	丹巴县	47219	森林、高山草甸生态系统及野生动植物	森林生态	森林	20000701	环保
7	措普沟	巴塘县	57874	森林生态系统	森林生态	森林	20011101	林业
8	嘎金雪山	得荣县	25640	野生动物及高山生态系统	野生动物	森林	20000816	林业
9	多普沟	德格县	22102	高山生态系统	野生动物	湿地	20020128	林业
10	色曲河	色达县	481.7	大鲵、水獭及重口裂腹鱼、青石爬鮡等珍稀动物	内陆湿地	湿地	19990402	农业
11	大小沟	青川县	4076.8	野生动物及其生境	野生动物	森林	20000609	环保
12	嘉陵江水源湿地	广元市朝天区	6846.7	嘉陵江水源湿地	内陆湿地	湿地	20051228	林业
13	西河湿地	剑阁县	34800	湿地生态系统及野生动植物	内陆湿地	湿地	20051223	林业
14	田菜斑竹林	苍溪县	150.33	白鹭及其生境	野生动物	森林	20000902	环保
15	泸沽湖湿地	盐源县	16867	湿地生态系统	内陆湿地	湿地	19991207	林业
16	巴丁拉姆	木里藏族自治县	21086	森林及熊、金雕、麝等野生动物	森林生态	森林	20040926	林业
17	布拖乐安	布拖县	22754.3	森林及野生动植物	森林生态	森林	20010403	林业
18	恰朗多吉	木里藏族自治县	39076	麝、雪豹、金雕、盘羊、熊及森林生态系统	野生动物	森林	20040926	林业
19	二郎	古蔺县	1500	森林生态系统、文物	森林生态	森林	20010808	环保
20	福宝	合江县	62900	森林生态系统	森林生态	森林	19980101	环保
21	牛滩白鹤	泸县	1000	白鹤及其生境	野生动物	森林	20001103	环保
22	南滩白鹭	合江县	1500	白鹭及其生境	野生动物	湿地	20040101	环保
23	天仙洞	泸州市纳溪区	5230	森林植被、人文景观、石刻	森林生态	森林	19980301	环保
24	太和鹭鸟	南充市嘉陵区	10868	白鹭类及其生境	野生动物	湿地	19871008	林业

序号	保护区名称	位置	总面积/hm²	主要保护对象	类型	自然景观	始建时间	主管部门
25	中华涪江湿地走廊	射洪市	20000	湿地生态系统及鸟类	湿地生态系统	湿地	20050405	林业
26	羊子岭	雅安市雨城区	2382.6	珙桐、红豆杉等野生植物	野生植物	森林	20030101	林业
27	宝兴河珍稀鱼类	宝兴县	760	大鲵及宝兴裸裂尻鱼、四川鲱等珍稀特有鱼	内陆湿地	湿地	19990426	农业
28	龙门报国寺	乐至县	2311.3	森林生态系统	森林生态	森林	20000920	环保

资料来源：四川省自然保护区名录（截至 2018 年 10 月）及全国自然保护区名录（2015 年版）。

6.2.4 县级自然保护区

截至 2018 年 10 月，四川共有县级自然保护区 46 个，总面积 1642422.86hm²，其中林业部门归口管理 41 个，环保部门归口管理 5 个（表 6.5）。

表 6.5 四川的县级自然保护区概况

序号	保护区名称	位置	总面积/hm²	主要保护对象	类型	自然景观	始建时间	主管部门
1	龙滴水	松潘县	25854.6	大熊猫及其生境	内陆湿地	湿地	20040330	林业
2	宅垄猕猴	小金县	13322	猕猴、红豆杉、岷江柏等珍贵的野生动植物	内陆湿地	湿地	20000114	林业
3	喀哈尔乔湿地	若尔盖县	222000	高原湿地生态系统	内陆湿地	湿地	20031125	林业
4	包座	若尔盖县	143847.7	湿地及野生动植物	森林生态	森林	20031125	林业
5	贾阁山	平昌县	1630	森林生态系统	野生动物	森林	20030501	环保
6	飞来峰	彭州市	7040	冰川漂砾	地质遗迹	地质遗迹	冰川漂砾	环保
7	蒲江白鹭	蒲江县	500	白鹭及其栖息地环境	野生动物		20020128	林业
8	通川白鹭	达州市通川区	1400	白鹭及其生境	野生动物	湿地	19920101	环保
9	鸭子河湿地	广汉市	6322	红胸黑雁、大红鹳、花脸鸭、长尾鸭、灰鹤等珍稀野生动物	湿地生态	湿地	20070905	林业
10	蓥华山	什邡市	10600	森林及珍稀动植物	森林生态	森林	19971110	林业
11	阿仁沟	白玉县	3124.7	野生动、植物	内陆湿地	湿地	20000814	林业
12	色达年龙	色达县	75174.5	雪豹等珍稀野生动物及其生境	内陆湿地	湿地	20000814	林业
13	佛珠峡	乡城县	32785	白唇鹿、藏马鸡、马麝、林麝等	内陆湿地	湿地	20010801	林业
14	阿木拉	德格县	12003	珍稀野生动物及其生境	森林生态	森林	20030615	林业
15	阿须湿地	德格县	1733.3	湿地生态系统及黑颈鹤、中华秋沙鸭等珍稀动物	森林生态	森林	20020101	林业

序号	保护区名称	位置	总面积/hm²	主要保护对象	类型	自然景观	始建时间	主管部门
16	卡松渡	德格县	29764.1	白唇鹿、金雕、雪豹等珍稀动物及其栖息地	野生动物	森林	20010315	林业
17	柯洛洞	德格县	9780	金雕、白唇鹿、猞猁等野生动物	野生动物		20010101	林业
18	泥拉坝	色达县、泥曲区、色曲区	64700	高原沼泽湿地生态系统及黑颈鹤等珍稀野生动物	森林生态	森林	20001116	林业
19	雍忠岭	丹巴县	31300	森林及野生动植物	野生动物	森林	20020617	林业
20	孜龙河坝	道孚县	300	湿地生态系统及鸟类	野生动物	森林	20000421	林业
21	卡娘	炉霍县	244622	雪豹等珍稀野生动物及其生境	野生动物	森林	20020617	林业
22	易日沟	炉霍县	33286	野生动物及其生境	野生动物	森林	20000925	林业
23	冷达沟	甘孜县	73490	白唇鹿等珍稀野生动物及其生境	野生动物	森林	20000925	林业
24	新龙朗村	新龙县	117598	白唇鹿、黑熊、藏马鸡等野生动物	野生动物	森林	20000925	林业
25	日巴雪山	新龙县	21064	野生动植物	野生动物	森林	19991014	林业
26	友谊	新龙县	71452	白唇鹿等珍稀野生动物及其生境	野生动物	森林	20010315	林业
27	志巴沟	德格县	9320.3	白唇鹿等野生动物	野生动物	森林	20000101	林业
28	格木	理塘县	82963	高原湖泊及珍稀野生动物	野生动物	森林	20000814	林业
29	扎嘎神山	理塘县	84581	高原湖泊及白唇鹿、金雕等动物	野生动物	森林	20000814	林业
30	热打尼丁	乡城县	8404	白唇鹿、藏马鸡、马麝、林麝等	野生动物	森林	20000814	林业
31	滚巴	稻城县	20500	高寒湿地生态系统及珍稀鸟类	野生动物	湿地	20020101	林业
32	倒须沟	邻水县	183	桫椤及其生境	森林生态	森林	20030501	林业
33	三溪口	苍溪县	4024	银杏、水杉、柳杉	森林生态	森林	19990319	林业
34	八月林	乐山市金口河区	11496	大熊猫等珍稀野生动物及森林生态系统	野生动物	湿地	20060101	林业
35	三台水禽湿地	三台县	63940	野生水禽及湿地生态系统	湿地生态	湿地	19980316	林业
36	盐亭白鹭	盐亭县	16300	苍鹭、白鹭等野生动物及其栖息环境	湿地生态	湿地	20000605	林业
37	余家山	平武县	894	大熊猫等珍稀野生动物及森林生态系统	野生动物	湿地	20060327	林业
38	游仙水禽湿地	绵阳市游仙区	11073	白鹭等水禽及湿地生态系统	野生动物	森林	19830101	林业
39	构溪河	阆中市	31375	湿地生态系统	森林生态	森林	20021226	林业
40	白云寨	蓬安县	860	森林生态系统	森林生态	森林	19981229	林业
41	白云峡	资中县	5600	自然景观、森林	内陆湿地	湿地	19991101	林业
42	长坝山	内江市东兴区	650	松树林	森林生态	森林	19920825	林业

序号	保护区名称	位置	总面积/hm²	主要保护对象	类型	自然景观	始建时间	主管部门
43	筠连大雪山	筠连县	8000	森林生态系统及雪山景观	野生动物	森林	19920101	环保
44	宜宾越溪河	宜宾市	24800	竹类生态系统、油樟	野生植物	森林	19981229	林业
45	黑水寺	简阳市	300	水域生态系统	森林生态	森林	20000114	环保
46	五通桥湿地	乐山市五通桥区	2466.66	湿地生态系统及黑鹳等野生动植物	内陆湿地	湿地	20000605	林业

资料来源：四川省自然保护区名录（截至 2018 年 10 月）及全国自然保护区名录（2015 年版）。

6.3　四川自然保护区生态旅游现状

四川省现有自然保护区在保护自然资源、维护生态安全、实现社会经济可持续发展及构建和谐社会等方面发挥了重要作用，但也面临着诸多问题与发展瓶颈。如自然保护区更多关注资源保护而在一定程度上忽略了周边社区民众对发展经济的迫切需求，在旅游开发时又在一定程度上忽视了自然资源的保护。从国外国家公园较为成熟的建设经验来看，在国家公园内应普遍实行分区管理，不同分区中管理目标及管理强度各不相同，既有严格的保护区和生态保育区，又有面向游客的自然教育与游憩展示区，从而协调了资源保护与旅游发展的需要。

四川省已建自然保护区的行政主管部门包括林业、环保、国土等多个部门。"多头管理"的现象常常导致政令不一、政出多门、部门之间协调困难、行政效率低下等问题。可通过研究国家公园建设，为四川省现有保护区管理提供借鉴，理顺并完善四川省保护区管理体制，提高行政效率，消除多方插手的混乱局面。

四川大部分自然保护区的旅游发展还处于传统的大众观光旅游阶段，通过生态旅游发展的研究，对现有的资源状况、市场状况进行分析，并提出新的发展生态旅游的战略目标、战略思想以及战略重点，以促进四川自然保护区旅游产业升级，为自然保护区旅游开发及国家公园建设提供理论指导。

我国对于四川自然保护区的生态旅游规划研究较少，沈晔（2001）对卧龙自然保护区生态旅游市场营销规划进行了研究，杨保国等（2007）对王朗自然保护区生态旅游规划进行了研究，刘芳（2009）研究了 GIS（geographic information system，地理信息系统）在王朗自然保护区生态旅游规划中的应用，肖春等（2010）对白河自然保护区生态旅游规划进行了研究，韩枫等（2017）对唐家河自然保护区生态旅游规划跟踪影响评价进行了研究。但这些研究不足以指导四川自然保护区的生态旅游实践。

本书选择四川省具有代表性的自然保护区进行调查，采用问卷调查法、访谈法。调查主要内容为：①收集被调查者的人口学特征信息，包括性别、年龄、学历、职业、收入等；②了解被调查者的行为学特征。

6.3.1 生态旅游者人口学特征

1. 性别构成

调查资料显示参加四川生态旅游的女性约占调查人数的 47.6%，男性约占 52.4%。除了采用调查法之外还采用"侧面观察法"，发现旅游者多以家庭形式或者跟朋友结伴形式游玩，男女比例相差不大，因为自然保护区多以自然山水和民族风情为吸引物，男女均适宜。

2. 年龄构成

生态旅游者的年龄构成如表 6.6 所示，从调查统计的数据上来看，15～44 岁人群是四川生态旅游的主要市场，两者总和占调查总人数的 84.5%。

表 6.6 生态旅游者年龄构成

年龄	≤14 岁	15～24 岁	25～44 岁	45～64 岁	≥65 岁
占比/%	5.3	40.1	44.4	8.6	1.6

3. 文化程度构成

被调查的生态旅游者文化构成如表 6.7 所示，从调查数据可以看出，具有大专及以上学历的生态旅游者人数占总人数的 58.2%，具有高中文化程度及以上的人数占总人数的 88.8%，说明来四川旅游的生态旅游者的总体文化程度较高。

表 6.7 生态旅游者文化程度构成

文化程度	初中及以下	高中(含中专)	大专及大学	研究生及以上
占比/%	11.2	30.6	54.5	3.7

4. 职业构成

如图 6.1 所示，参加生态旅游的生态旅游者的职业排名前六位依次为学生、企事业单位管理人员、教师、其他(这里主要为无职业者)、个体户、公务员，所占比例分别为 22.5%、16.0%、14.4%、13.4%、10.7%、7.5%。这六大细分市场约占整个构成的 84.5%。学生之所以是四川生态旅游市场中占比最大的一个细分市场，是因为调查的时间主要集中在暑假和黄金周，另外，学生拥有充足的时间，随着教育和互联网的发展，学生对外界的了解更多，出游动机也最大。在这六大细分市场中低收入人群学生、其他、个体户占总数的 46.6%，表明四川自然保护区生态旅游的消费层次还很低。此外，由于四川生态旅游市场主要由上述六类人群构成，应该加强对上述六类人群进行产品设计和促销。

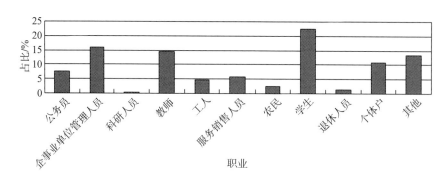

图 6.1　生态旅游者职业构成图

5. 收入构成

生态旅游者的可支配收入和可自由支配收入的高低影响着其外出旅游的消费水平、消费结构和对旅游目的地、旅游方式的选择等。收入越高的生态旅游者，能自由支配的金钱数额就越大，就可能在旅游消费方面花费较多的钱，能频繁出游。四川自然保护区生态旅游者个人收入调查如表 6.8 所示。从四川生态旅游者收入调查数据来看，月收入 1000 元以下的主要是学生、农民和无职业者(多为家庭主妇)；生态旅游者的可支配收入主要集中在 1001～3000 元，占调查总人数的 58.3%；高收入人群(月收入 3001～5000 元和 5000 元以上)占调查总人数的 16.0%，比例虽小，对旅游收入的贡献却很大。

表 6.8　生态旅游者收入构成

收入	≤1000 元	1001～2000 元	2001～3000 元	3001～5000 元	>5001 元
占比/%	25.7	36.4	21.9	11.2	4.8

6.3.2　生态旅游者行为学特征

1. 了解生态旅游产品途径

生态旅游者了解生态旅游产品途径如表 6.9 所示。从调查数据可以看出，生态旅游者了解生态旅游产品途径中通过亲友介绍的占比最高，说明目前四川生态旅游宣传途径主要是靠口碑宣传，其次是广播与电视，再次是传说与典故。值得注意的是通过其他方式了解的占比为 12.7%，是因为这类旅游者是本地人。另外通过互联网、书报、旅行社途径了解的占比都太低。因此四川自然保护区生态旅游在以后的发展过程中应做好多渠道宣传工作，特别是互联网宣传工作。

表 6.9　生态旅游者了解生态旅游产品途径构成

途径	亲友介绍	书报	广播/电视	互联网	传说/典故	旅行社	其他
占比/%	41.2	3.7	19.3	7.0	15.0	1.1	12.7

2. 旅游动机

对生态旅游者旅游动机的研究可以指导旅游开发，从而推出适销的旅游产品，并采取相关宣传措施，吸引生态旅游者。

　　从本书对四川生态旅游者旅游动机的调查分析得知：排名前三位的是体验民族风情、休闲度假和体验了解自然，比例分别为 27.8%、24.6% 和 23.5%，其也是来四川旅游的游客的主要旅游动机，总占比为 75.9%（图 6.2）。通过侧面观察法和访谈法了解到，以体验民族风情为旅游动机的主要是县外和省外的游客；选择休闲度假的多为县内的旅游者；选择体验了解自然的旅游者主要是学生。因此，开发四川生态旅游产品时要充分把握市场需求，体现本土特色，要特别注意增强旅游项目的体验性、参与性，同时不要忽略对科考、探险等市场的开拓。

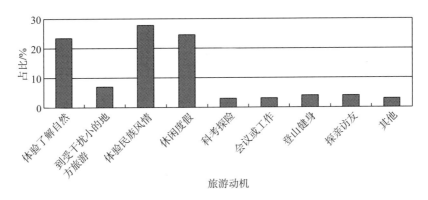

图 6.2　生态旅游者的旅游动机构成

3. 旅游方式分析

　　调查结果显示，生态旅游者的旅游方式以与朋友结伴和与家人一起为主，比例分别高达 48.1% 和 40.6%，另外，以单位组织的旅游方式占 3.1%，单独一人的旅游方式为 7.5%，以旅行社方式出游的仅占 0.5%，说明四川生态旅游以散客为主，另外也表明四川旅行社行业欠发展（图 6.3）。

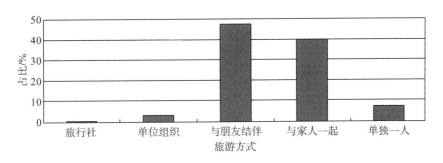

图 6.3　生态旅游者的旅游方式

4. 停留时间

　　生态旅游者旅行时间长短受旅游地距离、旅游活动性质等因素影响。据本书调查数据：当天返回的生态旅游者所占比例最大，为 38.0%，其多为四川省内生态旅游者；其次是 2～3 天的生态旅游者，占 29.9%（表 6.10）。

表 6.10　生态旅游者停留时间

停留时间	≤1 天	2～3 天	4～5 天	6～7 天	≥8 天
占比/%	38.0	29.9	15.5	9.6	7.0

5. 旅游花费构成

旅游支出费用受路程长短、旅游者的客源地、生态旅游的目的地、住宿条件等多种因素的影响。但总的来说，生态旅游者比一般旅游者愿意支付更多的费用。如图 6.4、图 6.5 所示，从调查数据来看，旅游总花费 100 元以下的比例最大，占 32.1%，这主要是因为县内旅游者所占比例较大，他们多是一日游旅游者；旅游花费 101～200 元的占 17.1%；201～300 元和 301～500 元并列第三，都占 12.8%；501～700 元占 10.7%；701～900 元占 2.7%；900 元以上占 11.8%。总消费额中花费项目主要为餐饮、交通、门票和住宿，比例分别为 26.0%、17.0%、22.2% 和 18.1%。购物和娱乐所占比例较小，分别占 7.9% 和 8.8%，说明四川生态旅游产品还没有充分发挥经济功能，生态旅游商品和娱乐项目还不丰富。

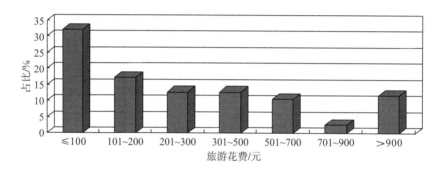

图 6.4　生态旅游者花费金额构成

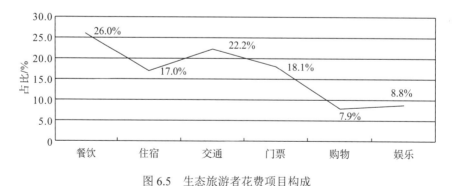

图 6.5　生态旅游者花费项目构成

6. 出游时间分析

四川生态旅游者出游时间在法定节假日的占比为 40.6%，这跟国家的休假制度有很大关系，同时进一步说明，生态旅游者的主流是固定职业者；此外，出游时间为平时空闲时间的占比为 38%，经侧面了解，有的生态旅游者不愿意在法定节假日(如黄金周等)出门旅游，因为那个时候旅游人太多，太拥挤；周末出游的占比为 21.4%，因为到自然保护区旅游相对花的时间比较长。

7. 决定旅游的最主要因素

从图 6.6 可以看出，有 71.1% 的生态旅游者认为个人兴趣是决定旅游的最主要因素；有 16.0% 的生态旅游者认为经费问题是决定出游的最主要因素，选此选项的主要是低收入人群；而时间、距离和季节对旅游的决定性作用较小。

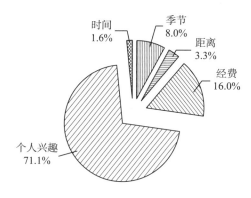

图 6.6　影响生态旅游者旅游的最主要因素

8. 对旅游目的地的偏好分析

从图 6.7 可以看出，生态旅游者对旅游目的地的偏好排名依次为优美自然山水、浓郁民族风情、随机/都可以、历史文化名城、现代化城市，比例分别为 34.2%、24.6%、19.3%、17.1%、4.8%。

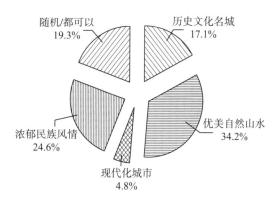

图 6.7　生态旅游者对旅游目的地的偏好

9. 对"生态旅游"的了解程度

从图 6.8 可以看出，接近一半(49.2%)的旅游者对生态旅游仅处于听说过但不够了解的程度，较为了解的占 35.8%，没听说过和非常了解的分别占 8.0% 和 7.0%。

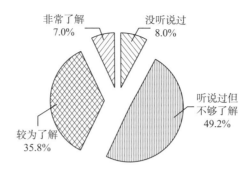

图 6.8　旅游者对生态旅游的了解程度

10. 环保意识

如图 6.9 所示，调查结果表明，当生态旅游者看见有人乱丢垃圾时，会主动上前制止的只占 8.0%，经侧面了解，生态旅游者认为这样会带来麻烦，多一事不如少一事；有 55.2% 的生态旅游者选择告诫自己别乱扔；有 29.9% 的生态旅游者会把垃圾捡起来放进垃圾桶里；有 3.7% 的生态旅游者选择告诉管理人员，选择这个答案的主要是中小学生；置之不理，当没看见的答案只有 3.2% 的生态旅游者选择。这说明大部分的生态旅游者能够自觉遵守旅游区的环境保护要求，但通过侧面了解法了解到，有的生态旅游者调查时选择的是告诫自己别乱扔，却没有在实际游览过程中约束自己。可见要实现真正意义上的生态旅游，还需要加强对生态旅游者的环保教育，促进其环保意识的进一步提高。另外，调查时发现，景区的垃圾桶并不多，这说明景区的基础设施还不够完善，生态旅游者的环保意识不够强与基础设施薄弱是有一定关联的，应尽快完善旅游基础设施。

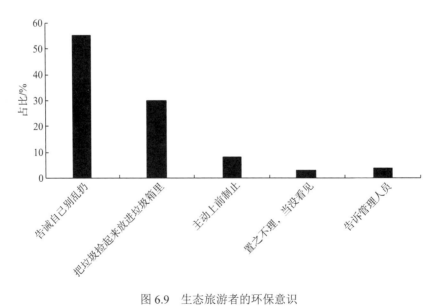

图 6.9　生态旅游者的环保意识

第7章 四川自然保护区旅游生态补偿机制研究

党的十七大报告中提出了生态文明社会建设,党的十八大报告第一次单篇论述生态文明,并把"美丽中国"作为生态文明建设的目标,把生态文明建设摆在总体布局的高度(许芬和时保国,2010)。党的十八届三中全会提出了建设生态文明,实行资源有偿使用制度、生态补偿制度。党的二十大报告提出,使我国的生态文明制度体系更加健全,生态环境保护发生历史性、转折性、全局性变化。要建设生态文明,就要通过生态补偿等合理的制度安排,有效地遏制生态破坏行为和激励生态保护行为,更好地促进我国建设生态文明社会战略的实现。

全国人大代表和政协委员多次呼吁建立生态补偿相关机制。中央和许多地方政府积极试验示范,探索开展生态补偿的途径和措施。《国务院关于落实科学发展观加强环境保护的决定》(2005 年 12 月颁布)、《中华人民共和国国民经济和社会发展第十一个五年规划纲要》(2006 年 3 月颁布)等纲领性文件都提出了生态补偿机制建设。《国家环境保护总局关于开展生态补偿试点工作的指导意见》2007 年出台,《生态补偿条例》立法 2010 年已启动。因此,四川旅游生态补偿机制是适应社会发展需要的必然选择。

国内外目前关于自然保护区旅游生态补偿的研究还不完善。对旅游生态补偿的概念没有清晰的界定,从而直接导致对于旅游在发展的过程中到底属于补偿主体还是补偿对象的问题存在较大分歧。相关研究成果大多集中于生态保护与旅游之间的关系,对于具体的操作措施鲜有研究。且国内学者的相关研究大多遵循生态补偿研究的基本思路与模式,对于旅游的针对性不强、专业性不够。但是国内学者尝试针对不同类型的旅游资源提出相应的生态补偿机制的思路值得借鉴。

7.1 旅游生态补偿的概念体系

7.1.1 生态补偿及相关概念

谈到生态补偿,首先应该弄清楚什么叫生态效应。根据《环境科学大辞典》的定义,生态效应是指生态系统中某个生态因子对其他生态因子、各生态因子对整个生态系统以及某个生态系统对其他生态系统产生的某种影响或作用。生态效应有正面和负面之分,正面的生态效应即生态系统服务功能。

将生态效应与"补偿""赔偿"结合起来,就有了关于生态补偿的最初解释。《环境科学大辞典》解释其为"生态负荷的还原能力"。国外对生态补偿通常使用的概念是生态环境服务付费(payment for ecosystem services,PES),PES 是一种环境服务消费者提供付费、环境服务供应者得到付费的经济行为。Wunder(2005)对 PES 做了比较系统的阐释,他认为 PES 主要包括自愿交易、明确界定环境服务、购买环境服务、供给者保证提供环境服务等内容，其核心是环境服务受益者对相应的提供者进行直接的、契约性的和有条件的付费，使后者得以再采取保护和恢复生态系统的行动(郝奇华，2015)。

从不同的学科角度出发，国内学者对生态补偿的概念做了大量探讨。尽管对生态补偿的概念可以从多角度进行理解，但是涉及生态补偿的最基本问题应该是谁补偿谁的问题，即补偿的主体和对象的问题。从生态补偿概念的由来可以看出，生态补偿是对生态环境本身的补偿，由于其自净能力已很难进行修复与补偿，须借助中间变量，人既是补偿主体也是补偿对象(于航，2008)。

因此，生态补偿是调节生态系统服务生产者与消费者利益关系的有意识的行为的总和。归纳目前已有的代表性观点，可以发现生态补偿的内涵有以下四点。

第一，生态补偿是一种典型的经济调节手段。庄国泰等(1995)认为通过收费的行为可提供一种减小生态环境损害的经济刺激手段。其后的学者也普遍认同经济调节手段的观点。毛显强等(2002)认为，经济激励手段与传统的命令控制型手段相比，具有"成本—效益"优势和更强的"激励—抑制"作用，因而在环境保护方面受到关注和青睐。

第二，随着人类对自然的影响加深，生态补偿不仅仅是对自然生态系统的调节，更重要的是对人地关系的调节。人的因素在其中占有越来越重要的地位。早期《环境科学大辞典》等对于生态补偿的定位都强调生态群落或者生态功能的恢复，后期生态补偿更为明确的定义是减少行为主体(人)对生态环境的影响。因为对于人的因素的关注，所以对于生态补偿的对象及机制必须考虑作为生态/环境使用者和维护者——人这一要素。

第三，生态环境补偿的目的是实现外部成本内部化。通过外部的经济调节促使环境破坏或保护者控制自身的环境目标，达到可持续发展的目标。

第四，生态补偿包含四方面内容。通过经济手段，将经济效益的外部性内部化；对生态系统保护或破坏成本进行补偿；对环境的投入或丧失发展机会的损失进行补偿；对有生态价值的区域或对象进行保护性投入。

7.1.2 生态补偿机制的概念

"机制"一词最早源于希腊文，原指机器的构造和动作原理，后被引入经济学的研究，表示一定经济机体内各构成要素之间相互联系和作用的关系及其功能。机制的建立主要靠体制和制度的设计。体制主要是指组织职能和岗位责权的调整与配置，制度从广义上讲包括国家和地方的法律、法规以及任何组织内部的规章制度。目前，国内学者很少将生态补偿与生态补偿机制加以区分。生态补偿更多是强调一种方式和手段，生态补偿机制的概念则更多从系统的角度出发，站在制度设计的层面解决生态系统的平衡问题。

生态补偿机制是"为了促进生态系统的平衡与生态服务的永续利用，通过一系列的制度安排协调利益相关者之间的关系，并确保在外部条件发生不确定变化时社会系统与生态自动地、迅速地做出反应，实现可持续发展"(赵建林，2006)。

7.1.3　旅游生态补偿的概念

生态补偿的最终目的是实现人类社会的持续发展,而旅游业对于社会经济发展的巨大拉动作用已为实践所验证。所以,科学的旅游发展不仅是生态补偿的主体,更应该是生态补偿的中介,通过对旅游发展的支持,间接地实现对生态系统的改善(杨桂华和张一群,2012)。旅游生态补偿(tourist eco-compensation)属于生态补偿的一部分,是指将旅游发展作为生态补偿的中介,而不是简单地作为生态补偿的主体,这是它与一般生态补偿的最大差别,也是对现有生态补偿模式的创新。旅游生态补偿应包括对自然资源和文化资源的补偿。

目前旅游生态补偿的概念不完全明确。旅游生态补偿遵循区域环境的补偿视角和生态补偿研究的使用拓展的主线而发展。从现有的研究成果来看,其更多关注的是旅游发展对于生态环境的负面影响,因此多把旅游作为生态补偿的主体。综合已有部分学者的定义,将旅游生态补偿的内涵概括为以下三点。

第一,区域主要集中在自然旅游目的地且类型多样。旅游生态补偿主要集中在以自然旅游资源为主要吸引物的旅游目的地,因为这些区域生态环境的主要功能是旅游利用。自然旅游地的类型包含森林旅游地、山岳旅游地、都市自然遗产、农业遗产地等,其中,森林旅游地是关注度较高的类型。

第二,关注社区利益。在旅游生态补偿中社区居民是重要的利益主体(武春友等,2004)。因为旅游开发不可避免地会为周边社区的参与带来机会。

第三,不仅要关注生态环境破坏带来的相应补偿,还要关注旅游生态环境建设和某些重要生态系统保护带来的补偿。因此,从这个角度讲,旅游生态补偿与旅游资源生态补偿、资源占用费等领域有所区别。

旅游生态补偿是以经济手段为主要方式,以保护和可持续利用旅游生态系统服务为目的,调节相关者的利益关系的制度安排。其以旅游开发外部成本的内部化为原则,主要包括对旅游地保护行为外部经济性的补偿以及对旅游地破坏行为外部不经济性的补偿(胡孝平等,2011)两个方面。对前者的补偿依据是,保护者为改善旅游地生态服务功能和增强生态旅游体验,付出了保护成本和建设成本,牺牲了一些发展机会;对后者补偿依据是,旅游开发行为需要支付用于恢复生态服务功能的成本,补偿其破坏行为造成的发展机会成本的损失。旅游生态补偿是源于生态系统服务功能价值理论,其是对旅游开发活动造成的生态环境破坏行为进行的处罚,是对生态环境保护行为进行的补偿制度,其目的在于寻求旅游地人地关系的协调发展。

7.2　自然保护区旅游生态补偿机制系统构建

被旅游业的巨大经济效益所蒙蔽,人们忽视了对旅游资源的保护和建设,忽视了对生态环境的保护和建设,造成了一系列的生态、环境问题,如景观破坏问题、生态退化问题、环境污染问题等,这些问题反过来直接阻碍了旅游业的可持续发展。另一方面,人们对回归自然的渴望以及对生态质量的需求与日俱增，因此，加强旅游地的生态建设，开展生态补偿，可以保持旅游业的可持续发展。目前生态补偿的研究领域主要集中在林业、农业、河流流域、矿产等，在旅游领域的研究并不多（高瑞，2007）。

旅游业是旅游景观生态效益的直接受益者，旅游开发商或旅游企业现在普遍采取的补偿方法是将门票收入用于按比例支付资源保护费。这没有考虑旅游生态系统的服务价值、旅游景观的维护管理费用、社区居民的生活保障等因素，所以补偿额度偏低。旅游不合理的开发还导致生态景观破坏、环境质量下降以及一定程度的环境污染，而旅游开发商或旅游企业为此支付的污染治理费有限，使得生态环境保护不被重视。所以，构建有效的旅游生态补偿机制是非常有必要的。

《国务院关于加快发展旅游业的意见》中提出，要把旅游业培育成国民经济的战略性支柱产业和人民群众更加满意的现代服务业。2007 年 8 月，四川省委、省政府在充分把握经济发展规律和响应党中央生态文明社会建设的号召下，发布《关于推进旅游资源大省向旅游经济强省跨越的决定》，试图通过大力发展生态旅游等对环境污染相对较小的产业"打造旅游精品，夯实向旅游经济强省跨越的基础"，实现跨越式可持续发展。在此思想指导下，如何在保护生态环境的基础上发展旅游经济成为四川旅游可持续发展的核心命题。生态补偿作为一种调节生态环保各利益主体间关系的有效工具，在平衡生态产品生产和消费的过程中发挥着巨大的作用。

作为一种系统化的制度安排，旅游生态补偿的目的在于将旅游资源开发活动产生的外部成本转化为对利益相关者的经济激励，以调和旅游业发展与生态保护之间的矛盾。因此，旅游生态补偿成为旅游地可持续发展理论研究者与实践者关注的焦点。

四川自然保护区是我国重要的生态赋存区，其生态环境直接关系到四川省乃至全国的生态平衡。而生态环境的保护需要多方参与，生态系统服务生产者与消费者之间经济利益的协调十分需要生态补偿机制的建立。此外，为了提升生态补偿的效果，有必要从旅游发展的视角创新生态补偿模式，构建旅游生态补偿的长效机制。

对四川旅游生态补偿生态系统服务功能价值进行核算以及对旅游生态服务产品的消费者进行收费正是以生态价值论为基础的（杨一容，2009）。

本书采用理论研究与实证研究相结合、定性与定量研究相结合、系统分析法与典型案例分析相结合、实地调查和人物访谈相结合的方法，在充分论证四川实施旅游生态补偿的背景和意义的基础上，对目前国际国内旅游生态补偿的研究成果进行了梳理，给出了旅游生态补偿的相关概念及相关理论。通过调查研究，分析了四川自然保护区游客人口学和行为学特征，以及对旅游地生态补偿的支付意愿，总结了四川自然保护区目前常见的生态补偿模式，指出了当前四川旅游生态补偿中存在的问题，提出了相应的管理策略。在此基础上构建了四川旅游生态补偿系统，包括补偿对象、补偿主体、补偿原则、补偿方式及补偿标准。

四川自然保护区旅游生态补偿机制的构建可以分三步走：第一步是进行总体定位，确定生态补偿基本原则和补偿类型；第二步是在总体定位的基础上，构建旅游生态补偿机制的科学体系，如明确生态补偿的主体、对象、标准、方式途径和完善的保障体系，确保生态补偿的正常运行；第三步是建立旅游生态补偿试点，对生态补偿效果进行评估，并反馈信息，对补偿内容进行修订。

四川自然保护区旅游生态补偿系统总体框架见图7.1。

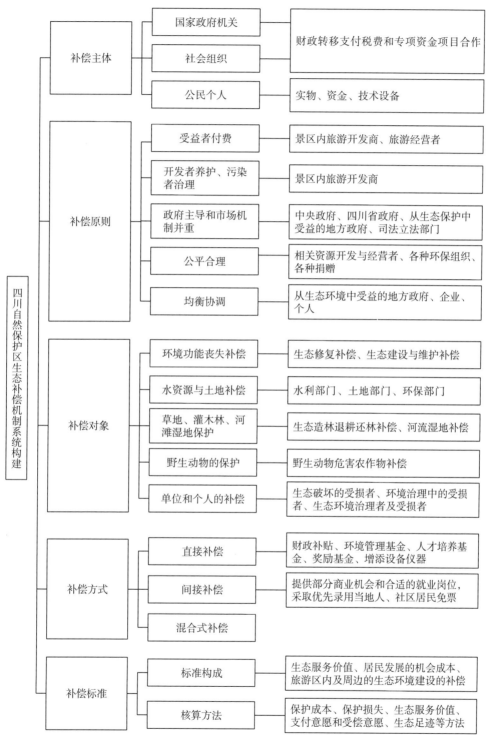

图 7.1　四川自然保护区旅游生态补偿系统总体框架图

7.2.1 旅游生态补偿的主体

生态补偿的主体是指应当向他人提供旅游生态补偿费用、技术、物资及劳动服务的参加者(任勇等，2008)。在四川旅游生态补偿机制构建中，生态补偿的主体包含如下三类。

1. 国家政府机关

国家是生态环境和自然资源的所有者。作为生态补偿的主体，其生态补偿行为是通过各级人民政府来执行的。四川自然保护区自然资源大部分属于国家所有，中央和省级政府应当承担更多的补偿责任，是生态补偿的主体，有责任向公众提供高质量的生态环境。政府部门作为生态补偿的重要主体，应继续为旅游地提供资金，更好地发挥旅游地的公共效益(郭田田和刘东，2011)。

2. 社会组织

作为生态补偿的主体，社会组织主要有营利性组织与非营利性组织两种。

营利性组织主要是旅游开发方，旅游开发绝大多数涉及自然资源的利用和实施，导致许多生态环境问题，旅游开发方是主要的责任承担者，应该向自然资源的所有者或生态环境的服务者提供生态补偿。再者，旅游开发企业借助对旅游资源的把控，通过门票收入等获取利润，有义务回馈旅游生态环境(陈明光等，2013)。

非营利性的社会组织，主要是指一些社会成员出于多种原因而自发组织的社会团体，他们的活动有可能对旅游生态环境产生负面影响，因此也应当承担相应的补偿责任。这不是补偿经费的主要来源，他们的经费主要来自社会募捐和自筹。四川自然保护区普遍存在经费不足的问题，合理而有效地利用非营利性的社会组织参与旅游生态补偿机制，有助于整合各种资金渠道，解决四川旅游地资金短缺的难题。

3. 公民个人

作为旅游生态补偿主体的公民，有生态旅游资源开发利用者和生态旅游资源开发享用者两类。

生态旅游资源开发利用者在其个人生活、家庭生活、从事个体经营活动中会产生对生态环境的破坏行为，应成为旅游生态补偿的主体之一。生态旅游资源开发享用者主要指的是游客，其在旅游中消耗了旅游区的自然资源，对生态环境也有一定的破坏，也应承担相应的补偿，成为补偿的主体之一。游客以货币补偿为主，除购买门票外，还有责任通过社会捐助等形式，对旅游生态环境进行补偿(汪为青等，2009)。

7.2.2 旅游生态补偿的原则

1. 受益者付费原则

在旅游开发过程中，生态环境遭到破坏会使人的利益受到损害，改善生态环境会使人受益。基于环境和自然资源典型的公共品和公有资源属性要求，享用者和使用者因受益而支付使用费或成本费，这就是受益者付费原则，也是旅游生态补偿的核心原则。该原则是出于社会公平的需要(秦艳红和康慕谊，2007)。

2. 开发者养护，污染者治理原则

开发者养护，污染者治理原则是生态补偿的基本原则。开发者养护是指对环境进行恢复、整治和保护。污染者治理是指对其污染源和污染环境进行治理。这主要考虑开发利用行为的外部不经济性，开发利用者有保护、恢复和整治其所开发环境的责任，应该维持生态环境的原状。

3. 政府主导和市场机制并重原则

政府主导作用是基于生态环境公共品和公有资源的属性要求提出的。如建立生态环境和自然资源的产权制度、价格评估机制；制定长远规划及管理政策，调整有关补偿标准；建立信息机制；介入和推动大型生态功能区的建设、修复与保护。

政府主导作用还必须配合社会和市场机制作用。社会是实施旅游生态补偿的重要力量，其不仅可以提供大量的补偿资金，还可以弥补政府主导作用的某些缺陷，如行政行为的效率性、补偿的公平性、生态环境及自然资源产业配置上的效益最大化等。因此，政府应当为其参与提供方便。

4. 公平合理原则

每个人在占有和使用自然资源时，不应该损害他人的利益，否则就应该遵循“公平合理”的原则对受损方予以相应的补偿。“公平”是指所有受损者都应得到补偿，“合理”则要求旅游生态补偿额度应与其受损额度基本相当。国外学者将此原则称为“对后代负责的原则”，人们在开发利用能源时，不能危及后代人，并且能满足其能源需求(杨光梅等，2007)。

5. 均衡协调原则

人类社会发展与生态环境密切相关。维护必要的生态平衡是人类社会发展的前提，均衡协调补偿原则就是要根据社会生态环境状况来定补偿，要优先考虑生态价值，甚至要以牺牲一定经济增长速度为代价。均衡协调补偿原则还要求考虑当代人与后代人的关系，处理生物多样性和不可再生资源问题时要考虑对后代的影响。

7.2.3　旅游生态补偿的对象

旅游生态补偿的对象是指受到损害的生态环境以及依靠此生态环境的单位和个人。

1. 对环境功能丧失的补偿

这是一种狭义的生态补偿，是对被污染的环境、被破坏的生态系统的补偿(熊国保等，2012)。主要有以下几种类型。

1) 对水资源与土地的补偿

在旅游开发过程中，应对其开发地区的饮水源进行保护。由于旅游开发造成的对水源地的污染（如废水的排放等），应进行生态补偿，不但要净化水源，还要对饮水源区域的生产和生活进行赔付。如峨眉山、唐家河等景区支流的特色漂流项目，对河道的原始风貌和周围植被都有一定的破坏，以及对旅游区附近的水质都有一定的污染。

我国实施的"退耕还林、还草"政策，是保护土地的重要措施（洪尚群等，2001）。旅游开发中，为了保护土地采取的多种措施（如植树造林），都应对其进行补偿。

2) 对草地、灌木林、河滩湿地的补偿

在旅游生态补偿中，应考虑对生态环境敏感地带的灌木林、草地、河滩湿地等进行保护和补偿。如为了保护湿地，不得利用湿地水源，应对湿地水源社区居民进行补偿等。

3) 对野生动物的保护与补偿

为了盈利，在旅游开发中会对原自然生态环境进行人为的改造，从而对在此生存的野生动物产生影响。保护单位为保护野生动物，不得不增加保护成本，因此旅游开发方应对其进行补偿。同时，因旅游开发而建立的野生动物栖息地，应该给予原土地所有者补偿，被迫迁徙的野生动物会危害他人的人身、财产或其他方面，也应对其进行补偿（中国生态补偿机制与政策课题研究组，2007）。

2. 对单位和个人的补偿

对作出贡献和受损的单位及个人的补偿，是一种广义的补偿，包括对其提供生活帮助，实施经济补助、环保教育，提高其认识水平等。在旅游开发中，生态建设贡献者是主要的补偿对象，如对自然保护区内工作人员及护林员进行的补偿。

因环境受到破坏而导致收入减少、财产受损的单位和个人，因治理环境的需要而停产、减产的单位和个人，以及在环境治理中需要搬迁的家庭，都应得到相应的补偿（钟华，2009）。

7.2.4 旅游生态补偿的方式

旅游开发中应当平衡经营者与当地社区居民的利益问题，既要保护环境，又要使旅游业可持续发展，这就需要建立合理的生态补偿方式。

1. 直接补偿

直接补偿就是财政补贴，补偿资金一部分直接补给受害者，另一部分可建立生态环保基金（包括环境管理基金、人才培养基金和奖励基金）[①]。

2. 间接补偿

间接补偿可以采取多种方式进行。第一是为当地社区提供部分商业机会和合适的就业

---

① 2009 年环境保护部环境规划院《神农架林区生态补偿课题研究报告》。

岗位，优先录用和照顾当地人，解决部分当地社区居民的就业问题，这种间接补偿的方式是很重要的。第二是对当地居民实施优惠或免费游玩旅游景区的政策。第三是定期聘请旅游和环保专家，对社区居民进行培训。第四是修建生态环保设施，减少旅游区环境污染等（谢高地等，2003）。

3. 混合式补偿

混合式补偿就是将生态环境的直接补偿和间接补偿按一定的数量、结构和方式进行组合，以满足不同的需求。

四川许多自然保护区的社区居民缺少旅游经营管理运作的知识与经验，旅游服务卫生意识、安全意识偏低。在景区发展和旅游企业致富的同时，社区周围的水资源和生态环境遭到破坏，许多社区经济条件较差。而且当地社区居民参与旅游发展的机会不等，收入差距较大，导致其情绪不稳定，在旅游开发中时常出现恶性竞争。基于以上这些矛盾，应进行合理的多渠道补偿混合的补偿机制。

7.2.5　旅游生态补偿标准的核算

旅游生态补偿标准的核算主要考虑两个问题，一是确定补偿标准的构成，二是针对不同的补偿内容确定相应的核算方法。

1. 旅游生态补偿标准的构成

（1）生态服务价值补偿。目前由于这种损益情况分析不足，造成部分价值核算时重复计算；生态服务价值的评估着眼点不应是生态服务价值总体的评估，而应该是由于某种价值增强而带来的其他服务价值变化的评估。旅游开发带来的环境生态变化实际上有损失也有增加，要分析具体损益情况。对变化量进行评估与补偿，是对游憩价值增加而带来其他价值减少的差额的评估与补偿。

（2）当地居民发展机会成本补偿。旅游开发造成居民的生存及发展机会丧失，由此应进行相应的补偿。

（3）旅游生态环境建设补偿或奖励。造成旅游区内生态环境破坏的（如排污），要进行相应的补偿；旅游区内的生态建设及维护的相应建设费用需要进行补偿；生态环境的改善应给予相应的补偿（冯艳芬等，2009）。

（4）旅游景区周边的生态环境建设的补偿和奖励。

2. 旅游生态补偿标准的核算方法

在基本界定了旅游生态补偿标准的构成之后，针对不同的损益情况及补偿对象需要建立不同的核算方法，形成旅游生态补偿标准核算方法的科学体系。目前国内外对补偿标准进行核算的主要方式是通过对生态系统服务价值的评估来确定补偿的额度。

（1）补偿标准的确定基于生态系统服务价值评估。这首先要认定和评估旅游资源服务功能，由于生态系统服务评估中的不确定性因素较多，本方法的结果一般作为理论上限（杨国霞，2010）。

(2)补偿标准的确定基于保护成本。这是进行旅游生态补偿的一种现实方法，按照实施保护管理所需要的人力、物力进行补偿标准的成本核算。

(3)补偿标准的确定基于保护损失。保护损失包括直接经济损失和因丧失发展机会所造成的间接损失。这是目前较多采用的一种方法。

(4)补偿标准的确定基于支付意愿和受偿意愿。在生态与环境经济学中，关于公共物品价值评估的方法应用最广泛和最重要的是条件价值评估法。确定生态补偿标准时直接询问居民的支付意愿和受偿意愿。在补偿标准的制定过程中应考虑公众意见，便于调动社区居民的积极性(刘敏等，2013)。

(5)补偿标准的确定基于生态足迹。比较旅游者与社区居民的生态足迹的差异，借此来评估旅游生态环境压力以及社区居民的生态环境保护价值，由此核算出生态补偿的额度。

表 7.1 为对旅游生态补偿标准的核算方法进行的分析总结。

表 7.1　旅游生态补偿标准核算方法分析表

补偿标准构成部分	已有方法		建议方法
	研究者	具体方法	
生态服务价值补偿	马勇和胡孝平(2010)	参照谢高地 2003 年的当量因子法，取 1/10 的系数	计算价值变量，针对不同的服务价值进行不同方法构建
	李丽娟(2012)	先用生产函数法、避免成本法替代/恢复成本法、旅行成本法、条件价格法、享乐价格法计算，再计算支付比例系数	
当地居民发展机会成本补偿	马勇和胡孝平(2010)	旅游区平均收入和所在省域平均收入差值	收入差值结合居民意愿调查
	李丽娟(2012)	原有收入的补偿或按当地平均收入水平	
旅游生态环境建设补偿或奖励	郑敏和张伟(2008)、马勇和胡孝平(2010)、李丽娟(2012)	基本是实际建设支出，包括生态设施的费用和人工费用，鲜有奖励的计算	实际支出费用，并且考虑奖励及旅游区内外因素
旅游生态补偿总体	章锦河等(2005)	补偿的下限是退耕还林、还草居民的直接收益损失，上限是以退耕还林、还草增加的游憩功能价值为标准；以旅游者与当地居民的生态足迹效率之差，确定合理的补偿水平	分解不同的构成部分，采取不同的方法
	李亚娟等(2010)	支付意愿通过调查问卷得出，也可模型化得出。用面积比作旅游区的权重系数，通过 GIS 方法计算面积	

7.3　四川自然保护区旅游生态补偿研究

目前四川自然保护区进行生态补偿的主要有九寨沟、唐家河、青城山等少数景区，其均采取将门票收入按比例支付资源保护费的补偿方法，没有考虑旅游生态系统的服务价值、旅游景观较高的维护管理费用以及社区居民的生活保障等因素，导致补偿额度偏低。为使四川生态旅游持续协调发展，需要建立完善统一的旅游生态补偿机制，实现制度化、规范化、市场化(吴晋阳，2012)。

四川自然保护区关于旅游生态补偿的研究，相对于浙江、福建、广东、云南等省份来说，基本上还处于起步阶段，缺乏系统性。因此，现阶段的主要任务是对四川自然保护区旅游生态补偿机制进行系统研究，构建完整的补偿体系。

7.3.1　研究方法与技术路线

1. 研究方法

根据本书的研究内容，采用理论研究与实证研究相结合，定性研究与定量研究相结合，实地调查、典型案例分析和人物访谈相结合的方法，在对旅游生态补偿相关理论、自然保护区旅游生态补偿机制实证分析研究的基础上，提出自然保护区旅游生态补偿机制的战略。

1) 文献法

从文献查阅和综述入手，梳理并总结国内外生态补偿的研究成果，在此基础上确定研究方法及研究重点，在分析整理资料时运用归纳法、对比分析法、综合法等。

2) 实地考察法与访谈法

通过野外调查、实地了解获得第一手资料。通过"面访"技术和"侧面观察法"，针对研究内容进行不同角色人员的访谈，包括典型地区的相关人员、旅游生态补偿的主体和对象人员、业内知名专家学者等，从中总结经验、听取建议及意见，为旅游生态补偿的实施提供参考。

3) 系统分析法

本书从系统论的角度出发，以动态发展的眼光、多维的视角研究四川自然保护区旅游生态补偿方式的选择、补偿标准的确定，探讨四川自然保护区旅游生态补偿的相关问题。

4) 其他

利用相关的统计原理进行分析，同时将调查的信息加以统计整理。理论表述与图表展示相结合，采用定性描述、抽样调查、资料调查、生态足迹、案例分析、层次分析、专家调查、GIS 等方法。

2. 技术路线

本研究的基本逻辑分为基础研究、必要性研究、重点研究和得出结论四个部分。四部分环环相扣、层层递进。四川自然保护区旅游生态补偿机制研究技术路线流程见图 7.2。

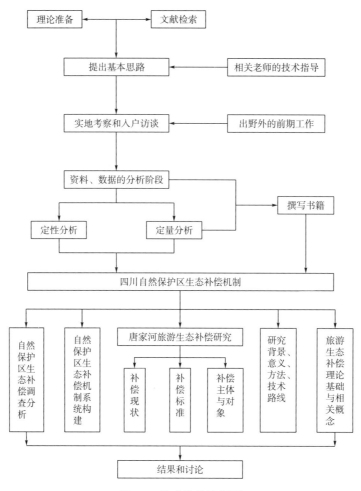

图 7.2　技术路线流程图

7.3.2　支付意愿及额度分析

通过调查统计分析，有 74.2%的人愿意为四川自然保护区环境保护支付一定费用，没有支付意愿的人占 25.8%。其中，担心费用会被挪作他用的占 31.3%；主张应该由政府出钱的占 27.1%；认为家庭没有支付能力的占 16.7%；愿意以出工代替的占 14.6%；其他原因的占 10.3%(图 7.3)。

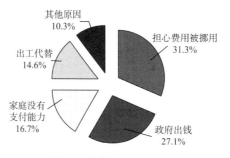

图 7.3　游客不愿支付原因

被调查者愿意支付的最大数量的组合提供了平均支付意愿的下限，采用投标支付卡方法计算出四川自然保护区生态系统服务的年平均支付意愿下限为 154.7 元/(人·年)。而肯定不愿支付的数量提供了平均支付意愿的上限(郑海霞等，2010；张冰等，2013)。在调查中发现，被调查者都拒绝支付投标卡上比自己选择的高一级的数额，通过计算分析为 224.85 元/(人·年)(图 7.4)。由此可知，人们对于四川自然保护区生态系统服务的平均支付意愿为 154.7~224.85 元/(人·年)。据统计，2012 年四川旅游纳入统计的 318 个旅游景区累计接待游客 2.15 亿人次，游客对于保护和改善四川自然保护区的偏爱比率为 74.2%，人们对四川自然保护区生态系统服务的支付意愿为 315.67 亿~458.81 亿元/年。

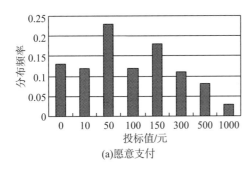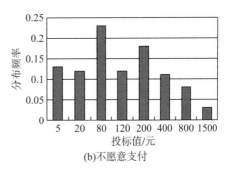

图 7.4　愿意支付和不愿意支付的被调查者概率分布

本书调研发现对四川自然保护区环境状况保护和改善持支持态度的人较多，只有少数人认为其对自己的生活影响较小或者不感兴趣。高学历和年轻人比较关注环境的变化与补偿；在四川自然保护区周边生活的居民普遍认为对当地居民的补偿偏低，且政府用于保护和改善周边环境的资金虽然多，但效果不佳。本书调查只是对确定生态补偿标准的一种尝试，如何在保证游客旅游质量的前提下减少其生态破坏也有待于进一步探究。

在旅游过程中，游客肯定会产生一定的能源消耗和废物排放，作为补偿，支付一定的环境保护费用是理所当然的。但要有科学合理的补偿标准，让人清楚征收的标准是怎么测算出来的。同时要针对补偿事宜公开向游客征询意见，特别是要听取外地游客的意见。政府相关职能部门应对旅游景区向游客征收"生态补偿费"的做法进行规范，设立一定的法定程序，不能让旅游景区和地方政府随意征收所谓的"生态补偿费"，使其成为各地景区涨价收钱的一块"遮羞布"。

7.3.3　旅游生态补偿模式总结

1. 九寨沟模式

九寨沟独创的"保护型开发模式"被世界自然保护联盟树立为典范，称之为"九寨沟模式"，而九寨沟景区面临的主要问题是景村合一、生态环境脆弱。"九寨沟模式"的具体操作如下。

1) 居民分流，按能力参与旅游开发与经营

九寨沟对居民进行分流：有管理能力的，吸收入各级班子；有经营能力的，有组织地开展旅游经营；文化程度较低的，参加养路、环保、巡山等。

2) 旅游门票收入反哺社区，作为居民生活保障

九寨沟从 2006 年开始，从每张门票中提取 7 元用于景区居民的生活保障。

3) 居民占股分红

九寨沟在诺日朗服务中心的经营中，实行景区居民占股 49%、管理局占股 51%，收益分成居民占 77%、管理局占 23% 的政策。

4) 沟内游、沟外住，带动社区旅游

九寨沟严格进行功能分区，禁止在核心区和缓冲区内开展任何旅游和生产经营活动，在过渡区进行的所有建设活动均进行环境影响评价报告，这不仅保护了九寨沟的环境，也促进了周边社区的旅游发展。

5) 保景与育民结合，引导居民自觉保护环境

九寨沟开展专业培训、歌舞培训、英语培训等，引导居民参与景区的旅游发展，自觉保护景区环境，实现保景与育民结合(李刚，2012)。

2. 三圣乡模式

成都锦江区三圣乡以红砂村"花乡农居"为首的"五朵金花"实现了以花卉为主的乡村旅游开发，让当地农民不离乡、不离地，发展农家乐创收。

在三圣乡的开发中，锦江区政府和成都市级部门共投入 1.8 亿元，吸引社会资金投入 3 亿元。三圣乡模式具体操作如下。

1) 土地集约化策略

土地集约化的主要措施是"拆院并院、拆企入园、建新拆旧"，将集约出来的建设用地用于旅游开发。

2) 安民策略

三圣乡旅游开发是在保障社区居民利益的前提下开展的，遵循"失地不失利、失地不失权、失地不失民"的原则。主要安民策略有：农房改造，由"农户出资、政府补贴"，按照宜散则散、宜聚则聚的原则改造；构建农村保障及就业体系、城乡教育体系等；失地农民对集体资产也有处置权，准失地农民有土地承包经营权。

3) 富民策略

通过土地流转收入、农宅租金收入、农家乐经营收入、到农业龙头企业打工收入、集资入股分红、土地入股分红等多种方式实现农民增收；实施基础设施和配套设施城市化策

略。因地制宜凸显优势，全面保障减少后虑，多重渠道促进民富；构建保障体系、采用"农户出资、政府补贴"的方式改造农房。

三圣乡社区居民参与乡村旅游开发所分配的利益形式主要有劳动所得、土地收入和社会保障。

(1)劳动所得。社区农户的土地通过土地承包经营权的流转，集中到花卉企业手中，社区农户可以进入花卉企业，获取工资收入(朱华，2006)。土地流转后，在公司务工的村民，人均年收入约 7000 元(2006 年)。社区居民的农宅改建为具有浓郁川西风格的民居，搞"农家乐"式的休闲娱乐和观光农业，户均年收入可达 3 万元(2006 年)。

(2)土地收入。社区居民通过土地流转，获取的收益主要有：土地承包租金 1800～2000 元/(亩·年)①，自家农宅出租金 20000 元/户，农户宅基地和土地承包经营权入股分享收益每年增收 500 元以上(以"保底加分红"的形式，且按年递增 10%计算)。没有参与土地使用权流转的社区居民，通过集资入股方式，占有 20%的股份，享有 15%的保底分红。

(3)社会保障。锦江区实行区、乡、村三级配套，形成完善的农民保障体系，使农村居民低保、医保、养老保险"三到位"。三圣乡对 55 岁男性、50 岁女性实施退休工资制度；对年满 18 岁的村民实行养老保险金补助制度(农户与政府按 8∶2 的比例出资)；对生活条件较差的低保户实施发放最低生活保障金(每月 237 元)制度。针对社区居民将其纳入新型农村合作医疗，社区居民参加社会养老保险，与城里居民一样享有养老金(李春梅，2009)。同时，对农村九年制义务教育的学生所需的多种费用进行全额补贴。

3. 青城山模式

青城山被列入世界文化遗产名录，通过 ISO14000 环境管理系列标准认证。近年来荣获优秀旅游城市、人居环境范例奖(陈辉，2007)。但青城山已处于生态赤字的不可持续发展状态。因此，旅游生态补偿势在必行。青城山在生态补偿方面的主要做法如下。

1)门票收入反哺景区用于森林管护

20 世纪 70 年代，成都市政府为解决青城山森林乱砍滥伐的问题，将门票收入的 30%用于景区森林管护，并作为一项制度确立下来，开启了我国生态补偿的先河(黄鹰西等，2014)。政府还通过实施封山育林、退耕还林等政策，保护生态环境。

2)景区带动社区的商业开发

随着旅游景区的开发，青城山当地村民逐步加入旅游开发。将村集体土地出租、转让给开发企业，以带动社区旅游发展。同时城乡联建农村住房，通过宅基地资源及贷款促进旅游开发。

7.3.4　四川自然保护区旅游生态补偿存在的问题

四川自然保护区旅游生态补偿实践刚刚起步，面临着许多阻力与问题，下面仅对一些

---

① 1 亩≈666.7 平方米

常见问题进行讨论。

1. 旅游生态补偿的相关概念模糊

调研发现，人们对于旅游生态补偿内涵的认识还比较模糊，一些研究也盲目套用生态补偿的相关理论，会影响旅游生态补偿机制的理论研究和实际应用。现阶段依托保护区发展起来的旅游业在四川迅速铺开，理顺旅游开发与生态环境保护之间的关系，弄清旅游生态补偿的内涵，是今后的方向(张一群和杨桂华，2012)。

2. 生态建设资金严重不足

目前四川从事旅游开发的森林公园和自然保护区，大多没有固定的旅游开发投资渠道，资金短缺使得资源开发利用程度低，基础设施整体水平差，不少景区可进入性差，70%的森林公园、80%的自然保护区目前还不具备基本的接待能力，这是四川自然保护区旅游开发面临的瓶颈制约。我国自然保护区的保护投入仅为 337～718 元/km²，而发展中国家平均水平为 997 元/km²，发达国家高达 13068 元/km²。美国每年用于保护区的资金约占当年 GDP(gross domestic product，国内生产总值)的 0.02%，而中国只有 0.002%。从环境治理综合投资占地区经济总值的比重来看，四川的这一比重远低于全国平均水平，这与四川庞大的自然保护区数量完全不匹配。

3. 旅游生态补偿力度不够

旅游地生态补偿的力度不够，主要体现在以下方面。

(1)补偿涉及范围偏窄。目前生态补偿的范围主要是森林、草原、矿产资源，关于流域、湿地、耕地及土壤的生态补偿体系还不明晰。

(2)补偿标准普遍偏低。如九寨沟从每张门票中仅提取 7 元用于景区居民的生活保障；退耕还林补贴也仅为 5～7 元/亩。

(3)补偿资金来源渠道单一。生态补偿资金主要依靠中央财政转移支付，而当地政府及企事业单位投入、相关的优惠贷款、社会捐赠等渠道明显缺失。

(4)补偿方式单一。目前的生态补偿主要是资金补助，其他的补偿方式未得到应有的重视，如产业扶持、技术援助、人才支持、就业培训等。在调查中发现，唐家河已开始重视清溪镇至游客中心的旅游产业扶持和旅游基础设施建设，这是值得借鉴和推广的方式。

(5)补偿资金支付和管理办法不完善。如唐家河旅游门票收入的 30%应反哺给自然保护区，作为生态补偿。2012 年应有 90 万元返回保护区，但实际到位资金并不乐观。

4. 旅游生态补偿的配套基础性制度不完善

在四川自然保护区旅游开发中，旅游"景区-中介-市场"的互动机制没有有效形成，产业链不完善，管理体系和技术支撑体系也尚未建立。由于有关的政策、法律、法规不完善，管理体制不健全，一些景区多头管理现象明显。在旅游地招商引资和合作经营中，资产评估标准及规范转让程序不明确，对旅游资源的价值评价不太客观、有效，时常出现以过低的价格、不公平的条件出让旅游开发和经营权,影响旅游资源经营主体权益的现象(薛瑞芳，2009)。

5. 保护者和受益者的权责落实不到位

在许多自然保护区景区，对生态保护者的合理补偿及责任落实在不同程度上存在不到位的问题。大多生态受益者履行补偿义务的意识不强，很多开发者的生态保护义务履行不到位。

6. 旅游经营管理专业人才缺乏

目前四川自然保护区旅游开发的管理队伍整体素质偏低，大多数人员受教育程度不高，开拓创新意识不足，特别是对旅游开发的综合管理能力不足，这对生态旅游的发展有一定的影响(潘华丽，2013)。

7. 旅游生态补偿的法律保障缺失，监管力度不够

目前自然保护区旅游生态补偿主要是依据生态补偿的相关法律及法规。旅游生态补偿机制的建立处于无法可依、无据可循的状态。我国目前还没有生态补偿监管部门，这影响了旅游生态补偿机制的有序建立(陈丽华，2011)。

8. 旅游开发利益牵制性强，补偿制度难以实施

自然保护区旅游的开发涉及许多利益相关群体。政府部门、规划开发者、旅游经营者对旅游开发起到决定性作用，他们都是旅游开发的受益者。政府部门带来当地 GDP 的增长，规划开发者领取规划费用，旅游经营者经营获利。三者利益关系错综复杂，相互牵制，使旅游生态补偿制度较难实施。此外，旅游者及当地居民的利益关系也很复杂。

9. 补偿标准较难制定

自然保护区旅游的开发与多种资源的占用有关，对环境的影响也是多方面的，即使是同一种资源，由于其质量和区位不同，价值也有差异。将这些因素换算成补偿标准比较困难，人们很难确定补偿的方式和补偿金额，这影响了旅游生态补偿的公平性(刘静霞，2009)。

7.3.5　四川自然保护区旅游生态补偿管理对策

1. 加强对旅游生态补偿的系统理论研究

虽然国家对生态环境的保护很重视，并且开始了对生态补偿的一些实践探索，但是对于旅游生态补偿还缺乏系统研究。旅游生态补偿受制于许多相关政策及因素，如农业政策的变化、某种产品市场供需的变化等都会对其产生影响。为此，四川自然保护区旅游生态补偿的实施，首先应加强对其系统理论的研究。建议由相关职能部门委托专家开展四川自然保护区旅游生态补偿系统理论的研究，建立旅游生态补偿的长效机制，编制四川自然保护区旅游生态补偿的近期行动计划和远期行动计划，提高旅游生态补偿的科学性。

2. 加快旅游生态补偿的运行体系构建

生态补偿的运行体系是整个生态补偿机制的枢纽部分，其中涉及生态补偿的主客体界定、补偿标准核算、补偿资金分配等诸多问题。开展旅游生态补偿应遵循政府补偿与市场补偿相结合,"双面"管理与"多边"合作的市场运营原则。

旅游生态补偿是对行政依赖性较强的环境调控工具。针对目前我国生态补偿过程中条块分割严重、补偿效率低下的问题,四川自然保护区在实施旅游生态补偿过程中应建立统一的利益协调与整合机构,分别处理不同层面的旅游生态补偿的具体问题,对于涉及不同区域的利益协调问题则可以通过上一级别的生态补偿专项领导小组进行协商。领导小组建议由发改委、环保、财政、林业、农业、水利、旅游等相关部门领导组成,领导小组主要行使生态补偿工作的监督、协调、奖惩、仲裁等相关职责。领导小组下设办公室,作为常设办事机构。另外建立一个由专家组成的技术咨询委员会,从事相关政策和技术的咨询(马勇和胡孝平,2010)。

3. 建立旅游生态补偿的行政激励机制

旅游生态补偿的实施与当地政府参与的积极性和主动性有着密切关系。目前对于政府官员的考核标准主要是经济发展水平,这不能调动政府参与生态建设与保护的积极性,有时反而会促使他们选择高能耗和高收益的经济产业。因此,要启动绿色 GDP 国民经济核算研究,建立和完善补偿的行政激励机制,将资源与环境成本纳入区域经济发展水平的评价体系。对现行党政领导干部进行政绩考核时,应将生态社会指标(如基尼系数)、生态环境指标(如万元 GDP 排污强度)、生态经济指标(如单位 GDP 能耗)等纳入考核内容并逐渐加大其权重,充分调动各市、地、州政府参与生态保护的积极性(燕守广,2009)。

4. 建立政府监督协调体系

为了保障旅游生态补偿机制的顺利实施,需要政府充分发挥政策调控和监督管理作用,建立旅游系统与生态环境的互动补偿机制,搭建各利益相关者协商的生态补偿平台,协调各利益相关者之间的关系,监督补偿机制的具体实施和资金的使用与管理,并对违规行为给予处罚。

旅游生态补偿协调委员会应由政府牵头、各相关行政管理部门派人员组建,负责协调各级政府部门、各利益相关者及地区间的利益关系,避免由于多头管理、政出多门和地区利益差异而互相推诿致使生态补偿难以落实。该委员会负责监督评价旅游生态补偿的运行效果,及时反馈问题给相关部门并协助解决,进而保障旅游生态补偿机制的有效运行。

5. 建立旅游生态补偿监控评估体系

四川自然保护区旅游生态补偿的最终目标是在保护并改善生态环境质量的基础上促进地方经济的发展。尽管旅游是一种资源消耗较少、环境破坏较小的经济产业,但是在旅游生态补偿实施的过程中,应加强对旅游补偿对象的选择和对资金的监控。要成为旅游生态补偿的对象,相关旅游企业和旅游项目必须达到环保部门的环保标准,而且要特别强化对补偿对象的财务审计和综合考评,不仅让旅游生态补偿资金使用合理,还要定期考评,考评的主要指标是周边生态环境改善状况、对经济社会的贡献率。对考核不合格的企业和项目应取消其补偿对象资格，并不断充实新的旅游项目和企业作为生态补偿的中介，以确保旅游生态补偿达到预期效果(陈明光等，2013)。

6. 加强旅游生态补偿的投融资体制的创新

旅游生态补偿的运行需要资金支撑，要积极争取国内外资金的投入。应建立政府引导、市场推进、社会参与的生态补偿投融资机制。形成多元化的资金筹集格局，适当考虑资源补偿税收制度，鼓励社会资金参与、建立社会化的旅游发展基金，还可利用国债资金、开发性贷款、国际组织和外国政府的贷款，提高旅游发展资金使用的效益(冯伟，2011)。

7. 构建旅游生态补偿机制反馈体系

生态补偿机制反馈体系建立在给定的评价指标基础上。在生态补偿实施的不同阶段都能对应着指标找问题的所在，有利于进一步制定决策。同时，反馈的过程是双向的，反馈体系会将良性建议反馈给运行体系，使生态补偿效果达到最优化；同时运行系统也会将消极效果呈递给反馈体系，经过分析改良后有利于制定下一步补偿方案。在大数据时代，借助"互联网+"平台，能保障反馈成果的多元性、及时性。

8. 健全旅游生态补偿的法律保障机制

仅靠行政手段约束和协调生态补偿不同利益主体关系是不够的，还必须健全其法律保障机制。根据外部性理论，旅游生态补偿的解决思路包括政府干预(包括税收与一般性收费)和明晰生态产品产权，但是目前这两种解决思路在我国都还没有法律支持。旅游生态补偿立法是长期保障的根本，健全的法律法规除了能够量化补偿标准，还能够严格划分主体权责，使补偿主体有明确的法律依据，受偿对象也有可靠的法律保障。建议有关部门调整并细化生态补偿的相关法律及法规，明确补偿主体与对象、补偿标准及方式。明晰生态资源的产权归属，搞好相应的配套制度建设和标准制定工作，把生态补偿的基本制度法律化，依法从事生态补偿的各项工作(王峰，2012)。

9. 重视旅游生态补偿意识及人才培养

旅游生态补偿对大众而言是一个全新的概念，有一个被逐步接受的过程。要重视旅游生态补偿的科普教育和宣传工作，增强民众特别是社区居民的旅游生态补偿意识，并充分吸取他们的意见(高亚东，2009)。利用大专院校教育、培训班、专题讲座、学术会议等各种形式，以及引进人才、派出学习等办法培养一大批生态旅游方面的高素质专业服务人才和管理人才，为四川自然保护区实现旅游可持续发展提供人才保障。

10. 解决好保护与发展的矛盾冲突

保护与发展是自然保护区发展生态旅游绕不开的困局。保护区作为具有保护与发展双重职责的管理机构，解决好保护与发展的矛盾，控制好生态环境威胁因素，是实施保护区旅游生态补偿的关键措施。

7.3.6　例证研究——唐家河自然保护区旅游生态补偿现状研究

1. 唐家河自然保护区生态环境威胁因素调研

调查发现，由于旅游开发和周边社区的影响，有许多直接为唐家河自然保护区的保护对象的生存和发展带来负面影响的威胁因素。对这些威胁因素进行生态环境建设与管理，需要建立一定的生态补偿机制。

1) 旅游者对生物多样性的影响

随着游客数量的大幅度增加，唐家河自然保护区的动物特别是兽类被迫改变活动范围，减少栖息地面积，动物密度下降。保护区的植被遭到游客的践踏，一些珍稀植物被采摘，种群数量不断减少。由于旅游餐饮需要，外购大量鲜活食品可能引起外来物种侵入、疾病及病虫害增加。

2) 旅游设施建设对生物多样性的影响

旅游设施的建设，不仅造成水土流失，也可能改变或破坏原有的生境，甚至造成栖息地隔离和破坏，导致唐家河自然保护区内动植物的种类和数量发生变化。许多人文景观的修建地在山顶、水域边缘或生态脆弱地带，易造成局部干扰和破坏。

3) 旅游商品开发对生物多样性的影响

游客喜欢山里的野菜、野果和中药材等土特产。随着唐家河自然保护区旅游业的发展，旅游需求不断增加，势必使这些旅游商品的需求量增大。社区居民为了追求经济利益，会加大对相关植物的采摘，导致唐家河自然保护区的某些种群数量下降，还因食物链的关系使动物的食物减少，此外，区内的经济鱼类(细鲤鱼、雅鱼)也被居民大量捕捞，从而影响动物多样性。受市场诱惑，少数社区居民常有偷猎活动，这很容易导致某些动植物的灭绝。这些采集活动除了直接给唐家河自然保护区的保护对象造成威胁、干扰外，还会带来其他威胁，如野外用火、栖息地破坏等。

4) 环境污染

唐家河自然保护区内目前有四个保护站、一个大酒店，除了保护区职工常年生活在此，随着旅游的开发，游客大量进入，产生生活污水和垃圾在所难免，这对野生动物的栖息环境造成一定程度的污染，也污染了下游社区居民的饮用水源。除此之外，还有入区车辆产生的噪声和废气污染，以及游客所携带方便食品的包装产生的白色污染，都可能对唐家河自然保护区造成危害。

5) 森林火灾隐患

唐家河自然保护区森林火灾隐患主要来自社区传统的耕作用火、上坟祭祖、过往人员临时用火、进入区内的游客引发的火灾和自然火灾。火灾隐患的原因在于自然保护区的相应设施设备不足，监测体系缺乏，同时护林防火活动缺乏周边社区居民的积极参与。

6) 放牧

唐家河自然保护区周边社区放牧是一种传统养殖模式。由于旅游开发的需要,社区耕牛、山羊数量有增长的趋势,散放的家畜啃食树皮与地表覆盖物,引起森林资源的破坏和水土流失,放牧区域与野生动物的栖息地有部分重叠,干扰了保护对象,家畜携带的病菌有可能与野生动物交叉感染。

7) 非法砍伐林木和薪柴利用

唐家河自然保护区周边社区及更远社区居民时常有在保护区盗伐薪柴的行为,薪柴的过度消耗破坏了森林资源和野生动物的栖息环境。

8) 采矿

由于唐家河自然保护区的林权问题,保护区内的联盟社区有一些资源开采项目,造成对大熊猫等野生动物正常生活的干扰和对栖息地的直接破坏。

9) 野生动物对社区的危害

经过对唐家河自然保护区周边社区 10 个建制村的调查,种在林缘地带的农作物经常遭受野生动物的危害。受害区域主要集中在平桥村、工农村、联盟村和三农村,受危害的农户分别占各村总户数的 30%、30%、35% 和 40%,农户每年直接经济损失在 300～500 元。

2. 唐家河自然保护区生态建设与生态补偿现状调研

1) 争取国际合作基金支持,开展保护区生态环境建设及保护

1981 年以来,来自美国、德国、英国等 10 多个国家的政府、组织、专家前来唐家河自然保护区考察、交流的达 260 多批。特别是近几年,唐家河自然保护区的国际合作项目深受好评,出色地完成了德国技术援助项目。此外还有全球环境基金合作项目、世界自然基金会岷山地区的大熊猫监测项目、华盛顿国家动物园合作项目、德国复兴银行合作项目。通过各项目的开展,唐家河保护区共获得 6350 万元的经费支持,同时还有技术支持。保护区除了在保护技能上有较大提高外,硬件上也得到了一定的支持。国际合作更为周边社区居民做了大量实事,促进了当地经济和资源保护的协调发展,建立了社区共管示范体系。

(1) 世界自然基金会合作项目。

a. 白熊坪观察站的建设。中国与世界自然基金会合作,拉开了中外专家和学者研究大熊猫、黑熊、扭角羚、川金丝猴等动物的序幕。

b. 岷山森林景观保护与发展项目。2002 年,世界自然基金会与国家林业局签署了合作协议,正式启动岷山森林景观保护与发展项目。青川县与四川社会科学院调查了解当地社会经济发展状况、对保护区的威胁和压力,以及潜在的可利用资源,2007 年正式开展唐家河自然保护区生态旅游项目。

(2) 中德合作资源保护项目。

1997 年,唐家河自然保护区与德国技术公司合作进行的中德四川自然保护区自然资

源保护项目通过了项目专家的考察评估，1998 年在与保护区相邻的青溪镇工农村建立示范村。1999 年保护区管理处与该项目联络人签订了"地方补贴协议工农村基础设施小措施项目"。该项目拨给工农村建设项目资金 91760 元。2000 年，项目专家对工农村进行了土地利用规划，根据项目规程要求，为唐家河自然保护区提供交通工具、办公现代化设备和巡护装备，在现代管理、生态旅游、生态监测、电脑运用、参与式管理等方面进行方法和能力培训，同时给周边社区经济提供发展项目。

主要实施的项目有：野生动物网围栏、工农村小基础设施、小额信贷、经济林木和野生动物非食性作物试种、提供种养业技术咨询服务等。

(3) 中德合作四川造林与自然保护项目。

1999 年，经批准实施中德合作四川造林与自然保护项目。2001 年唐家河自然保护区与德国复兴银行正式达成协议，合作开展"中德合作四川造林与自然保护项目——唐家河自然保护区野生动物管理项目"。项目由德国复兴银行提供 80 万马克，用于保护区野生动物管理。同时争取德国财政援助 500 万马克的自然保护造林项目，用于唐家河自然保护区缓冲区内、周边社区及县内新造林 45000hm^2。该项目不仅改善了周边农民的经济条件，也建立了持续的野生动物管理和种群控制计划。

2006 年底，该项目外方提出追加项目投资，包括摩托车道桥梁建设、保护站点建设、野外监测棚屋建设、社区供水系统及环境教育等。

(4) 美国华盛顿国家动物园合作项目。

1999 年，唐家河自然保护区与美国华盛顿国家动物园意向性达成建立十年合作伙伴关系。2001 年分别签署《会谈备忘录》《野生动物保护和管理培训项目(WCMTP)协议书》等。国家林业和草原局保护司同意唐家河自然保护区开展"保护区生物多样地理信息系统研究项目""野生动物管理培训班""公众教育培训活动"。

培训项目主要有：保护生物学与野生动物管理培训、野外科研项目培训、地理信息系统培训班。研究项目主要有：红外线相机野外观察项目、亚洲黑熊生态研究项目、地球观察项目(Earth Watch)、扭角羚 GPS 跟踪调查项目。

(5) 全球环境基金合作项目。

中国与作为全球基金管理人的国际复兴开发银行签订了"林业持续发展项目——保护地区管理部分赠款协议"，总称"全球环境基金"。2002 年唐家河自然保护区正式启动该项目，该项目的实施期为 6 年。划分给唐家河自然保护区的项目投资总计 67.59 万美元，分期开展项目活动。主要有自然保护区规划和管理部分(参与管理计划编制、野生动物管理、生态系统本底地图、野外研究、野外层次保护、自然保护区投资)，以社区为基础的自然保护部分(社区共管、社区保护教育、能源保护、技术服务的推广)，项目监测和评价部分(监测和评价、英语培训)。

2) 社区共管，多渠道补偿，反哺周边社区

(1) 借助国际合作项目，改善社区周边环境，促进社区经济发展。

唐家河自然保护区在获得国际合作项目资助的同时，完善和发展了唐家河社区共管理念。保护区在实施自然基金会项目、中德合作四川省自然保护区自然资源保护项目、中德

合作四川造林与自然保护项目——唐家河国家级自然保护区野生动物管理项目、全球环境基金——林业可持续发展项目、美国华盛顿动物园合作项目等国际合作项目中,引导农户参与实施自然保护,降低资源消耗与社区经济协调发展。在地方政府协同参与和支持下,为周边社区维修或修建了基础设施;实施了建节柴灶、建沼气池、购节柴取暖炉等能源保护项目;开展了种植核桃、魔芋、山药、良种玉米、良种大豆、紫花苜蓿草,以及家禽家畜养殖和规模化养蜂等替代生计资助项目;开展了野生动物危害防治示范活动;带动了周边社区生态乡村旅游;开展了环境保护意识教育活动,提高了周边社区村民的保护意识和参与意识。

唐家河自然保护区与周边社区共管发展协调机制,得到世界自然基金会、世界银行、德国复兴银行、德国技术公司等国际组织的认同,作为一个模式受到推崇。

(2)以保护区的生态旅游带动社区的乡村旅游。

按唐家河自然保护区规划,青溪古镇及阴平村等乡村农家乐被纳入保护区生态旅游体系,将社区的田园风光、特色民居、参与农活等作为生态型休闲游的有机组成部分。保护区在开展的全球环境基金合作项目中已经启动了部分农家乐的建设和示范工作,采取"区内游,区外住"的反哺周边社区经济发展机制。与地方政府一道推动阴平村乡村农家乐规模化建设,阴平村建设了一批具有川北民居文化特色的农家乐。随着唐家河自然保护区旅游开发的深入,青溪古镇获得全面建设,竹园至青溪等 8 个沿途乡镇的旅游业也将开展。社区与保护区的旅游开发同步发展,体现出保护区对社区的带动作用。

(3)建立唐家河自然保护区社区发展基金。

唐家河自然保护区在前期社区工作中,通过实施全球环境基金合作项目和中德合作资源保护项目,成立了"社区滚动发展基金",以极低利息借给老百姓,对社区弱势群体特别是妇女给予重点扶持。社区滚动发展基金是我国少有的社区金融项目,在一定程度上推动了社区的发展。

为推动该项目的进一步发展,建立"唐家河自然保护区社区发展基金",资金来源为保护区投入、地方政府投入、企业捐赠、社会团体和个人捐赠,保护区每年从经营性收入中持续投入一定量的资金逐步扩大规模。基金资助方向为社区有机农业发展、农家乐建设、社区能力建设等。

(4)帮助社区发展有机农业,创建岷山地区农副产品集散中心。

唐家河自然保护区根据国家对有机农业、绿色食品的标准和生产要求,制定有机农业培训计划,由保护区出面申请国家有机农产品认证,并进行标示,注册、创建"唐家河"商标和认证。

3)旅游与保护协同发展,旅游门票收入反哺自然保护区

"四川唐家河旅游开发有限公司"经营旅游的收益必须回投于唐家河自然保护区,管理处通过生态恢复措施,消除旅游开发和经营的负面影响。按协议,旅游公司门票收入的30%反哺给唐家河自然保护区管理处,作为生态补偿。

4) 天然林保护工程，间接获得国家生态建设及补偿

唐家河自然保护区管理处 2000 年度启动天然林保护工程，国家的补贴政策是 5～7 元/亩。结合天然林资源保护工程，在保护区进行原生植被的恢复，采取育苗补植辅助自然恢复的办法清除外来物种，补植的树种采用保护区内的珍稀物种或适宜作为野生动物食物的乡土树种，严格防止和控制外来物种的侵入。

随着天然林保护工程和周边社区退耕还林项目的实施，周边林缘社区森林植被得到较快的恢复，野生动物的数量、种类及分布范围都有显著的增加和扩大。

3. 唐家河自然保护区旅游生态补偿主体分析

1) 政府

唐家河自然保护区对四川生物多样性的保护及生态环境的改善有很大贡献。四川省政府、广元市政府、青川县政府等各级政府期望唐家河自然保护区带动其旅游及相关产业的发展，因此政府应当是补偿的主体。

四川省林业和草原局作为唐家河自然保护区管理处的主管部门，期望通过生态旅游活动保护自然资源和自然生态系统，履行环境教育职责，故四川省林业和草原局应当承担更多的补偿责任，成为补偿主体。

2) 旅游开发企业

四川唐家河旅游开发有限公司凭借对旅游资源的把控获取了利润，有义务回馈旅游生态环境，成为补偿主体，更多地承担社会责任。

3) 旅游商品及"农家乐"经营者

保护区毗邻的青溪古镇、阴平村、落衣沟至关虎等村落，以及竹园至青溪等 8 个沿途乡镇的旅游商品和"农家乐"经营者，均期望保护区的生态旅游带动社区的旅游服务产业以及"农家乐"的发展，因此这些经营者有义务回馈保护区的旅游生态环境，对周边社区没参加旅游经营的社区居民也应尽更多的社会责任，适当补偿，促进社区和谐发展。

4) 游客

游客在唐家河自然保护区进行生态旅游，消耗了唐家河自然保护区的自然资源，对生态环境造成了一定的影响。除买门票外，还有责任对唐家河自然保护区的旅游生态环境进行补偿。

4. 唐家河自然保护区旅游生态补偿对象分析

1) 唐家河自然保护区的生态环境

生态旅游应该把生态环境保护作为既定的前提，强调在合理利用生态环境资源的同时，做到保护与改善生态环境。前文分析了唐家河自然保护区生态环境的威胁因素，唐家河自然保护区在旅游开发中，被污染的环境、被破坏的生态系统的环境功能会逐步丧失，进而失去自然保护区的特色，因此要对其进行补偿。

在唐家河自然保护区，随着旅游的开发，游客大量进入，产生生活污水和垃圾在所难免，比如特色漂流项目的开展，对其支流河道的原始风貌和周围植被造成破坏，因此应对其开发地区的饮水源进行保护，对造成的损失进行生态补偿，不但要净化水源，还要对饮水源区域的生产和生活进行赔付。为了防止在旅游开发过程中出现土地板结与沙化现象，保护区也将进行植树造林，对其投入的生态成本予以补偿。

在唐家河自然保护区的旅游开发中，灌木林、草场、河滩、重要湿地等生态环境敏感地带也会遭受不同程度的破坏，应予以充分保护和补偿。对当地丧失灌溉水源或饮用水源的社区居民应进行合理的补偿。

在唐家河自然保护区的旅游开发中，对原自然生态环境进行了一些人为的改造，对原自然生态生存的野生动物产生了影响。旅游开发方应对保护区为保护野生动物花去的成本进行补偿。因旅游开发，对保护区及周边社区为保护被迫迁徙的野生动物而造成的人身、财产或其他损失也应进行补偿。通过对周边 10 个建制村参与式乡村评估和专题调查发现，野生动物危害还体现在对农作物的危害方面，这主要集中在与保护区相邻的半高山部分，对这些区域也应进行补偿。

2）保护区周边社区及居民

由于唐家河自然保护区的旅游产业开发，原区内居民逐步迁出，许多传统生产、生活方式被约束或限制，所以保护区周边社区及居民应该得到相应补偿。

唐家河自然保护区周边社区及居民的补偿范围主要是保护区周边涉及的平武县高村、木座、木皮，青川县的青溪、桥楼、三锅，总人口约 15000 人。

3）保护区管理处

唐家河自然保护区管理处转让生态旅游开发和经营权，应参照国家生态公益林补偿标准补偿；唐家河旅游公司的旅游收益必须回投于保护区；其他的生态补偿主体也应对保护区管理处进行适度补偿。唐家河自然保护区管理处应将补偿经费用于自然资源和自然生态系统的保护管理。

4）保护区内员工

唐家河自然保护区管理处的员工要进行日常的保护工作，如巡护工作队、护林防火员及保护站职工监测大熊猫、牛羚、金丝猴等珍稀动物的生态环境动态变化、人为的干扰情况等。在调查中发现，旅游旺季保护区几个保护站的员工的主要精力放在维持交通秩序、环境卫生和安全上，几乎没有精力从事保护站的日常工作，而他们日后又不得不补上这些工作。因此应对唐家河自然保护区管理处的员工，特别是各保护站的员工进行旅游生态补偿。

5. 基于旅游生态足迹的社区居民生态补偿标准研究

生态足迹是一种测量生态足迹与生态承载力之间差距的方法（徐娥，2006）。根据生态足迹的理念，旅游生态足迹（touristic ecological footprint，TEF）可界定为：旅游地支持一定数量旅游者的旅游活动所需的生物生产性土地面积（韩光伟，2008）。旅游地所支持的人口包括当地居民与旅游者,两者都消费当地自然资源所提供的产品与服务,因此旅游者的旅游生态足迹通过与当地居民生态足迹的"叠加"效应,共同对旅游地可持续发展产生影响。

定量测度旅游者与居民生态足迹的大小并进行效率差异比较,可以明晰旅游者与居民对当地环境资源影响与利用效益的差异性程度,为对居民进行生态补偿提供决策依据(俞颖奇,2012)。测度旅游地居民的生态足迹,应通过各种资源消耗的生物生产性面积计算、产量调整和等量化处理三个步骤进行,具体测度方法为

$$EF = N \cdot ef = N \cdot \sum (A_{aj}) = N \cdot \sum (c_i / p_i) \tag{7-1}$$

式中,EF 代表要计算的总的生态足迹;i 代表消费商品及投入的类型;p_i 代表 i 种消费商品的平均生产能力;c_i 代表 i 种商品的人均消费量;A_{aj} 代表人均 i 种消费商品折算的生物生产性土地面积;N 代表人口数;ef 代表人均生态足迹。

因此可知生态足迹是一定区域人口数和人均物质消费的函数,表征为每种消费商品的生物生产性面积的总和。

1)计算数据的来源

(1)基础数据。

基础数据包括各类旅游设施的总量和构成、能源消耗的总量和构成、居民每年人均消费食品的数量和类型、当地土地的生产力水平、游客总量及其消费总支出等(章锦河和张捷,2004;罗佳,2008;蒋业利,2012),这些数据主要来源于省、市、县年鉴和旅游统计年鉴,同时参阅省、市各级土地利用、生态建设规划和研究报告等,以及唐家河自然保护区管理处官网等。

(2)调查数据。

调查数据包括各类设施旅游的面积、旅游设施使用率、游客构成、游客消费构成、平均旅行距离、交通工具选择、平均旅游天数等(王保利和李永宏,2007;曹辉和陈秋华,2007;徐玉霞,2011),调查对象主要是唐家河自然保护区内的游客及当地旅游企事业单位,调查数据是根据问卷调查(见附录 5)的统计而得,调查问卷共发送 200 份,回收 195份,其中有效问卷 191 份,回收有效率 95.5%。

(3)标准数据。

标准数据包含交通工具的能源消耗量、产量因子、均衡因子等,数据主要来自交通统计年鉴,同时参阅相关研究文献(李鹏和杨桂华,2007;田萍萍,2006)。

(4)数据的筛选。

经查阅 2011～2013 年的数据发现,2012 年的数据比较完整并有代表性,因此,本书使用 2012 年的数据计算旅游生态足迹。

2)唐家河自然保护区旅游者的旅游生态足迹

青川县 2012 年全县接待游客 214 万人次,旅游综合收入 7.5 亿元。旅游人数同比增加 96 万人次,增长 81.4%;旅游综合收入增加 2.82 亿元,增长 60.3%。唐家河自然保护区旅游区 2012 年共接待中外游客 66.52×10^4 人次,根据上述资料来源和式(7-2)计算旅游

生态足迹(杨桂华和李鹏, 2007)。

$$TEF=\sum (N_i\times C_i/P_i) \qquad (7\text{-}2)$$

式中, TEF 代表要计算的总的旅游生态足迹; N_i 代表第 i 种旅游生态足迹类型的游客人数; C_i 代表第 i 种旅游生态足迹类型产品的人均消费量; P_i 代表第 i 种旅游生态足迹类型产品的平均生产能力。

经计算, 唐家河自然保护区旅游者 2012 年的旅游生态足迹总值为 30141.73 hm^2, 人均为 0.05hm^2。

从土地类型结构来看, 占比最高的是化石能源地, 人均生态足迹占 85.23%(杨桂华和李鹏, 2007), 其次是建成地占 6.53%, 耕地面积占 5.80%, 相对较小的是林地占 2.23%, 草地占 0.09%, 水域面积占 0.12%。

从旅游类型结构来看, 生态足迹占比最高的是基本旅游消费部分(旅游餐饮、住宿、交通等), 约占 91.9%; 而非基本旅游消费部分(购物、游览、娱乐等)占比较小, 约占 8.1%(蒋依依等, 2006)。

3) 唐家河自然保护区社区居民的生态足迹

唐家河自然保护区周边涉及青川县青溪镇、桥楼乡和三锅乡, 截至 2012 年统计, 共 29 个村 198 个村民小组, 总人口 29340 人, 农业人口 27913 人, 约占总人口的 95%。其中有 18 个建制村 4300 户与保护区接壤, 总人口 15676 人。少数民族主要是回族, 分散居住于桥楼乡和三锅乡的 8 个建制村内, 共有 898 人。居民主要发展农牧业, 还从事一些如淘金、修路、装卸等临时性工作。畜牧业是农户生产的重要项目, 如养牛、养猪等。5·12 地震后, 区内 60 余处山体滑坡, 森林植被损毁近 5 万亩, 其中大熊猫主食箭竹损毁面积近 3000 亩。唐家河自然保护区为了退耕还林, 引导当地农民养殖蜜蜂, 以及在河谷地带种植桑树来养蚕。2012 年保护区社区居民共计 15676 人, 根据 2012 年当地的社会经济统计数据和式(7-1), 可以计算唐家河自然保护区社区居民的生态足迹(鲁丰先等, 2006)。

经计算, 唐家河自然保护区社区居民 2012 年生态足迹的总值为 13349.68hm^2, 人均生态足迹值是 0.85hm^2。

(1)生态足迹的叠加分析。

唐家河自然保护区周边社区居民 2012 年人均本底生态足迹为 0.85hm^2, 人均旅游生态足迹叠加的区内分割部分为 0.03hm^2, 因此人均生态足迹总的需求为 0.88hm^2, 而旅游生态足迹需求仅占 5.12%。由此得出以下两个结论。

第一, 唐家河自然保护区 2012 年共接待游客 66.52 万人次, 旅游者平均逗留 2 天, 旅游者总数是社区居民(15676 人)的 42.4 倍, 旅游者人均停留天数是社区居民的 23.84%, 如果进行年度转化, 旅游者人均生态足迹为 7.87hm^2, 是当地居民的 9.24 倍。

第二, 因游客总量大, 2012 年唐家河自然保护区游客总旅游生态足迹为 21756.05hm^2, 是当地社区居民的 163%, 占叠加后总的生态足迹(35105.7hm^2)的 61.97%。

旅游者占用了相当多的当地社区居民的生态足迹需求, 产生居民利益损失, 应进行相应的旅游生态补偿(曹辉, 2007)。

(2)旅游者与当地居民生态足迹效率差异分析。

在调查研究的基础上，通过数据整理、分析与计算，得出唐家河旅游生态足迹及效率值(冯国杰，2014)。

唐家河自然保护区 2012 年旅游生态足迹总计 30141.73 hm², 旅游收入为 2.67×10^8 元，其旅游生态足迹效率是 8858 元/hm²，约是中国平均水平(3386 元/hm²)的 2.62 倍，接近全球平均水平(1106 美元/hm²)，这说明唐家河自然保护区旅游资源利用的相对高效性，但与美国(3337 美元/hm²)等发达国家及地区相比，还存在较大的差距，这主要是旅游购物、餐饮的生态足迹效率较低导致的(韩光伟，2008)。由此发现，唐家河自然保护区的旅游产业链有待完善，旅游交通网络应不断完善，畅通旅游流。

唐家河自然保护区 2012 年社区居民的生态足迹总值是 13349.68hm²，经济总收入是 2907.1×10^3 元，其本底生态足迹效率值是 3092 元/hm²。

比较 2012 年唐家河自然保护区两个生态足迹效率值得出，旅游者的旅游生态足迹效率(8858 元/hm²)约是当地居民的本底生态足迹效率(3092 元/hm²)的 2.86 倍。

4) 唐家河自然保护区社区居民的生态补偿标准

(1)生态补偿最低标准。

2012 年唐家河自然保护区社区居民的生态足迹效率为 3092 元/hm²。唐家河自然保护区 2012 年退耕还林与还草的面积是 526.64hm²，根据式(7-3)可以计算出居民的直接收益损失价值(章锦河等，2005)。

$$R=Eef \times S \tag{7-3}$$

式中，R 代表要计算的居民直接收益损失价值；Eef 代表居民生态足迹效率；S 代表退耕还林还草的面积。

计算得出居民的直接收益损失价值为 162.84 万元，这可以作为生态补偿最低标准，因此唐家河自然保护区社区居民 2012 年每户最低应得补偿 379 元，人均最低应得补偿 104 元。

(2)生态补偿最高标准。

2012 年唐家河自然保护区旅游生态足迹效率值是 8858 元/hm²，退耕还林还草面积是 526.64hm²，根据式(7-4)可以计算退耕还林还草的游憩功能价值：

$$V=ETef \times S \tag{7-4}$$

式中，V 代表游憩功能价值；ETef 代表旅游生态足迹效率；S 代表退耕还林还草的面积。

计算得出，退耕还林还草的游憩功能价值是 466.50 万元，这可以作为生态补偿上限标准，因此唐家河自然保护区社区居民 2012 年每户最高应得补偿 1085 元，人均最高应得补偿 296 元。

(3)生态补偿合理标准。

生态补偿的合理标准以旅游者与社区居民的生态足迹效率之差计算(郑敏和张伟，2008)。唐家河自然保护区 2012 年旅游者与社区居民的生态足迹效率之差为 5766 元/hm²，退耕还林还草的面积为 526.64hm²，根据式(7-5)可以计算居民的生态补偿值(郑敏，2008；冯国杰，2014)：

$$EC=(ETef-Eef) \times S \times k \tag{7-5}$$

式中，EC 代表居民生态补偿价值；ETef 代表旅游生态足迹效率；Eef 代表居民生态足迹效率；S 代表退耕还林还草的面积；k 代表生态补偿调节系数，计算时取 k 为 1。

计算结果是 303.66 万元，这可以作为生态补偿合理标准，因此唐家河自然保护区 2012 年社区居民每户应得补偿 706 元，人均应得补偿 194 元。

第8章 案例研究1——四川卧龙自然保护区 生态旅游开发

卧龙自然保护区始建于1963年，1983年3月成立卧龙特别行政区，实行部、省双重领导体制。卧龙自然保护区的保护目标是创建"世界一流的生物多样性保护基地，人与自然和谐相处的典范"。卧龙自然保护区是以保护大熊猫及其栖息地为主的全球生物多样性保护关键区。

卧龙自然保护区已成为享誉中外的旅游知名品牌(刘记，2005)。卧龙自然保护区是四川省实施大熊猫品牌战略的主要支撑点，耿达镇还是全省重点打造的20个民族风情型特色旅游集镇之一。但目前关于卧龙自然保护区比较完整、系统的生态旅游研究还未形成。

8.1 研究地区概述

卧龙自然保护区范围为北纬30°45′～31°25′，东经102°51′～103°24′。保护区东西长52km，南北宽62km，全区总面积2000km^2，是国家和四川省命名的"科普教育基地""爱国主义教育基地"。卧龙自然保护区是我国建立最早、栖息地面积最大、以保护大熊猫及高山森林生态系统为主的综合性自然保护区，是2006年7月世界遗产大会批准列入世界自然遗产名录的"卧龙·四姑娘山·夹金山脉"四川大熊猫栖息地最重要的核心保护区。卧龙自然保护区的地质地貌、气候条件、土壤条件、水文条件及水资源条件见表8.1。

表8.1 卧龙自然保护区自然地理概况

条件类别	概况
地质地貌	地貌形态以高山深谷为主，地势由西北向东南递减。东南部山地海拔多在3200m左右，西北部山地海拔在4000m以上，沿巴朗山、四姑娘山及北部与理县接壤的山地海拔均在5000m左右。境内海拔超过5000m的山峰有101座，四姑娘山最高峰幺妹峰高达6250m，是四川省第二高峰，东部的木江坪海拔最低，仅1150m。
气候条件	属青藏高原气候带，为典型的亚热带内陆山地气候。保护区气候特点是年温差较小，干湿季节分明，降雨量集中。随着海拔的增高，从山谷到山顶形成了亚热带、温带、寒温带、寒带、高寒带、极高山寒冻冰雪带等不同的气候垂直谱。"一山有四季，十里不同天"这句话充分反映了保护区的气候特征。保护区最高气温为29.8℃，最低气温为-11.7℃，年平均气温为8.9℃。年日照时数为949.2小时，无霜期为180～200天。年均降雨量为888.0mm，主要集中于5～9月。年蒸发量为883.1mm，相对湿度为80%。
土壤条件	从河谷到山顶，保护区内土壤类型呈现垂直分布特征，从山地黄壤、山地棕壤、山地暗棕壤、山地棕色暗叶林土、亚高山草甸土、高山草甸土、高山寒土至现代冰川的冰舌前缘。由于海拔高，地形复杂，保护区内耕地面积较小，且能耕作的土地较贫瘠。
水文条件及水资源条件	主要有皮条河、中河、西河和正河4条河流，水资源较为丰富。河流丰水期在5～10月，枯水期在11月～次年4月，洪峰期多在7～8月出现。境内河流主要靠降水、融雪水和地下水补给，其特点是流程短、落差大、水能蕴藏丰富。河流水体清澈透明，泥沙含量极低，水质佳。区内已发现3处温泉，具有较大开发价值的是卧龙银厂沟温泉，其水温为40℃，水质无色透明，属优质矿泉水。

8.2　自然资源评价

1. 生物多样性

卧龙自然保护区地处横断山脉北部，是南北生物的"交换走廊"，区内动植物种类繁多，生物多样性保护价值极高。区内野生植物共计 4000 余种，共有脊椎动物 82 科 450 种，其中还保存了不少古老孑遗物种和特有物种，物种多样性极其丰富。

2. 物种珍稀性

卧龙自然保护区无论动物稀有种还是植物稀有种在四川省乃至全国都占很大比重，其珍稀动植物丰富，有包括大熊猫、金丝猴、扭角羚、白唇鹿、雪豹等在内的国家 I 级保护动物 15 种，有国家 II 级保护动物 42 种。其重点保护对象大熊猫是中华民族的国宝，在全球范围内具有独特的稀有性。卧龙是国际上公认的"熊猫之乡"。此外，区内还有珙桐等已知的国家重点保护植物 13 种，其中国家 I 级保护植物有 4 种，国家 II 级保护植物有 9 种。

3. 生境多样性

卧龙自然保护区植被垂直带谱明显，植被类型多样，维持着丰富的动物多样性，从而具有丰富的生物多样性。卧龙自然保护区有大熊猫栖息地约 11.46 万 hm^2，同时拥有大面积保存完好的天然林。

4. 生态系统典型性

卧龙自然保护区常年空气湿润，区内呈现出典型的过渡地带特征，是利于生物繁衍的自然生态系统。

5. 生态系统脆弱性

卧龙自然保护区主要保护物种对于环境的干扰较为敏感。由于 350 国道的阻隔，野生动物栖息地呈现破碎化状态。此外汶川大地震也对生态系统造成严重破坏。

6. 面积适宜性

卧龙自然保护区现有面积为 20 万 hm^2，区内自然生态系统的结构和功能保持完好，大熊猫、金丝猴、扭角羚等主要保护对象能在区内完成生息繁衍、取食、迁徙等生命活动。保护区总面积适宜。

7. 生态区位重要性

卧龙自然保护区是长江中下游地区生态安全的保障，生态区位极其重要。

8. 潜在地质研究价值

卧龙自然保护区处在东亚两大地质构造单元——东部的华南亚板块与西部的青藏亚

板块的接合部。厚达万米的三叠系属于古特提斯海的沉积，尤其是夹金山南麓的砾状灰岩
—钙质浊积岩—枕状玄武岩沉积系列，更是研究地质构造演化的典型场所。因此，保护区
对于从特提斯海到青藏高原隆起和横断山系形成的地质演化过程的研究，具有重要的地质
保护价值。

9. 科研价值

卧龙自然保护区有世界上最大的大熊猫种群和适宜栖息地，其因丰富的物种资源、典
型的生态系统类型、独特的地形地貌，是进行相关生物科学研究的重要基地。保护区开展
了多年的大熊猫保护研究，积累了丰富的科研资料，取得了举世瞩目的科研成绩。保护区
为大熊猫及高山森林生态系统研究提供了重要的野外试验基地和室内研究平台，同时拥有
大熊猫研究的国际交流与合作平台，具有极高的科研价值。

8.3 社区资源及社区参与

卧龙自然保护区的社区包括卧龙、耿达两镇的 6 个村，另外还有三江镇的草坪村、席草村。

8.3.1 社区状况分析

（1）社区土地资源。卧龙自然保护区林地均为国有林。土地资源在卧龙自然保护区毫
无疑问是稀缺的，村镇部分村民的生产区域在海拔 1500～3000m 的缓冲区甚至是在核心
区内，这对保护不利，所以"5·12"汶川地震以后多数村民下迁到河坝集中居住地。

（2）社区民族。卧龙镇卧龙关村藏族人口比例达到 89%，其他村子藏族人口比例也均
在 65%以上，汉族、羌族人口比例高于回族、满族、苗族。村民普遍信佛教。

（3）社区人居环境。地震灾后重建改善了村民的住房条件，房屋的坚固性、宜居性、
美观性都远远超过震前。统建房宽敞明亮、居住集中，实现了社区绿化、道路硬化、河道
整治、养猪房集中建设、文化活动室建设、用电用水改造、体育场地设施建设等，电视信
号良好，购物条件得到根本改善。

（4）社区生态环境。卧龙自然保护区为耿达和卧龙两镇配备了垃圾集中与转运设施，
能够确保垃圾本地或异地无害化处理。村民用上自来水及水冲式厕所，猪圈与住房分离，
卫生条件明显改善；村民用电做饭取暖，电费较低，生活质量大大提高，村容村貌有明显
改观。村民对自然资源的依赖减少，不再有用薪柴取暖做饭的需求，每年节日婚嫁烧篝火、
餐馆烹制烧烤食物所需的木柴，一般在汛期靠打捞水柴就足够。

（5）社区生态保护。卧龙自然保护区的生态保护产业蓬勃发展，生态保护与经济发展
有机结合，积极吸纳保护区的村民成为保护区的工作人员，一方面充实了保护区的工作人
手，另一方面提高了村民的经济收入。

8.3.2　社区参与社区共管

自然保护区与社区的关系一直是自然保护区管理部门面临的重要问题,长期以来占主流的观点认为两者是矛盾的关系。生态保护与社区经济密切相关的事务分属于不同部门管理,这使得生态保护和经济发展的部分工作很难顺利进行。1983 年 3 月,国务院批准成立卧龙特别行政区,卧龙自然保护区管理局和卧龙特别行政区政府同属一套人马,化解了上述矛盾。

卧龙自然保护区的生态保护产业区域(包括实验区)大部分位于缓冲区,部分位于核心区,其总面积约为 $501km^2$,占卧龙自然保护区总面积的 25.1%。保护区管理局将这些区域划分到村民户头,与村民签订合同,落实保护责任,保护区管理局每年检查两次,保护区将国家划拨的天然林保护经费从直接发放给村民转变为村民履行保护责任,检查保护质量后再进行发放。保护区在国家退耕还林资金的基础上,开展退耕还竹工作,再拿出资金加大保护责任的收益,使村民有参与保护的积极性和责任感。

8.4　生态旅游资源分类与评价

8.4.1　生态旅游资源分类

依据王建军等(2006)提出的景观和环境并重的生态旅游资源分类与评价体系,结合《旅游资源分类、调查与评价》(GB/T 18972—2003)国家标准,对卧龙自然保护区旅游资源进行调查,结果表明,其分为 8 个主类 27 个亚类 86 个基本类型(表 8.2)。

表 8.2　卧龙自然保护区旅游资源分类

主类 (8)	亚类(27)	基本类型(86)	代表性资源
A 地文景观	AA 综合自然旅游地	AAA 山丘型旅游地	四姑娘山、巴朗山
		AAD 滩地型旅游地	巴朗山流石滩
		AAF 自然标志地	大熊猫遗产核心区
		AAG 垂直自然地带	巴朗山、邓生沟
	AB 沉积与构造	ABA 断层景观	皮条河、耿达、映秀断裂带、油竹坪断层、银厂沟断层
		ABB 褶曲景观	总棚子倒转腹背斜、三道卡子倒转腹向斜、油竹坪褶皱
		ABD 地层剖面	银厂沟峭壁
		ABE 钙华与泉华	热水塘、银厂沟
		ABF 矿点矿脉与矿石积聚地	南华山金矿
	AC 地质地貌过程形迹	ACB 独峰	四姑娘山、大雪塘
		ACD 石(土)林	磨子沟的磨盘石、水草坪沟的冰碛石林

主类 (8)	亚类(27)	基本类型(86)	代表性资源
A 地文 景观	AC 地质地貌 过程形迹	ACE 奇特与象形山石	银厂沟的鹰咀岩、虎头岩，观音岩
		ACF 岩壁与岩缝	银厂沟、正河
		ACG 峡谷段落	银龙峡沟、正河峡沟、卧龙河峡谷
		ACH 沟壑地	英雄沟、邓生沟
		ACL 岩石洞与岩穴	梯子沟山洞、英雄沟口听泉洞、水镰洞
	AD 自然变动 遗迹	ADA 重力堆积体	月亮湾滑坡
		ADB 泥石流堆积	大阴沟
		ADC 地震遗迹	中桥、转经楼村农房地震损坏遗址、卧龙自然与地震博物馆
		ADF 冰川堆积体	向阳坪至巴朗山垭口地段、大雪塘冰川
		ADG 冰川侵蚀遗迹	4000m 以上巴朗山角峰、刃脊
		ADH 现代冰川	卧龙西、北部极高山区发育有 14 条现代冰川
B 水域 风光	BA 河段	BAA 观光游憩河段	皮条河、正河沿岸
	BB 天然湖泊 与池沼	BBA 观光游憩湖区	正河源头的大海子、双海子、深海子、小海子、海子沟的海子等；卧龙关沟源头的海子、梯子沟尾的大海子；龙潭电站、熊猫电站大坝湖区
		BBB 沼泽与湿地	上圣沟至邓生沟沼泽
	BC 瀑布	BCA 悬瀑	英雄沟龙隐瀑、银厂沟灵仙瀑、白龙沟白龙瀑、正河哈达瀑、青杠坪瀑布
		BCB 跌水	正河、皮条河、西河、中河
	BD 泉	BDB 地热与温泉	银厂沟热水塘温泉
	BF 冰雪地	BFA 冰川观光地	熊猫王国之巅观大雪塘冰川、巴朗山垭口观四姑娘山冰川
		BFB 常年积雪地	大雪塘、四姑娘山、巴朗山
C 生物 景观	CA 树木	CAA 林地	邓生沟、英雄沟原始森林
		CAB 丛树	巴朗山杜鹃林
		CAC 独树	邓生沟原始森林
	CB 草原与草 地	CBA 草地	贝母坪、黄草坪
		CBB 疏林草地	贝母坪、黄草坪
	CC 花卉地	CCA 草场花卉地	巴朗山
		CCB 林间花卉地	邓生沟、英雄沟
	CD 野生动物 栖息地	CDB 陆地动物栖息地	大熊猫、岩羊、牛羚
		CDC 鸟类栖息地	百燕、高山鸟类
		CDE 蝶类栖息地	正河至邓生沟高山蝶类
D 天象 与气候 景观	DA 光现象	DAA 日月星辰观察地	嗅水沟尾海拔 3247m 的观日峰
		DAB 光环现象观察地	银厂沟飞天小瀑可见美丽的彩虹
	DB 天气与气 候现象	DBA 云雾多发区	向阳坪、贝母坪云海
		DBB 避暑气候地	耿达镇、卧龙镇
		DBE 物候景观	正河、皮条河沿岸四季景观

续表

主类 (8)	亚类(27)	基本类型(86)	代表性资源
E 遗址 遗迹	EB 社会经济 文化活动遗址 遗迹	EBA 历史事件发生地	大熊猫科研重大突破、赠送交流外交事件
		EBC 废弃寺庙	三江乡宝顶山的盘龙寺、耿达黄泥坡的转经楼
		EBD 废弃生产地	银厂沟矿厂
		EBE 交通遗迹	牛头山至烧火坪段古道遗迹，转经楼茶马古道
F 建筑 与设施	FA 综合人文 旅游地	FAA 教学科研实验所	中国大熊猫保护研究中心、卧龙生态展示教育培训中心、五一棚
		FAB 康体游乐休闲度假地	梦幻三江
		FAC 宗教与祭祀活动场所	喇嘛寺、玉皇庙、娘娘庙、三圣庙、观音庙
		FAD 园林游憩区域	卧龙管理局所在地、狩猎部落、梦幻三江
		FAE 文化活动场所	卧龙生态展示教育培训中心
		FAF 建设工程与生产地	巴朗山隧道
		FAH 动物与植物展示地	黄草坪大熊猫科研繁育基地、卧龙生态展示教育培训中心
		FAK 景物观赏点	巴朗山垭口、观日峰
	FB 单体活动 场馆	FBC 展示演示场馆	自然与地震博物馆、大熊猫科研繁育基地、生态展示教育培训中心
		FBE 歌舞游乐场馆	梦幻三江
	FC 景观建筑 与附属型建筑	FCB 塔形建筑物	梦幻三江
		FCC 楼阁	羌藏碉楼
		FCI 广场	卧龙管理局所在地
		FCK 建筑小品	狩猎部落、梦幻三江
	FD 居住地与 社区	FDA 传统与乡土建筑	藏族与羌族传统建筑
		FDB 特色街巷	卧龙老街
		FDC 特色社区	狩猎部落、草坪村度假新村
	FE 归葬地	FEA 陵区陵园	水界牌
	FF 交通建筑	FFA 桥	三道桥
		FFB 车站	卧龙客运中心
		FFE 栈道	牛坪栈道、正河栈道
	FG 水工建筑	FGA 水库观光游憩区段	龙潭电站、熊猫电站大坝湖区
		FGD 堤坝段落	龙潭电站、熊猫电站等电站大坝
G 旅游 商品	GA 地方旅游 商品	GAA 菜品饮食	藏族羌族特色饮食
		GAB 农林畜产品与制品	老腊肉、砸酒、高山野菜/野果制品
		GAD 中草药材及制品	天然中草药天麻、贝母等
		GAE 传统手工产品与工艺品	大熊猫手工艺纪念品、羌绣

主类 (8)	亚类(27)	基本类型(86)	代表性资源
H 人文 活动	HA 人事记录	HAB 事件	大熊猫科研重大突破、赠送交流外交事件
	HC 民间习俗	HCA 地方风俗与民间礼仪	藏族锅庄
		HCB 民间节庆	农历元月歌仙节等、十月初一羌历年
		HCC 民间演艺	锅庄、藏戏
		HCD 民间健身活动与赛事	赛马会
		HCE 宗教活动	祭山会、朝庙会
		HCF 庙会与民间集会	四月初一祭山会、正月初一朝庙会
		HCG 饮食习俗	藏族羌族饮食习俗、九大碗、洋芋糍粑
		HGH 特色服饰	羌式、藏式服装
	HD 现代节庆	HDA 旅游节	国际熊猫节

8.4.2 生态旅游资源评价

生态旅游资源评价是运用一定的方法对其价值作出评价的过程(丁季华，1998)，其方法总体上有定性评价、定量评价、定性和定量相结合的综合评价(甘枝茂和马耀峰，2000)。

1. 定性评价

定性评价是以美学理论为基础，用审美观点评价其观赏价值、文化艺术价值和科学保护价值(钟林生等，2003)，如保继刚的经验评价法、黄辉石的"六字七标准"评价法、卢云亭的"三三六"评价法。

卧龙自然保护区是四川省实施大熊猫品牌战略的主要支撑点，耿达镇还是全省重点打造的 20 个民族风情特色旅游集镇之一。卧龙自然保护区拥有丰富的自然和人文旅游资源，其气候垂直差异明显，动植物种类繁多，目前仍然保持着原始的天然生态系统。同时，卧龙地处民族文化走廊，藏族、羌族、汉族等多民族文化相互融合，形成了独特的地域文化。

(1)拥有国际旅游品牌——大熊猫。大熊猫是中华国宝，也是保护区生态旅游的国际品牌。卧龙是"大熊猫的故乡"，被誉为"熊猫王国"，在国内外都享有很高的声誉，是四川乃至全国对外交流的一个窗口。

在卧龙能同时从小尺度、中尺度、大尺度看大熊猫，这是全国独有的。其中小尺度意为看熊猫的繁育、抚养及不同年龄阶段的熊猫形态；中尺度意为可以近距离观赏半放养状态下大熊猫的生活习性；大尺度意为游客可以在专业人员的带领下寻找野生大熊猫，观察其野外生存状态。

(2)拥有国际知名的大熊猫科研基地。卧龙自然保护区是联合国"人与生物圈保护区网"成员单位，在核桃坪建有世界上规模最大的大熊猫繁育基地。中国保护大熊猫研究中心是目前世界上大熊猫保护研究的权威机构。保护区熊猫沟拥有世界著名的"五一棚"野外大熊猫观察基地，自 20 世纪 70 年代以来，就有一大批中外专家在此长期开展野生大熊猫的观测和研究。

（3）自然生态优势突出——大自然的广谱基因库。卧龙自然保护区原生态自然优势极为突出，形成自然资源层次丰富、类型多样的珍稀动植物生态系统。深邃神奇的峡谷、立体交错的原始森林、辽阔壮观的高山草甸、种类繁多的野生动植物，是"大自然的广谱基因库"，是我国西南高山地区典型的自然综合体，呈现出迷人的原始自然风光。

（4）四季季相景观丰富多彩。卧龙属高山峡谷区，西风急流南支和东南季风控制着该区的主要天气过程。卧龙自然保护区四季气候变化相当明显，四季季相景观各具特色、丰富多彩。

（5）避暑胜地——夏季凉爽气候。卧龙自然保护区内属青藏高原气候带，其特点是年温差较小，是夏季避暑的好去处。

（6）藏羌民族文化底蕴深厚。卧龙自然保护区以原生态自然景观为背景，以淳朴的嘉绒藏族和羌族在漫长岁月里沉淀下来的神秘独特的民族风情为内涵，呈现给旅游者交相辉映、天人合一的迷人景象。

（7）社区参与。卧龙是传统的农业区，当地居民参与旅游业，乡土文化有潜力。

2. 定量评价

按照《旅游资源分类、调查与评价》（GB/T18972—2003）的相关标准（表 8.3、表 8.4），对卧龙自然保护区 31 个旅游资源进行评价打分。按照表 8.3 的等级标准进行定级。评价结果为卧龙自然保护区旅游资源有优级 3 个、良级 9 个、普通级 14 个、无级 5 个（表 8.5）。

表 8.3　旅游资源评价赋分标准　　　　　　　　　　（单位：分）

资源要素价值（85 分）					资源影响力（15 分）		附加值
观赏游憩使用价值	历史文化科学艺术价值	珍稀奇特程度	规模/丰度/概率	完整性	知名度/影响力	适游期/使用范围	环境保护/环境安全
1～30	1～25	1～15	1～10	1～5	1～10	1～5	（-5～3）

表 8.4　旅游资源评价等级

旅游资源分值和等级	5 级	4 级	3 级	2 级	1 级	无极
分值/分	≥90	75～89	60～74	45～59	30～44	≤29
等级	特品级	优级	良级	普通级		

表 8.5　卧龙国家级自然保护区旅游资源等级

旅游资源等级	数量/个	旅游资源名称
优级	3	大熊猫野化培训基地(核桃坪)、梦幻三江、中国保护大熊猫研究中心卧龙基地
良级	9	正河沟、邓生沟、自然与地震博物馆(沙湾)、巴朗山垭口、英雄—熊猫沟、熊猫王国之巅、贝母坪、银厂沟、卧龙生态展示教育培训中心
普通级	14	梯子沟—魏家沟、三道桥、足木山村、黄草坪、草坪村度假新村、喇嘛寺、三江镇、卧龙老街、幸福村、七层楼沟、熊猫电站大坝、转经楼村、牛厂栈道、玉皇庙
无级	5	贾家沟、卧龙关村—川北营、花红树居民点、席草村、水界牌

8.5　生态旅游市场分析及营销

8.5.1　生态旅游市场分析

在卧龙自然保护区景区入口处及保护区各景点采用问卷调查、统计分析和访谈的研究方法，对旅游市场进行调查研究。为了使调查能够客观地反映出卧龙生态旅游市场的实际情况，调查考虑了旺季和平季。

1. 人口学特征分析

(1)性别构成。调查资料显示，参加卧龙自然保护区生态旅游的女性约占调查人数的52.5%，男性约占47.5%。

(2)年龄构成。卧龙自然保护区生态旅游者的年龄构成见表8.6，结果表明，15～44岁是卧龙自然保护区生态旅游的主要市场，两者总和占调查人数的85.7%。

表8.6　卧龙自然保护区生态旅游者年龄构成

	≤14岁	15～24岁	25～44岁	45～64岁	≥65岁
占比/%	6.1	39.6	46.1	6.4	1.8

(3)文化程度构成。被调查的卧龙自然保护区生态旅游者的文化程度构成见表8.7，结果表明，来卧龙自然保护区旅游的生态旅游者的总体文化程度较高，符合生态旅游发展的需要。

表8.7　卧龙自然保护区生态旅游者文化程度构成

	初中及以下	高中（含中专）	大专及大学	研究生及以上
占比/%	11.2	30.5	54.5	3.8

(4)职业构成。参加卧龙自然保护区生态旅游的游客排行前5位的职业依次为：企事业单位管理人员、教师、其他(这里主要为无职业者)、公务员、个体户，所占比例分别为23.8%、17.8%、17.1%、13.1%、10.7%。这5大细分市场约占整体市场的82.5%。由于卧龙生态旅游市场主要由上述5类人群构成，应该加强针对上述5类人群的产品设计和促销。

(5)游客收入构成。从卧龙自然保护区生态旅游者收入调查数据(表8.8)来看，月收入2001～3000元的约占23.9%，比例最高，其中月收入1000元以下的主要是学生、农民和无职业者(多为家庭主妇)。

表 8.8　卧龙自然保护区生态旅游者收入构成

	≤1000	1001～2000	2001～3000	3001～5000	≥5001
占比/%	15.7	20.4	23.9	21.2	18.8

2. 行为学特征分析

(1)游客了解生态旅游产品的途径。在卧龙自然保护区游客了解生态旅游产品的途径构成中(表 8.9),通过亲友介绍的占 28.6%,说明目前卧龙生态旅游宣传途径主要是口碑宣传。因此,卧龙自然保护区生态旅游在以后的发展过程中应做好宣传工作。

表 8.9　卧龙自然保护区生态旅游者了解生态旅游产品的途径构成

	亲友介绍	书报	广播/电视	互联网	传说/典故	旅行社	其他
占比/%	28.6	2.7	22.5	22.0	6.2	1.5	16.5

(2)游客旅游动机。卧龙自然保护区生态旅游者的旅游动机调查结果显示,排行前三位的是体验与了解自然、休闲度假、观赏野生动植物,比例分别为 26.9%、25.2%和 24.8%,这是来卧龙的主要旅游动机,共占 76.9%。因此,开发卧龙生态旅游产品时要充分把握市场需求,体现本土特色,要特别注意增强旅游项目的体验性、参与性,同时不要忽略对科考、探险等市场的开拓。

(3)旅游方式分析。调查结果显示,卧龙自然保护区游客的旅游方式以与朋友结伴和与家人一起为主,比例分别高达 45.2%和 42.6%,另外,单位组织的旅游方式占 2.5%,单独一人的旅游方式占 9.3%,以旅行社方式出游的仅占 0.4%,说明卧龙生态旅游以散客为主,也表明与此有关的旅行社行业欠发展。

(4)游客停留时间。游客停留时间长短受旅游地距离、旅游活动性质等因素影响。卧龙自然保护区游客停留时间调查数据显示(表 8.10),当天返回的游客和过客所占比例最高,他们多是四川省内游客;其次是 2～3 天的游客较多。

表 8.10　卧龙自然保护区生态旅游者停留时间

	≤1 天	2～3 天	4～5 天	6～7 天	≥8 天
占比/%	48.5	19.4	15.5	9.6	7.0

(5)游客旅游花费构成。从卧龙自然保护区游客调查数据来看(表 8.11),旅游总花费 100 元及以下的比例最高,这主要是因为旅游者多是一日游旅游者和过客;其次是 101～200 元、201～300 元,占比随花费金额增多基本上呈现递减趋势。

表 8.11 卧龙自然保护区生态旅游者花费金额构成

	≤100 元	101～200 元	201～300 元	301～500 元	501～700 元	701～900 元	≥901 元
占比/%	38.2	20.4	12.4	11.8	8.6	2.7	5.9

总消费额中花费项目主要为餐饮、住宿、交通，比例分别为 36.1%、26.4%、14.7%；购物和娱乐所占比例较小，分别占 12.5%和 10.3%。说明卧龙自然保护区生态旅游产品还没有充分发挥经济功能，生态旅游商品和娱乐项目还不丰富。

(6)游客出游时间。卧龙自然保护区生态旅游者出游率最高的还是在法定节假日，占 39.4%，这跟国家的休假制度有很大关系，同时进一步说明，生态旅游参与者的主流是固定职业者；另外，平时空闲时间出游的比例占 36%。

(7)决定游客旅游的最主要因素。对卧龙自然保护区调查发现，有 68.5%的旅游者认为个人兴趣是决定旅游的最主要因素；有 14.5%的旅游者认为经费问题是决定旅游的最主要因素，选此选项的主要是低收入人群和学生。时间、距离和季节对旅游的决定性作用较小。

(8)游客对"生态旅游"的了解程度。对卧龙自然保护区调查发现，有 44.3%的游客对生态旅游仅处于听说过但不够了解的程度，较为了解的占 36.8%，非常了解的占 9.5%，完全没听说过的占 9.4%。

(9)游客生态旅游环境保护意识。本书将乱扔垃圾的行为作为考察游客对生态旅游环境保护意识的一个指标。对卧龙自然保护区游客调查显示，具有环境保护意识的人占多数，达到 90%以上。其中 71.6%的游客认为不应在景区乱扔垃圾；40.2%的游客认为看到垃圾应该主动捡起来，维护环境卫生；12.2%的游客认为遇到别人乱扔垃圾的情况会主动上前阻止劝说；只有少数游客回答看到垃圾会当作没有看到。

(10)游客对景区不满意的方面。在对卧龙自然保护区景区的评价中，有 58.5%的游客认为景区基础设施不够完善；有 32.5%的游客认为旅游服务设施不够完善；有 25.6%的游客认为景区商品吸引力不够强；有 22.8%的游客认为景区建筑太多，视觉污染严重；有 9.6%的游客认为景区服务水平和服务态度差。

8.5.2 生态旅游市场营销

市场营销规划主要包括生态旅游市场细分、目标市场选择、营销策略制订等步骤(游云飞，2001)。本书通过对卧龙自然保护区的调查研究，做出以下市场营销方案。

近年来卧龙的知名度不断提升，客源市场范围不断拓展。国内营销宣传主要是针对川渝两地，海外主要客源对象是日本、韩国、澳大利亚等国家，而在国内沿海发达地区及海外市场还拥有较大的发展空间和市场潜力，卧龙世界级生态旅游目的地的地位有待进一步加强。针对地震灾后游客信心不足的问题，需要打造卧龙以科普研修为主要形式的生态旅游新形象，并采取相关促销策略推动生态旅游的发展。

1. 目标客源市场分析

1) 按客源市场地理位置

(1) 一级市场(核心市场): 成都、重庆市场。与卧龙自然保护区共同竞争这一市场的旅游景区较多,彼此资源有较大的共性,产品差异化程度不高,市场竞争激烈。

(2) 二级市场(重点市场): 珠三角、长三角、京津、华中地区客源市场以及西部客源市场。这个市场经济发达,人口众多,旅游消费水平高,市场前景广阔。

(3) 三级市场(机会市场): 国内其他地区市场及海外市场。这是传统远程客源市场。在质量和效益方面,欧美等传统远程客源市场是卧龙自然保护区应重点开发的核心市场。

2) 按客源市场需求特征

根据游客调查结果,结合震后旅游开发现状,将主要的客源市场定位为环境教育与培训市场、观光与休闲游市场两类。

(1) 一级市场(核心市场): 对大熊猫及大熊猫栖息地情有独钟的人群,以国内外青少年学生、学者、背包客参观学习为主。

(2) 二级市场(重点市场): 崇尚自然和乡土民俗文化的人群,以休闲疗养的中老年人群为主。

(3) 三级市场(机会市场): 其他人群。

3) 专项市场

邻近都市(如成都、重庆)的商务、会务市场。包括公司活动、会议、展览、奖励旅游,以及各种休闲度假和避暑养生市场。

2. 游客规模预测

随着卧龙自然保护区旅游基础设施的改善,行、游、住、食、购、娱六大要素有机结合的旅游服务体系逐渐形成,保护区的旅游形象和知名度将进一步提升。根据目前的旅游发展现状,在生态旅游项目全面实施后,预计每年将有 50 万人次以上的稳定客源。

8.5.3　营销形象口号

根据卧龙自然保护区生态旅游资源、景观和产品特色,在不同的场合,面对不同的目标市场和生态旅游消费者,围绕"天下卧龙　熊猫王国"的旅游总体形象定位和"世界自然遗产地＋野生大熊猫栖息地"的核心口号,利用如下营销形象口号,开展营销活动,并不断深化和拓展。

1. 主题口号

览大熊猫奇观,游原生态风光;
亲近大熊猫,探秘四姑娘;
可爱大熊猫,温馨卧龙情。

2. 配套口号

针对震后宣传——情牵卧龙，心系熊猫；

卧龙自然保护区——熊猫王国；

耿达镇——守护大熊猫的古老藏族民俗镇；

幸福沟——欢聚熊猫部落；

正河沟·银龙峡谷——伴生动植物探秘；

卧龙镇——回归熊猫庄园；

熊猫沟——野生大熊猫寻踪；

邓生沟——古生态垂直穿越；

巴朗山——熊猫王国之巅。

3. 深化口号

"大熊猫的故乡""熊猫王国"——中国卧龙；

世界上规模最大的大熊猫繁育基地——中国卧龙；

泉瀑叠溪、高峡平湖、高山海子——柔情似水的卧龙；

现代冰川、雪凇雾凇、山舞银蛇——雪域风情的卧龙；

日出云海、霞光彩虹——梦幻绚丽的卧龙；

熊猫王国之巅——巴朗山；

生命家园，知识胜地——中国卧龙生态和知识之旅；

生物多样性王国，大自然的广谱基因库——中国卧龙原始自然之旅；

淳朴的嘉绒藏族和羌族故地——中国卧龙民族文化之旅；

春赏百花—秋望叶—夏有凉风—冬听雪——四季卧龙之旅。

8.5.4 市场营销策略

1. 产品营销策略

产品营销策略有生态化策略、差异化策略和个性化策略。

2. 价格策略

价格是调节旅游需求的一个杠杆，保护区应高度重视价格策略的制定。一要通过调整价格来调控游客的数量；二要根据季节、产品、游客三要素制定出不同层次的价格体系；三要在价格方面采取一定的鼓励措施，吸引更多的回头客。根据这三个原则拟定以下价格策略。

(1)根据旅游淡旺季实行不同价格。如"五一"、"十一"黄金周为旺季，景区管理压力加大，对生态环境及动植物的影响加大，可提高门票价格；冬季游客少，为淡季，可降低门票价格。

(2)对特殊群体实行不同的价格。比如对老人、儿童、残疾人员及当地居民实行优惠价格。

(3)薄利多销策略。对团体购票者，根据人数采取一定的折扣优惠。

(4) 与相关旅游景点联合推出套餐门票。

3. 促销策略

卧龙促销策略组合见表 8.12。

表 8.12　卧龙自然保护区促销策略组合表

序号	促销方式	内容
1	广告促销	主要针对成都、重庆等电视媒体，同时有选择性地辐射上海、广州等地的相关媒体。一是制作卧龙旅游形象广告宣传片，重点选择目标市场电视台和旅游频道播出；二是拍摄制作卧龙旅游电视宣传专题片；三是赞助一些比赛活动，如摄影大赛、游记创作大赛等，通过比赛间接宣传。
2	网络推广	网络促销是一种新的促销形式，具有覆盖面广、形式多样、快捷有效的优点。主要利用网站、旅游商务信息系统等网络平台进行旅游信息的发布和促销。建立卧龙旅游门户网，使其成为景区景点宣传、保护区新闻发布、天气预报等的平台。通过筛选确定一些有影响的网站，在这些网站上插入卧龙自然保护区广告。
3	节庆活动	利用当地节庆活动提高关注度，举办大型主题活动和节庆活动，吸引目标市场和机会市场的参与。一是定期举办主题活动，如卧龙紫荆花节、冰雪节、漂流节等；二是在节日期间举行优惠活动、有奖活动和体验活动。同时争取四川省内商务活动、大型会议及体育赛事，从而展示卧龙自然保护区旅游形象。
4	公共关系	一是与新闻媒体保持良好的关系，及时向新闻人员提供稿件，适时邀请报刊记者、旅游作家及电台节目主持人到卧龙考察游览。二是协调与政府部门的关系。三是与旅行社、宾馆、饭店保持信息沟通并结成利益共同体。四是与一些企业合作，在企业的产品销售中用抽奖的方式使更大范围的人到保护区游玩。五是响应政府号召的公益活动，例如资助当地社区的基础设施修建、捐助希望工程等。
5	科普考察	一是与大专院校、科研院所合作，联合开发科普考察项目，组织大学生及中小学生参与卧龙自然保护区科考之旅。二是联合开发高端旅游项目，邀请相关动植物及生态旅游专家参与生态旅游。

旅游促销的目的在于加强旅游地与目标市场游客之间的信息传递和沟通，从而促进游客对地震灾后卧龙的自然状况和人文状况的了解，吸引其参与卧龙生态旅游活动。促销内容要以生态环保、灾后重建为重点，可针对北京、广州和上海等目标人群比较集中的城市开展生态旅游宣传，采取不同的促销手段并进行组合运用。

8.6　生态旅游规划

8.6.1　生态旅游区空间布局

根据大熊猫栖息地生态保护的重要程度，将卧龙自然保护区划分为核心区、缓冲区、实验区。游憩活动应限于实验区内，减少旅游开发和游憩行为对野生大熊猫生境造成的干扰，避免对当地生态环境产生负面影响。同时还应根据卧龙生态旅游资源空间分布、旅游产品利用方式、交通便利程度和灾后地质安全状况等因素，进一步界定游客的游憩活动范围。

综合以上考虑，卧龙生态旅游的基本游憩范围为以省道 303 线为轴线的实验区，形成点带状结合分布的旅游活动空间。

根据卧龙旅游资源禀赋特征、空间分布特征，参照《卧龙国家级自然保护区生态旅游规划》和《四川卧龙国家级自然保护区总体规划》，提炼生态旅游核心资源和最具发展潜力的区域，为减少旅游发展对野生生物栖息地的干扰，旅游活动严格限定在实验区内。旅游范围为以皮条河为轴线的实验区，形成"一轴、两镇、三区"点线面结合的总体格局。

1. 一轴

"一轴"是以贯穿卧龙自然保护区实验区的省道 303 线为轴，构成连接两镇三区主要的游憩通道。

建设的重点是建设成一流的景观大道，严格保护公路两侧的自然景观风貌，积极培育和恢复在地震中受到破坏的地表植被，同时要限制开发建设的强度，除了必要的标桩、指示牌等基础设施之外，尽量减少其他建设活动。

2. 两镇

"两镇"为耿达旅游集镇和卧龙旅游集镇，用作旅游接待基地。两个旅游接待镇要在城镇风貌、城镇文化内涵、城镇印象三方面集中进行打造，形成主题突出、功能齐全、设施完善、风貌独特的旅游接待基地。

(1)耿达镇定位为藏羌民族风情小镇、大众游客的旅游集散中心和服务中心。
(2)卧龙镇定位为国际会议度假中心、中高端消费游客的集散中心和服务中心。

3. 三区

"三区"即保护大熊猫主题旅游区、自然与文化遗产综合体验区及高山生态观光区。
(1)保护大熊猫主题旅游区以幸福沟中国大熊猫保护研究中心为核心区域。
(2)自然与文化遗产综合体验区以卧龙镇为核心区域，主要展示藏羌民俗文化。
(3)高山生态观光区以邓生沟、牛坪、熊猫沟和巴朗山为主。

这些旅游区的建设要服从大熊猫保护，以不破坏自然景观为前提，以"有利于大熊猫生长、繁育和科研保护，有利于大熊猫原生生态环境的保持，有利于游客观赏大熊猫和开展旅游活动"为基本原则。其中重点旅游节点上的建设内容(如游客中心等)要尽量做到与周围自然景观相融合，同时也要有当地文化特色。

8.6.2 生态旅游产品规划设计

卧龙素来以大熊猫故乡而闻名，发展生态旅游要以大熊猫为主体，同时充分利用原生态环境和藏羌民族文化旅游资源，发展相关配套产品，丰富生态旅游的内容。

根据保护优先、可持续发展、环境教育导向等原则，结合卧龙区位条件、景源特点和开发原则，结合卧龙自然保护区的特色和生态旅游的要求，着力开发出科普研修、自然观光、民俗风情、乡土文化 4 类共 19 项旅游产品，并形成多元化产品体系。其中，重点开发大熊猫生态科普游、巴朗山生态观光游和藏羌人文风情体验游等旅游产品。

1. 科普研修教育旅游产品

1)大熊猫科普教育基地科教游

客源对象：热爱大熊猫的大众观光游客、热爱大自然的青少年群体。

依托资源：中国保护大熊猫研究中心、大熊猫博物馆、大熊猫圈养基地。

活动项目：游览幸福沟大熊猫科教园，参观中国保护大熊猫研究中心、大熊猫博物馆和大熊猫圈养基地，开展大熊猫科普生态教育活动。

2）大熊猫栖息地野外科教游

客源对象：喜好猎奇以及户外探险的高端群体，专家、学者，热爱环保教育的青少年群体。

依托资源：银龙峡谷、熊猫沟、邓生沟、黄草坪、五一棚大熊猫野外观察站。

活动项目：参观熊猫沟、银龙峡谷、邓生沟、黄草坪、五一棚等，体验野外生态。

3）自然与地震博物馆科教游

客源对象：热爱大熊猫的大众观光游客、热爱大自然的青少年群体。

依托资源：卧龙自然与地震博物馆、生态展示教育培训中心。

活动项目：科普教育，了解邛崃山系地质地貌、气候水文、土壤植被、生物多样性、民族文化、地震影响等多方面信息。

4）地震遗迹及重建过程科教游

客源对象：专家、学者，对灾后重建感兴趣的群体。

依托资源：卧龙自然与地震博物馆、地震遗迹及灾后重建过程。

活动项目：参观地震遗迹，了解地震后卧龙重建规划过程，体验对灾后重建过程的监督和支持。

2. 自然观光旅游产品

1）沟谷生态体验游

客源对象：户外运动爱好者、摄影爱好者，专家、学者，热爱大自然的青少年群体。

依托资源：邓生沟、银龙峡谷、熊猫沟、正河沟原始森林、峡谷、溪流等。

活动项目：参观英雄沟、银龙峡谷、正河沟、邓生沟等原始森林、峡谷、溪流，开展生态徒步、野营、探险、摄影等活动。

2）巴朗山高山生态观光

客源对象：户外运动爱好者、摄影爱好者，专家、学者，热爱大自然的青少年群体。

依托资源：向阳坪云海、巴朗山高山草甸、贝母坪、邓生沟、巴朗山垭口。

活动项目：参观向阳坪云海、巴朗山高山草甸、邓生沟旅游栈道、巴朗山垭口等原始森林、高山草甸，从事观光体验、徒步探险、观鸟、登山运动。

3）生态休闲运动体验游

客源对象：户外运动爱好者、摄影爱好者，热爱大自然的青少年群体。

依托资源：黄草坪、苍旺沟、牛坪生态休闲运动体验区。

活动项目：参观黄草坪至苍旺沟环线，在牛坪体验休闲、户外运动，从事观光体验、徒步探险、登山运动。

4）索道观光游

客源对象：户外运动爱好者、摄影爱好者，热爱大自然的青少年群体。

依托资源：大熊猫研究中心至牛坪一带的自然风光。

活动项目：参观大熊猫研究中心园区内至牛坪一带的自然风光，从事观光、体验休闲、探险及登山运动。

5）野化熊猫观察

客源对象：热爱大熊猫的大众观光游客，摄影爱好者，专家、学者，热爱大自然的青少年群体。

依托资源：黄草坪大熊猫。

活动项目：参观黄草坪大熊猫野化驯养过程，开展大熊猫科普生态教育活动。

6）度假体验游

客源对象：户外运动爱好者、摄影爱好者，专家、学者，喜欢休闲疗养的中老年群体。

依托资源：崔家地区域的风光、獐牙杠滨河风光。

活动项目：感受崔家地区域的风光及旅客休憩场所，体验耿达（苏家地）及对岸獐牙杠滨河风光，从事度假体验、徒步探险、观鸟等活动。

3. 藏羌民俗旅游产品

1）藏羌村寨风情体验

客源对象：喜欢大熊猫、对藏羌文化感兴趣的旅游者。

依托资源：卧龙、耿达藏羌村寨。

活动项目：藏羌家做客，品尝特色美食，体验原始藏羌村寨风情。

2）藏羌宗教文化体验

客源对象：对藏羌文化感兴趣的旅游者。

依托资源：何家大地三圣庙、花红树喇嘛庙和耿达神树坪玉皇庙。

活动项目：游览何家大地三圣庙、花红树喇嘛庙和耿达神树坪玉皇庙，体验宗教活动。

3）休闲娱乐及商业街体验

客源对象：对休闲娱乐和民俗文化等感兴趣的大众观光游客，对藏羌文化感兴趣的旅游者。

依托资源：游客中心下段至省道303线（榨油厂地）区域，高田坝赵家大地滨河休闲娱乐区。

活动项目：在游客中心下段至省道303线（榨油厂地）区域，体验旅游商业街、购物中心，在耿达镇政府对面河心岛（高田坝）及其河对岸（赵家大地）区域品味民俗休闲，体验亲水娱乐项目。

4. 乡土文化旅游产品

1)茶马古道驿站风情游

客源对象：对历史、建筑、民俗文化等感兴趣的大众游客。
依托资源：卧龙关老街、茶马古道驿站。
活动项目：参观卧龙关老街，茶马古道寻踪。

2)农家休闲疗养

客源对象：喜欢休闲疗养的中老年群体。
依托资源：耿达和卧龙乡土文化、原生态自然环境、夏季凉爽气候。
活动项目：体验耿达和卧龙的农家乐，参与当地乡土文化休闲活动，参与观光、纳凉、观星、美食、跳锅庄等多种休闲活动项目。

8.6.3 旅游线路规划

包括外部旅游联动线路和内部主题游览线路。

1. 外部旅游联动线路(宏观)

卧龙还可以联合周边竞争对手将竞争变为合作，发展区域旅游线路。随着卧龙交通条件的改善，尤其是卧龙—映秀公路交通的恢复，卧龙被纳入九寨沟、青城山、都江堰和川西北旅游圈，可按照主题组织旅游路线，形成具有特色主题的区域旅游产品系列。

1)四川世界遗产 10 日观光游(卧龙停留 2～3 日)

成都—乐山—峨眉山—都江堰—青城山—卧龙—四姑娘山—九寨沟—黄龙—成都。
第 1 日，中午从成都出发，下午抵达乐山，参观乐山大佛，住乐山。
第 2 日，全天参观峨眉山，住峨眉山。
第 3 日，上午从峨眉山出发，参观都江堰，住都江堰。
第 4 日，上午从都江堰出发，全天参观青城山，住青城山。
第 5 日，上午从青城山出发，下午抵达卧龙耿达，参观熊猫博物馆，住耿达。
第 6 日，上午参观中华大熊猫苑，下午参观卧龙自然与地震博物馆、熊猫沟，住卧龙。
第 7 日，早上从卧龙出发，参观邓生沟、巴朗山高山草甸，傍晚抵达日隆，住日隆。
第 8 日，上午参观四姑娘山双桥沟，下午参观大长坪沟，住日隆。
第 9 日，早上从日隆出发，参观九寨沟，住九寨沟。
第 10 日，从九寨沟出发，参观黄龙，返回成都。

2)四川大熊猫科学考察 7 日游(卧龙停留 2～3 日)

成都—卧龙—雅安碧峰峡—蜂桶寨—小寨子沟—王朗—成都。
第 1 日，中午从成都出发，下午抵达卧龙耿达，参观熊猫博物馆，住耿达。
第 2 日，早上从卧龙出发，参观邓生沟、巴朗山高山草甸，住卧龙。

第3日，上午参观中华大熊猫苑、卧龙自然与地震博物馆、熊猫沟，下午出发至雅安碧峰峡，住碧峰峡。

第4日，上午参观碧峰峡，下午出发至蜂桶寨，住蜂桶寨。

第5日，上午参观蜂桶寨，下午出发至小寨子沟，住小寨子沟。

第6日，上午参观小寨子沟，下午出发至王朗，住王朗。

第7日，上午参观王朗，下午从王朗出发，返回成都。

3) 川西自然生态游 10 日游（卧龙停留 2～3 日）

成都—卧龙—四姑娘山—马尔康—红原—九寨沟—黄龙—成都。

第1日，中午从成都出发，下午抵达卧龙耿达，参观熊猫博物馆，住耿达。

第2日，上午参观中华大熊猫苑，下午参观卧龙自然与地震博物馆、熊猫沟，住卧龙。

第3日，早上从卧龙出发，参观邓生沟、巴朗山高山草甸，傍晚抵达日隆，住日隆。

第4日，上午参观四姑娘山双桥沟，下午参观大长坪沟，住日隆。

第5日，上午参观四姑娘山，住日隆。

第6日，早上从日隆出发，游览马尔康，住马尔康。

第7日，早上从马尔康出发，参观红原，住红原。

第8日，全天参观红原，住红原。

第9日，早上从红原出发，参观九寨沟，住九寨沟。

第10日，从九寨沟出发，参观黄龙后返回成都。

4) 茶马古道寻踪游 10 日游（卧龙停留 2～3 日）

成都—卧龙—四姑娘山—丹巴—康定—理塘—稻城—香格里拉—丽江—大理。

第1日，中午从成都出发，下午抵达卧龙耿达，参观熊猫博物馆，住耿达。

第2日，上午参观中华大熊猫苑，下午参观卧龙自然与地震博物馆、熊猫沟，住卧龙。

第3日，早上从卧龙出发，参观邓生沟、巴朗山高山草甸，傍晚抵达日隆，住日隆。

第4日，上午参观四姑娘山双桥沟，下午参观大长坪沟，住日隆。

第5日，上午从日隆出发，参观丹巴，住康定。

第6日，早上从康定出发，参观理塘，住理塘。

第7日，早上从理塘出发，参观稻城，住稻城。

第8日，早上从稻城出发，参观香格里拉，住香格里拉。

第9日，早上从香格里拉出发，参观丽江，住丽江。

第10日，从丽江出发，游览大理，结束行程。

5) 川西大熊猫科学考察 6 日游（卧龙停留 2～3 日）

成都—卧龙—四姑娘山—蜂桶寨—成都。

第1日，中午从成都出发，下午抵达卧龙耿达，参观熊猫博物馆，住耿达。

第2日，上午参观中华大熊猫苑，下午参观卧龙自然与地震博物馆、熊猫沟，住卧龙。

第3日，早上从卧龙出发，参观邓生沟、巴朗山高山草甸，傍晚抵达日隆，住日隆。

第 4 日，上午参观四姑娘山双桥沟，下午参观大长坪沟，住日隆。

第 5 日，早上从日隆出发，中午抵达蜂桶寨，下午参观蜂桶寨，住蜂桶寨。

第 6 日，从蜂桶寨出发，途经雅安，返回成都。

2. 内部主题游览线路(微观)

由于主要旅游资源和生态旅游产品在以皮条河为中心线的保护区实验区内呈点带状相结合的形式分布，区内旅游线路主要依托 303 省道，以机动车道和步行道相结合的方式串联各景区和旅游接待点，形成线性游憩线路。

1)卧龙巴朗山 2 日游

第 1 日，上午从成都出发，中午抵达耿达，参观大熊猫博物馆、中华大熊猫苑，晚上参加藏羌锅庄晚会、烤全羊等项目。

第 2 日，早上出发参观邓生沟原始森林，观看巴朗山高山草甸、云海日出和四姑娘山终年不化的雪山，下午返卧龙镇，体验熊猫沟峡谷风光，然后返回成都。

2)卧龙大熊猫寻踪 3 日游

第 1 日，上午从成都出发，中午抵达耿达，参观大熊猫博物馆、中华大熊猫苑，住耿达。

第 2 日，上午出发参观巴朗山高山草甸、邓生沟原始森林，下午参观熊猫沟，住卧龙。

第 3 日，早上参观卧龙自然与地震博物馆，下午从卧龙出发返回成都。

3)卧龙生态科普 5 日游

第 1 日，早上从成都出发，中午抵达耿达，参观大熊猫博物馆、中华大熊猫苑，住耿达。

第 2~4 日，参观大熊猫保护中心，进行野外沟谷漫步、村寨民俗体验、观鸟等活动。

第 5 日，早上参观卧龙自然与地震博物馆，下午从卧龙出发返回成都。

4)卧龙大熊猫野外科考 7 日游

第 1 日，早上从成都出发，中午抵达耿达，参观大熊猫博物馆、中华大熊猫苑，住耿达。

第 2~6 日，参观大熊猫保护中心，进行野外沟谷漫步、村寨民俗体验、观鸟等活动，进行熊猫沟、五一棚、邓生沟、银龙峡谷等野外保护巡山体验。

第 7 日，早上参观卧龙自然与地震博物馆，下午从卧龙出发返回成都。

8.6.4　环境容量控制

1. 环境容量测算

旅游环境容量是指特定旅游区在生态环境质量没有受影响到难以自然恢复的前提下，一定时间内旅游资源所能承受的最大旅游活动量。对于自然保护区而言，环境容量是生态环境最重要的基本指标，是旅游规划的重要依据。地震灾后卧龙生态环境更加脆弱，科学合理地界定旅游区的环境容量是防止旅游活动对保护区环境造成消极影响,实现生态旅游业可持续发展的前提。

估算环境容量的方法较多,但使用最多的是面积容量法和线路容量法。

(1)面积容量法。

$$C=A \times D/a \tag{8-1}$$

式中,C 为日环境容量,人次;a 为每位游客应占有的合理游览面积,m^2/人;A 为可游览面积,m^2;D 为周转率(D=景区开放时间/游览所需时间)。

(2)线路容量法。

$$C=M \times D/m \tag{8-2}$$

式中,C 为日环境容量,人次;m 为每位游客应占有的合理游道长度,m/人;M 为线路全长,m;D 为周转率(D=景区开放时间/游览所需时间)。

根据卧龙旅游资源、设施布局以及游客主要的游览活动形式,环境容量测算宜采用线路容量法和面积容量法相结合的方法。由于卧龙山高坡陡,旅游活动绝大部分集中在沟谷谷底的相对平缓部位,大部分山坡地尤其是核心保护区均不适宜开展旅游活动,所以除了耿达乡、卧龙镇、邓生沟采用面积容量法进行测算,其余游览线路上的旅游区域均采用线路容量法进行测算。参照《卧龙国家级自然保护区生态旅游规划》和《四川卧龙国家级自然保护区总体规划》,通过综合分析和评估,目前卧龙生态旅游区日环境游人容量为 4101 人次(表 8.13),以年可游天数 200 天计算,全年可接待游客容量为82.02 万人次。

表 8.13 卧龙自然保护区生态旅游游客日容量估计表

景点名称	可游览面积 A/m^2	线路全长 L/km	每位游客应占面积 a/(m^2/人)	每位游客应占长度 m/(m/人)	周转率 D	日环境容量 C/(人次)
耿达镇	300000		400		2	1500
卧龙镇	250000		400		2	1250
邓生沟	60000		400		2	300
幸福沟		15000		200	2	150
正河沟		34000		200	2.5	425
熊猫沟		5000		200	2.5	63
银龙峡谷		17000		200	2.5	213
巴朗河峡谷		16000		200	2.5	200
合计						4101

注:表中空白单元格表示不适用。

2. 提高环境承载力的方法

提高环境承载力系统的措施见表 8.14。

表 8.14 卧龙自然保护区提高环境承载力系统措施

系统	系统内涵
法律法规系统	旅游环境承载力的大小与旅游活动对环境影响的大小密切相关。单个游客或旅游活动对环境的影响越大，环境所能承载的旅游规模就越小。因此，任何有利于保护环境、减少人类活动对环境影响的法律法规都有利于提高旅游环境承载力。我国已建立比较完善的环境保护法律体系，旅游开发经营以及游客在旅游过程中的行为都应当遵守环境保护法律和法规。此外，还应根据具体的旅游地和旅游活动制订具体的管理条例。
科学引导系统	旅游目的地不同区域的环境脆弱性是不一样的，旅游目的地应实行分区管理。不同的旅游活动对环境的影响也不一样，分区管理有利于集中管制对环境影响大的活动。科学引导还包括对旅游开发和旅游活动的科学规划。例如，在超负荷运转的主景旁修建新的景点或娱乐设施，有利于分流游客，增加景区的游客容量。将旅游线路由不完全游道改成完全游道，能提高空间压力指标所允许的游客容量等。
行政管理系统	行政管理能约束和引导游客和旅游经营者的行为，减少游客和旅游活动对环境的影响，从而提高旅游环境承载力。科学合理的管理对提高各种安全环境评价指标所允许的游客容量都能起到或多或少的作用。在开展生态旅游活动中，提高经营者和游客的环保意识，实行"先培训后上岗，先培训再出游"政策，是保护旅游区生态环境的重要措施。国家旅游监管部门在各风景名胜区开展的旅游环境综合整治，不仅改善了各风景名胜区的环境质量，而且提升了其旅游环境承载力。
经济调控系统	在市场经济体制下，经济调控手段是保护生态环境、提升旅游环境承载力的重要措施。例如，在分区管理的生态旅游地，对脆弱区实行高价门票制度，可以把大部分游客限制在核心区周围地带，以保证整个旅游区维持较好的游客接待量而不致对环境产生很大的影响。对于淡旺季比较明显的旅游区，可以实行浮动票价，在淡季适当降低门票价格，而在旺季适当提高门票价格，以调节客流，缩短淡季，提升旅游环境承载力。
环境治理系统	环境治理为环境保护提供了技术保障。环境的自净化能力是有限的，旅游活动给旅游目的地环境造成的额外负担，可以通过人类自身的活动加以消除。我国已在许多旅游风景区建立了环境治理系统。如在八达岭长城旅游区建立了污水处理站，并对旅游区内下管道和厕所进行了改造。

3. 环境质量控制措施

1) 加大建设项目环境管理力度

强化环保第一审批权的地位，新建、扩建、改建旅游项目必须严格执行国家环境影响评价制度。土建项目要严格按照"土建工程环境影响报告书"的要求，制订切实可行的环保措施，使其对环境的影响降至最低程度。人工构筑物必须按规划布局，按设计进行施工，并做到与周围环境协调，避免破坏景观。

2) 严格大气、水体、噪声污染管理

不得损害保护区内的大气、水体环境质量；禁止向溪流中直接排放生活污水和污染物，污染物排放不得超过国家和地方规定的排放标准；对保护区内的娱乐场所采取管制措施，减轻噪声对周围环境的影响；噪声超过国家标准的车辆限制进入保护区。

3) 规范垃圾管理

在开放的旅游景点、景区及省道沿线，增设一定数量的垃圾箱；制订垃圾收集处理制度，实现所有生活垃圾的分类投放、定时回收和定点处理。

4) 进行旅游引导和监督

划定旅游范围，明确指示旅游景点和旅游线路，游客只能靠导游、宣传牌或指示标牌沿线路观光；制订环境整洁的规章制度，指引游客和参观者遵守规章制度并对其进行监督。

5) 强化环境质量监测

充分发挥环境质量监测点的作用，做好保护区内环境质量监测工作，以便及时改进环保措施。以环保部门牵头，水利、气象等部门联合完成水质监测、大气监测等良性预警工作格局。推动智慧型、环保型、高效型在线监测体系的发展与建立，助推当地环保体系发展。加强畜禽养殖污染防治。科学划定禁养区、限养区和适度养殖区，控制高山放牧底线，因地制宜地建设畜禽粪污收集处理厂和沼气工程养殖区，引导规模化畜禽养殖区和居民区合理分离。

6) 依托特色生态资源，开展环境教育

以教育为手段展开社会实践活动，推广和宣传环保政策、法律法规，提高保护区居民环保意识；拓宽生态环保发展渠道，使保护区居民对人类和环境的相互关系有新的、敏锐的理解。开展环境教育是保护和改善环境重要的治本措施，应培养广大人民群众自觉保护环境的道德风尚，提高全民族的环境与发展意识。

7) 积极推进农村面源污染治理

加快城镇污水处理设施建设，优先推进各村污水截流、收集、纳管，消除农村水环境面源污染等现象。推行农村雨水收集工程和农田径流回收工程，实施农田生态沟渠、污水净化塘等农田径流净化工程。推进城镇垃圾处理设施建设，解决农村分散型垃圾收集系统。加大政府引导推进力度，进一步扩大垃圾分类收集、分类运输试点示范。继续推进餐厨垃圾处理设施建设，解决生态旅游副产物影响。建立覆盖全区的农村生活垃圾治理体系，加强农村生活垃圾收运和处理设施建设，实施"户分类、村收集、镇运输、县处理"。推进农田径流氮磷生态沟建设，达到控制养分，防止营养元素流入地表径流的目的。

8.6.5 生态旅游商品设计

1. 开发现状

卧龙自然保护区生态旅游商品主要有日用品、纪念品、土特产品等。整体开发程度有限，水平不高，品种较单一，规模有限，特别是没有充分利用保护区的资源优势，开发出有独特性和神秘性的旅游商品，也还没有形成生态旅游商品体系，创造出优质名品和市场品牌。

2. 开发策略

注重纪念性、实用性与生态性，充分体现出卧龙自然保护区的自然资源特点、地域特色与文化特色，并突出纪念意义、保健功效和收藏价值。

1) 规模生产

卧龙自然保护区生态旅游商品生产企业还存在小、弱、差的问题，资金和技术力量十分有限，离规模化道路还有一定的距离。在以后的开发中，应注重规模化生产，提高生产效率，保证生态旅游商品的数量和质量。

2) 加强管理

（1）对企业采用绿色标准管理，从生产源头上保证生态旅游商品的环保性和健康性，树立生态旅游商品的品牌形象。

（2）加强产品质量监督，商品生产企业必须保证商品质量达标，让旅游者满意。

（3）强化培训制度，生产企业对员工进行定期的生产技能技巧培训。

3) 提高技术水平

政府及管理处应在不影响卧龙自然保护区及其周边地区自然资源和自然生态系统保护的前提下，在周边社区适度发展具有较高食用价值、饮用价值、药用价值或其他保健功能的野生植物人工种植与加工产业，在规范产品的质量标准、检验体系和销售渠道的前提下，由卧龙自然保护区统一收购和销售，或者允许社区加贴卧龙自然保护区的专有商标和品牌后销售。

4) 开发特色文化商品

随着卧龙自然保护区生态旅游业的不断发展，应根据生态旅游者的需求、兴趣和审美来设计实景油画、风光照片、风景画册等生态旅游文化商品，宣传保护区的自然魅力，让更多的人认识、了解保护区的山水之情、动物之趣、生态之美，拉动生态旅游消费，形成新的生态旅游消费点。

3. 商品设计

分析卧龙自然保护区生态旅游商品的现状，根据上文提及的四个开发策略，对卧龙自然保护区生态旅游商品做如下设计（表 8.15）。

表 8.15　卧龙生态旅游商品设计

品类	商品
旅游纪念品	大熊猫玩具，熊猫文化衫，仿真熊猫，熊猫杯、盘、碟、书、画，蝴蝶标本(盒装蝴蝶、蝴蝶卡)，红叶书签，藏羌服饰及饰品等
山珍类	各类野生山菌、香菇、木耳、核桃花、山野菜等
野生药材	贝母、天麻、雪莲花、灵芝、红景天、绞股蓝、羌活、黄芪、何首乌等
土特产品	卧龙老腊肉、香腊猪腿、药蜂蜜、咂酒、土鸡、花椒、蔬菜瓜果等

此外，还可设计下列各类"熊猫王国"美食。

（1）凉拌核桃花。将核桃花稍煮后，加酱油、醋、盐、葱花、味精凉拌。

（2）搅团。将玉米面加水搅成团，煮熟呈糊状，也可将玉米面加水揉成团捏成汤圆状，再入锅煮熟。可蘸辣椒水食用，也可将适量搅团舀入酸菜汤中食用。

（3）荞面面块。将荞面擀成薄面饼，切成小块，加入酸菜、洋芋、水，煮熟后食用。

（4）咂酒。即青稞酒，是藏族人和羌族人自酿的独特酒类。

（5）其他。卧龙老腊肉、香腊猪腿、土鸡、野生菌类、山野菜等。

第9章　案例研究2——光雾山自然保护区
生态旅游开发

光雾山是四川蜀道雄关风景名胜单元中的代表性资源之一，以水青冈为代表的植物季相景观规模宏大，具有很高的风景游赏价值和科研价值（李虹，2009）。秋天，漫山遍野的红叶吸引无数游客前往。光雾山红叶已成为其发展壮大的品牌，以此带动的旅游观光和旅游度假活动正以蓬勃之势发展。广义的光雾山包括光雾山（AAAA 级旅游景区）、米仓山（国家森林公园）和诺水河三个地区，光雾山地区有"光雾山—诺水河国家地质公园""光雾山—诺水河国家级风景名胜区""光雾山自然保护区"等名号。

光雾山地区的旅游开发仍然处于初级水平，基础设施建设落后、旅游接待能力不足都是制约光雾山旅游发展的瓶颈。

9.1　研究区域概况

光雾山地区位于四川盆地北缘、四川省巴中市南江县北部地区，地理坐标为东经 106°38′50″～107°05′56″、北纬 32°31′12″～32°44′29″，面积约 420km²（张斌和徐邓耀，2004；陈思思，2013）。光雾山地区距南江县 60km，距巴中市 130km，距陕西省汉中市 50km。北与陕西省相连，东与诺水河相接，西与广元市相连（何方永，2014）。

光雾山位于南北方分界线要冲秦岭—淮河一线，秦岭—淮河一线是我国南北方人文、自然的分界线（秦岭南北的人文、自然状况截然不同），也是中原地区与西南山地两大自然景观与经济板块的交接部。光雾山是西北、华中、东北大区域板块经中原地区与西南板块联动、整合发展的重要节点。这种地理区位上的优势，为光雾山融入旅游大区位、拓展客源市场等提供了良好的条件和发展潜力。

9.1.1　区位条件

1. 交通区位

光雾山度假区的交通区位应从航空可达性、铁路可达性和高速可达性三方面进行分析。

(1)航空可达性。巴中恩阳机场已于 2019 年正式通航。此外，可通过公路、铁路连接周边各地机场。光雾山距离广元盘龙机场 240km，约 3h 车程；距离达州河市机场 220km，约 2.5h 车程；距离南充高坪机场 250km，约 3h 车程；距离汉中城固机场 180km，约 2h 车程；距离成都双流机场 410km，约 4h 车程；距离西安咸阳机场 426km，约 6h

车程。

（2）铁路可达性。已通车的广巴铁路直接将巴中与川北门户广元连接起来，现已开通成都—巴中的每日列车班次。巴达铁路与广巴铁路贯通，形成广达铁路，同时连通襄渝铁路、达万铁路、宝成铁路，融入全国铁路网。汉巴南高速铁路，将为光雾山度假区打开直连西安、重庆的快速线路。

（3）高速可达性。成巴高速 S2、恩广高速 S20 连接成都、重庆、南充、广元、达州至巴中，并通过巴汉高速巴中—南江段直通南江。巴汉高速南江—汉中段穿过光雾山度假区，并在区内设出入口，形成各地直连光雾山度假区的高速公路交通网络。

2. 经济区位

光雾山处于成渝经济区的重点辐射区内，区域发展带来整个宏观经济背景的全面发展，更带来整个区域经济产业地位的全面提升，经济要素优化配置的进一步优化，以及围绕"城乡统筹发展"这一思路所带来的区域产业质量的进步，为旅游产业在区域产业格局下真正实现"又好又快"发展提供了保证。

光雾山所在地南江是包括南充、遂宁、达州、广安、巴中、广元六市的川东北经济区的重要组成部分，这一区域拥有极其丰富的生态、文化、自然资源蕴藏量，凭借区域的综合发展，深度挖掘丰富的旅游资源，全面建设旅游产业，与相关产业和谐互动具备了实现的可能。旅游业则由于其产业的联动发展效应，以及在城乡统筹发展中极佳的先导撬动作用，依托其产业发展中资源、环境、社会和谐互动发展的属性，将很大程度地推动南江加快实现经济跨越式发展的进程。

3. 旅游区位

光雾山属于川东大巴山生态旅游板块，其包括四川省东部的达州、巴中以及南充、广元部分区域，是《四川省"十二五"旅游业发展规划》中确定的五大特色旅游经济区之一，是秦巴生态旅游区的核心支撑。

秦巴山地是中国南北分界线的重要组成部分，光雾山地处此区域的要冲，从景观生态学角度来说，属于南方景观板块和北方景观板块的交界过渡地带，在这个区域内，秦岭山系的隆起地貌受气候、水文等综合因素的影响，随垂直地带的分异，其自然景观既有北方的雄浑，也有南方的秀丽，气候特点既有北方的干冷，也有南方的温润。多样性的气候造就了多样性的物种差异，使得这片区域成为南北旅游区域的最佳对接。

光雾山地处巴中、广元和汉中三市接壤处，其周边有多处在资源内涵、历史渊源、文化血脉上联系紧密的重要旅游景区。光雾山以红军文化、奇秀山水和绿色森林为特色的资源禀赋与广元、汉中以深厚的历史、生态、文化优势为依托的旅游建设之间形成了资源特色互补、区域联动的发展态势，为其整体品牌的建设发展提供了良好保证，也为其从更大范围的借势借力、整合资源提供了更高的可行性。

9.1.2　自然条件分析

1. 地质地貌

光雾山地处米仓山南麓，地质构造主要有古元古代北东向构造体系和印支期东西向构造体系。光雾山归属于龙门山古华夏构造体系，展布于米仓山基底部分，构造线呈北东 45°～50°光雾山方向延伸，被东西向构造体系所包容、斜切、重叠和改造复活(胡进耀，2009)。

光雾山地势东北高，西南低，最高海拔 2507.8m，最低海拔 1000m(焦家河出境处)，相对高差约 1500m，境内地貌多为中山地貌。其山脊狭长陡峻，绝对高程多在 1800m 以上，也有一些山间冰积、冲积形成的山间盆地地貌，如大坝、中坝等，面积多为数十公顷至数百公顷，土层深厚，平旷肥沃(唐勇等，2008)。

地质地貌特征及土壤体系是形成旅游景观的重要条件，多种多样的地形地貌及土壤体系为光雾山旅游区的开发提供了重要的发展基础，也反映了该区良好的自然条件和丰富的自然资源，具有很高的旅游观赏价值。同时良好的山体条件创造了高雅清丽的空间意境和美学内涵，为相关旅游项目的开展提供了必要性和可行性。光雾山旅游区规划的主要接待设施多集中在大坝、中坝、关坝等地，这些区域平均海拔 1300m，处于最适宜度假的海拔范围，且面积都较大，地形平缓，用地条件优良，十分适合设置休闲度假旅游项目。

2. 气候条件

光雾山气候属北亚热带湿润季风气候，秦岭、大巴山(包括米仓山)的天然屏障致使光雾山气候有雨热同期、夏季短暂、冬季漫长、春秋相连等特点。

光雾山旅游区内年均气温 13℃，极端最高温 30℃，极端最低温-17℃；年日照时间约 1570h；无霜期 200d，年均降雨量约 1350mm；年均相对湿度 75%。县境内风以北东向风最多，间有东北东向风，平均风速 3.5m/s(雷巧莉，2012)。

3. 人体舒适度评价

人体舒适度是以人类机体与近地大气之间的热交换原理为基础，从气象角度评价人类在不同气候条件下的舒适感的一项生物气象指标(刘梅等，2002)。

国外最初的人体舒适度研究主要是出于军事目的，例如军舰轮机舱环境对人体的影响、士兵对极端炎热和极端严寒环境的适应能力以及行军服装研究等，之后随着经济水平的发展和度假旅游的兴起，人体舒适度指数逐渐被用于生产生活(Arnold and Dey，1986；Kalnay et al.，1998)。

Terjung(1966)在对美国大陆生理气候的评估中首次提出风效指数(wind effect index)和舒适度指数(comfort index)的概念(Snyder，1996)。刘继韩(1989)在《秦皇岛市旅游生理气候评价》中首次使用人体舒适度指数。直到 20 世纪 90 年代，人体舒适度指数概念才由保继刚等(1993)正式引入国内。刘梅等(2002)对人体舒适度指数的研究现状及开发应用前景做了十分详细的论述。柏秦凤等(2009)对中国 20 座旅游城市的人体舒适度指数进行了综合分析。李环姣(2008)在陕西省旅游气候舒适度研究中总结了前人对人体舒适度的计算方式，并提出了适用性较广的人体舒适度计算公式如下：

$$K=1.8T-0.55(1.8T-26)(1-RH)-3.2\sqrt{V}+32 \tag{9-1}$$

式中，K 为人体舒适度指数；T 为气温，℃；RH 为相对湿度，%；V 为风速，m/s。

　　人体舒适度指数等级划分 (蒋雪丽，2011) 见表 9.1。实际计算中，由于一年四季气温的变化，人体舒适度指数会有所不同，本书只根据光雾山地区多年平均数据进行计算。根据前文气候条件分析代入数据计算得出光雾山地区人体舒适度为 K=49.77。对照表 9.1 得出光雾山旅游区人体舒适度处于 3 级 (较冷，大部分人感觉不舒适)，说明光雾山旅游区人体舒适度一般，并未达到十分舒适的地步，但光雾山夏季极端最高温为 30℃，相对于四川其他地区来说普遍更低，故夏季的光雾山十分适合避暑度假。

表 9.1　人体舒适度指数分级

等级	指数范围	意义
1 级	$K<25$	寒冷，极不舒适
2 级	$25\leqslant K<40$	冷，不舒适
3 级	$40\leqslant K<50$	较冷，大部分人感觉不舒适
4 级	$50\leqslant K<60$	偏凉，部分人感觉不舒适
5 级	$60\leqslant K<70$	普遍感觉舒适
6 级	$70\leqslant K<79$	较热，部分人感觉不舒适
7 级	$79\leqslant K<85$	热，不舒适
8 级	$85\leqslant K<90$	闷热，很不舒适
9 级	$K\geqslant90$	极其闷热，极不舒适

9.2　生态旅游资源综合分析

9.2.1　旅游资源调查分类

　　依据国家行业标准《旅游资源分类、调查与评价》(GB/T 18972—2003) 的旅游资源分类分级规范，光雾山度假区旅游资源涉及 8 大类 19 个亚类 37 个基本类型，见表 9.2。

表 9.2　光雾山旅游度假区旅游资源调查统计

主类	亚类	基本类型	主要景点、景观名称
A 地文景观	AA 综合自然旅游地	AAA 山丘型旅游地	光雾山、香炉山等
	AC 地质地貌过程形迹	ACB 独峰	连理峰、金墩等
		ACC 峰丛	香炉峰丛、燕子岩峰丛等
		ACE 奇特与象形山石	女字岩、象鼻岩、舍身岩、经卷岩等
		ACG 峡谷段落	大将军峡谷、硝洞沟峡谷、纸厂河峡谷、螺丝谷、寒溪峡谷等
		ACL 岩石洞与岩穴	燕子洞、硝岩洞

主类	亚类	基本类型	主要景点、景观名称
B 水域风光	BA 河段	BAA 观光游憩河段	焦家河、寒溪河、大小兰沟等
	BB 天然湖泊与池沼	BBC 潭池	十八月潭
	BC 瀑布	BCA 悬瀑	婚纱瀑、龙潭瀑、寒溪瀑等
C 生物景观	CA 树木	CAA 林地	巴山水青冈纯林、落叶阔叶林、日本落叶松林
		CAC 独树	水青冈王、古银杏、螺旋神木、鹃柏古木、夫妻树等
	CD 野生动物栖息地	CDB 陆地动物栖息地	光雾山度假区内
		CDC 鸟类栖息地	光雾山度假区内
D 天象与气候景观	DA 光现象	DAA 日月星辰观察地	中山区日出、月华
	DB 天气与气候现象	DBA 云雾多发区	云海和雾海
		DBB 避暑气候区	光雾山度假区内多处
E 遗址遗迹	EA 史前人类活动场所	EAA 人类活动遗址	米仓古道、牟阳故城
	EB 社会经济文化活动遗址遗迹	EBA 历史事件发生地	寒溪(萧何月下追韩信)、将军石(徐向前讲话处)、张飞扎营落旗山
		EBB 军事遗址与古战场	红军、游击队的根据地
		EBC 废弃寺庙	香炉庙、关帝庙、光雾寺等
		EBE 交通遗址	米仓古道
		EBF 废城与聚落遗迹	牟阳故城
F 建筑与设施	FC 景观建筑与附属型建筑	FCH 碑碣(林)	李先念同志撒骨灰处纪念碑
	FD 居住地与社区	FDA 传统与乡土建筑	川西民居等
		FDB 特色街巷	古街
		FDD 名人故居与历史纪念建筑	巴山游击队纪念馆
	FE 归葬地	FEC 悬棺	巴人悬棺
	FF 交通建筑	FFA 桥	跨河流铁索桥若干处
		FFE 栈道	截贤栈道
G 旅游商品	GA 地方旅游商品	GAA 菜品饮食	南江黄羊、蜂蜜酒等
		GAB 农林畜产品与制品	南江核桃、南江金银花、南江黄羊、竹笋、裂腹鱼、木耳、银耳等
		GAD 中草药材及制品	出产多种名贵中药材
H 人文活动	HA 人事记录	HAB 事件	萧何月下追韩信、红军/游击队的根据地、诸葛亮屯兵秣马、牟阳城火烧曹粮、张鲁兄弟逃巴中、张飞扎营落旗山等
	HC 民间习俗	HCB 民间节庆	火把节
		HCC 民间演艺	民歌、狮灯舞等
		HCF 庙会与民间集会	观音庙会
	HD 现代节庆	HDA 旅游节	光雾山红叶节

9.2.2　主题旅游资源分析

据上文对度假资源的定义,可以确定度假资源特指能够形成核心度假产品的自然或人文吸引物,根据《旅游度假区等级划分》(GB/T 26358—2010),主题资源指度假区接待量最高、吸引力和品牌占绝对优势的一项资源。如果多种资源的复合型较强,可选择最多两类资源形成一项复合型主题资源参与评价。对于资源综合性较强、不易分辨主题资源的度假区,建议首先进行"资源专项的游客调查",对现状最吸引游客的度假产品及其所依托的资源进行摸底,再结合未来的发展方向确定主题资源。

根据上文所归纳的光雾山旅游度假区的度假旅游资源可以看出,光雾山旅游度假区基本是以自然资源为主,虽然拥有森林、湿地、野生动植物、传统聚落以及人类活动遗址,但其森林资源产生的原因是独特的山地地形,其独特的聚落形式以及红色文化也是在特定山地条件下形成的,故光雾山旅游度假区的主题资源应该为山地。

9.3　生态旅游资源评价

9.3.1　生态旅游资源评价方法

目前国内关于旅游资源的评价方法主要有以卢云亭为代表的"三三六"评价法、以黄辉实为代表的"六字七指"评价法、以戴维斯(Davis)为代表的条件价值法、以傅培华为代表的模糊数学法、以保继刚为代表的层次分析法和国标评价法。

"三三六"评价法即对旅游资源的"三价值""三效益""六大开发条件"进行定性评价,该方法对数据及其精确度要求较低,简单易行,但存在较大主观性,结论推理存在不确定性。"六字七指"评价法即用"美、古、名、特、奇、用"六字标准和季节、污染、联系、可进入性、基础结构、社会经济环境、市场七大指标对旅游资源进行评价,该评价方法同样属于定性评价,存在较大主观性。条件价值法即通过模拟市场的调查,辨明人们对于公共物品的偏好,从而推导公共物品价值的方法(刘家明,2006),该方法采用问卷调查的方法,体现出旅游资源的市场价值,但在实际运用过程中存在各种误差。模糊数学法是基于模糊数学计算的专家打分的评价模型,其评价结果直观,但难以反映旅游资源的动态变化,且计算繁杂。层次分析法是专家打分的评价模型,层次分明,且结果具有可比性,但缺乏一定的灵活性。国标评价法是按照《旅游资源分类、调查与评价》所规定的评价方法,其操作便捷,但同样存在评价过程过度主观化的矛盾(黄细嘉和李雪瑞,2011;严贤春等,2011)。笔者发现,在 2006 年的《旅游学刊》第 21 卷第 1 期中,连续刊登了 6 篇关于旅游资源评价的文章,一度掀起了国内关于旅游资源评价体系的讨论。其中均提及了对国标评价法的质疑,原因主要有以下几点:历史文化科学艺术价值不能等同于旅游价值(刘益,2006);旅游资源概念很难定义,国外发达国家均没有旅游资源标准这一说法(黄向,2006);旅游资源评价需要市场认可而不是专家认可,旅游资源分类宜简不宜繁(刘益,2006);国标评价法无法描述旅游资源的动态变化特征(李舟,2006)。基于以上所述国标评价法的不足，其用作旅游规划尚可，但用作旅游资源的调查评价研究就略显不足，本书采用 YAAHP10.0 层次分析法软件，以期得出光雾山旅游度假区度假旅游资源的可信评价。

9.3.2　构建评价指标体系

本书构建的光雾山旅游度假区度假旅游资源的评价指标体系参照黄震方等(2008)所构建的评价体系，如图 9.1 所示，并将该体系模型输入 YAAHP10.0 中构建层次结构模型。

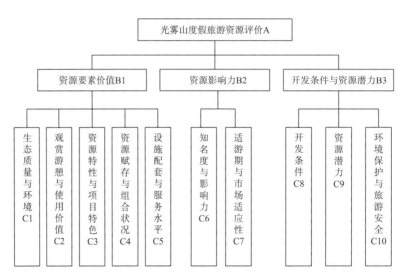

图 9.1　光雾山度假资源评级体系

该评价指标体系由目标层、准测层和指标层三个层级组成。其中，目标层(A)以光雾山度假旅游资源评价作为本次指标体系构建的目标；准测层(B)由构成子系统的基本要素组成，包括资源要素价值、资源影响力、开发条件与资源潜力；指标层(C)由可以直接进行度量的因子构成，其中资源要素价值由生态质量与环境、观赏游憩与使用价值、资源特性与项目特色、资源赋存与组合状况、设施配套与服务水平构成，资源影响力由知名度与影响力、适游期与市场适应性构成；开发条件与资源潜力由开发条件、资源潜力、环境保护与旅游安全构成。

9.3.3　构建判断矩阵

层次分析法主要是对每一层次中各元素的相互重要性给出判断，采用定性与定量相结合的方式将判断结果用数值表示出来，写成矩阵形式(袁宁等，2012)，即判断矩阵(图 9.2)。判断矩阵是针对上一层元素 A，下一层元素 B1 与 B2 之间的相对重要性的比较矩阵，在 YAAHP10.0 软件中需要对每个元素进行两两比较以确定其相对重要性(表 9.3)。本次标度采用 1~9 及其倒数的标度方法。

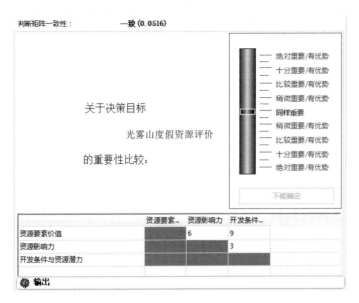

图9.2 判断矩阵的输入

表9.3 标度及其含义

标度	含义
1	表示两个因子相比具有相同重要性
3	表示两个因子相比，前者比后者相对重要
5	表示两个因子相比，前者比后者比较重要
7	表示两个因子相比，前者比后者十分重要
9	表示两个因子相比，前者比后者绝对重要
2,4,6,8	为上述相邻判断的中值
倒数	表示两个因子相比具有相反的重要程度

　　本次权重判断矩阵的确定采用专家打分的方式进行，利用YAAHP10.0软件自动生成调查问卷的功能生成光雾山度假资源调查文件，共发出20份调查问卷，回收17份，有效率85%。利用YAAHP10.0的群决策功能将各专家打分矩阵逐一输入。

9.3.4 因子权重

　　在确定了判断矩阵之后就要进行相应的一致性检验，一致性检验公式为

$$CI = \frac{\lambda_{\max} - n}{n-1} \tag{9-2}$$

$$CR = \frac{CI}{RI} \tag{9-3}$$

式中，n为判断矩阵的阶数；$\lambda_{\max}$为判断矩阵的最大特征根；RI为判断矩阵的平均随机一致性指标(王永昌等，2009)。

　　由于 YAAHP10.0 软件提供随机一致性的检测，本书不再进行人工检测。专家打分产生的判断矩阵有时会产生不一致的情况，这时需要对专家打分的矩阵进行微调。最终得出 17 位专家的平均权重，取其平均值，构建出 4 个单独的判断矩阵，经 YAAHP10.0 软件的一致性检测，判断矩阵一致性 CR<0.1，这表示该评价体系权重具有令人满意的一致性。据此计算各评价因子的判断矩阵见表 9.4。为了直观地表现光雾山度假资源评价体系各指标层因子权重，绘制出评价体系因子权重柱状图(图 9.3)。

表 9.4　光雾山度假资源评价体系因子权重

准测层	权重	指标层	权重	排序
资源要素价值	0.6477	生态质量与环境	0.1554	2
		观赏游憩与使用价值	0.1982	1
		资源特性与项目特色	0.0798	7
		资源赋存与组合状况	0.0836	6
		设施配套与服务水平	0.1307	4
资源影响力	0.2309	知名度与影响力	0.1424	3
		适游期与市场适应性	0.0885	5
开发条件与资源潜力	0.1214	开发条件	0.0753	8
		资源潜力	0.0308	9
		环境保护与旅游安全	0.0153	10

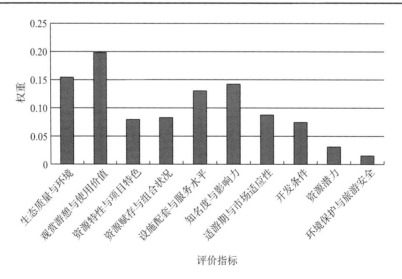

图 9.3　光雾山度假区度假资源评价体系因子权重柱状图

9.3.5　评价指标等级赋分

　　在确立了各项指标的权重之后需要对各指标因子进行赋分,关于赋分方式笔者参考了多篇利用层次分析法进行综合评价的文章，建立如表 9.5 的赋分问卷，向参与光雾山前期规划的规划人员、专家、游客以及光雾山旅游度假区管理人员共发放问卷 100 份，得到有效问卷 93 份，有效率为 93%。其中向游客、管理人员发放问卷 80 份，回收 75 份；向专家及前期规划人员发放问卷 20 份，回收 18 份。

表 9.5 光雾山度假资源评价指标体系赋分标准

评价指标	赋分标准				
	1～2 分	3～4 分	5～6 分	7～8 分	9～10 分
生态质量与环境	较差	一般	比较好	很好	非常好
观赏游憩与使用价值	低	一般	较高	高	极高
资源特性与项目特色	较差	一般	比较好	很好	非常好
资源赋存与组合状况	劣	差	中	良	优
设施配套与服务水平	较差	一般	比较好	很好	非常好
知名度与影响力	不知名	地区级	省级	国家级	世界级
适游期与市场适应性	<100 天	100～150 天	151～250 天	251～300 天	>300 天
开发条件	低	一般	较高	高	极高
资源潜力	劣	差	中	良	优
环境保护与旅游安全	较差	一般	比较好	很好	非常好

对调查问卷所得数据进行统计得出各项评价指标的得分，并对得分进行加权处理，得出最终评分见表 9.6。

表 9.6 光雾山度假资源评价综合得分

评价指标	评价指标权重	因子打分/分	综合得分/分
生态质量与环境	0.1554	8.43	1.3100
观赏游憩与使用价值	0.1982	7.34	1.4548
资源特性与项目特色	0.0798	7.98	0.6368
资源赋存与组合状况	0.0836	7.55	0.6312
设施配套与服务水平	0.1307	6.48	0.8469
知名度与影响力	0.1424	6.67	0.9498
适游期与市场适应性	0.0885	7.76	0.6868
开发条件	0.0753	7.91	0.5956
资源潜力	0.0308	8.96	0.2760
环境保护与旅游安全	0.0153	7.69	0.1177
总分			7.5056

此处旅游资源等级依据为《旅游资源分类、调查与评价》（GB/T 18972—2003）所划定的五级分级体系。五级旅游资源称为"特品级旅游资源"；五级旅游资源、四级旅游资源、三级旅游资源被通称为"优良级旅游资源"；二级旅游资源、一级旅游资源被通称为"普通级旅游资源"。光雾山旅游度假区度假资源最终得分为 7.5056 分（换算成 100 分制度，为 75.055 分），对照分级体系表，属于四级旅游资源，即优良级旅游资源。

9.4 生态旅游对比分析

根据《旅游度假区等级划分》(GB/T 26358—2010)，对光雾山度假区主题旅游资源的评价要求与国内同类型资源进行比较分析，充分考虑资源类型的相似性，选取同样是以山地为主题资源的华蓥山为对比对象，如表9.7所示。

表9.7 度假资源对比分析

对比内容	光雾山	华蓥山
隶属单位	光雾山国家级风景名胜区	华蓥山国家森林公园
区位交通	位于四川盆地北缘、四川省巴中市南江县北部地区,北距汉中50km,距西安300km;南距南江60km,距巴中130km, 距成都400km, 距重庆420km	位于四川盆地东北部,华蓥市境内,距成都300km,距重庆100km
度假区面积	420km²	81km²
气候特征	亚热带湿润季风气候,地处四川盆地东北边缘区,雨量丰沛,冬长无夏,雨热同季,具秋季温凉而冬季寒冷等特点。度假区内年均气温13℃,年日照时数1570h	亚热带湿润季风气候,春旱、夏热、秋凉、冬暖是其显著特征,雨量丰沛、四季分明。年平均气温17.6℃,年均降雨量为1396mm
资源特点	以秀丽奇特的群峰为代表,以苍翠茂密的森林植被为基调,集秀峰怪石、峭壁幽谷、溪流瀑潭、原始山林于一体,可集中概括为"峰奇、石怪、谷幽、水秀、山绿"五绝(周建明, 2003)	以苍翠茂密的山林为环境基调,以秀丽奇特的喀斯特石林、溶洞为典型景观代表。自然风光与情山文化交相辉映,其景观特点可集中概括为"峰奇、石怪、山绿、谷幽"
森林覆盖率	森林覆盖率约93%	森林覆盖率达97%
植被特点	森林植被类型较多,有针阔叶混交林、落叶阔叶林、常绿阔叶林、常绿与落叶阔叶混交林、常绿针叶林、竹林等。据初步统计,境内现有维管束植物177科880属2104种,被列入《濒危野生动植物种国际贸易公约》的有47种,均为兰科植物(杜妮, 2015)	有万亩以上的天然白夹竹林、阔叶林及杉木、马尾松林,并有近千株高达20m的珍稀树种——水杉,以及国内稀有竹种——白夹竹变种,构成一个良好的自然生态群落
文化历史	历史文化辉煌灿烂,有米仓古道、韩信夜走寒溪河、张鲁屯兵汉王台、诸葛亮秣马厉兵牟阳城等遗迹,有巴山游击队的故事(李忠东, 2014)。民俗文化异彩纷呈,极富民俗特色	自古属巴人领地,明末清初以来,华蓥山的土著山民与外来移民相融共生。是世纪伟人、改革开放总设计师邓小平的故乡。有光荣的革命历史,曾是中共华蓥山地下党和华蓥山游击队从事武装斗争的根据地
观赏游憩价值	光雾山风景名胜区自然生态环境独特奇异,古朴原始。森林植被保存完好,地域空间博大,辐射范围广阔	华蓥山国家森林公园风景旅游资源丰富,水景有瀑布和天池景观,其中玛琉岩瀑布高达126m,高山喀斯特天池湖冠绝川东。天象景观包括佛光、日出、云海、圣灯等(夏小江, 2007)
周边旅游资源丰度	米仓山国家森林公园、诺水河国家级风景名胜区、阴灵山、天马山国家森林公园、佛头山森林公园、南阳森林公园	邓小平故里、天意谷、邻水大峡谷、宝箴塞、肖溪古镇、翠湖
开发及游客量现状	景区的景点建设、交通、通信、娱乐、食宿条件已具规模,但仍需要进一步完善。旅游业开发的层次、旅游经济规模和游客人数也有待进一步提高	发展时间不长,在交通、住宿、安全上还存在很多不足,尤其是采矿对景观和环境的破坏很大

光雾山与华蓥山相比，各有优劣。光雾山在年均气温和森林覆盖率上略有不足，这导致其在人体舒适度方面不如华蓥山，其余方面与华蓥山不相上下。光雾山与华蓥山在地理位置上相距并不是很远，这导致在区域范围内可能形成较大的竞争，与此同时，相似的资源条件也会形成形象遮蔽效应，对度假区的市场扩展形成较大的挑战。

9.5　生态旅游发展研究

9.5.1　生态旅游开发 SWOT[①]分析

1. 优势分析

1) 区位优势

光雾山旅游度假区地处川陕交界、川陕渝旅游金三角中心，是中国南北分界线要冲、华夏版图腹心，不仅是连接西南山地与中原地区的要冲，而且是西北、华中与西南板块联动、整合发展的重要节点，处于我国未来最具魅力的景观地貌格局和生态发展格局的关键位置。随着成巴高速、巴陕高速、广巴高速、南汉高速的建成通车，兰渝铁路、广巴铁路的投入使用，加上光雾山位于成都、西安、重庆旅游金三角的中心位置，据统计，2022 年成都、重庆和西安人均 GDP 均进入了休闲度假时代(表 9.8)，光雾山的区位优势更加明显。

表 9.8　周围主要城市 2022 年人均 GDP

城市	人均 GDP/元	旅游阶段
成都	98149	周边主要城市已全部步入休闲度假时代，追求旅游的主题性、体验性和感受性
重庆	90650	
西安	87264	

2) 资源优势

光雾山国家级风景名胜区和米仓山国家森林公园是川东北地区面积最大、资源配位最高的景区。光雾山山清水秀，生态环境优异，拥有丰富的红军文化和历史文化资源，资源品位高、种类丰富、组合良好、可开发性强。而且光雾山作为中国红叶之乡，其红叶节在国内已具有一定知名度，通过旅游资源要素的合理分配与布局，可以充分发挥其资源优势，有利于旅游开发。

3) 政策优势

《四川省人民政府关于加快建设旅游经济强省的意见》提出建设大香格里拉、环贡嘎山、攀西阳光、蜀道三国、"醉美"川南、秦巴山地、嘉陵画廊、白酒金三角、熊猫家园、藏羌走廊等新兴旅游目的地，明确把秦巴山地作为旅游精品来打造。光雾山即秦巴山地的典型代表。

近年来，西部地区、革命老区的经济发展得到国家高度重视，在 2016 年国家发布的的《川陕革命老区振兴发展规划》中，将南江旅游作为重要产业发展，将光雾山作为南江旅游业的支撑项目。

2. 劣势分析

1) 产品单一，旅游吸引不足

光雾山度假区旅游产品以观光型为主，产品类型较为单一，休闲、科考、探险、度假

---

① 其中 S 代表 strength(优势)，W 代表 weakness(劣势)，O 代表 opportunity(机遇)，T 代表 threat(挑战)。

游产品不多, 缺乏体验性旅游产品。光雾山度假区旅游资源虽然丰富, 但缺乏统一规划和开发, 没能进行资源整合, 空间组合较差, 满足不了游客市场对旅游产品多元化的需求。

2) 淡季明显, 制约景区发展

光雾山度假区淡旺季十分明显, 光雾山以红叶出名, 每年 9~10 月红叶资源丰富时, 迎来一大波游客, 导致旅游区几近"瘫痪", 其余季节因为缺少特色资源与产品而出现游客数量稀少的情况。度假区内出现旺季无房、淡季空房的现象, 其淡旺季两极分化十分明显。这种淡旺季分明的现象已显著制约光雾山度假区的快速健康发展。

3) 特色不足, 客源结构单一

旅游产品开发相对滞后, 缺乏地方特色, 市场竞争力不强。光雾山旅游客源以近程游客为主, 主要来自本地区和周边的县市, 其他中远程游客较少, 多层次的旅游客源市场体系尚未建立。

4) 竞争激烈, 形象遮蔽严重

根据上文的对比分析, 光雾山周围存在与其类似的旅游区, 除了华蓥山外, 大竹五峰山、成都青城山等都会对光雾山形成形象遮蔽效应, 且华蓥山、五峰山以及青城山都处在成都—重庆一线的主线路上, 光雾山则处于成都、重庆与西安的三角中心, 若不进行有效的试产宣传, 必将被边缘化, 因此在山地资源集聚的四川进行市场突围存在较大困难。

3. 机遇分析

1) 市场机遇

随着经济的不断发展, 全民休闲旅游时代到来, 旅游需求增加, 国内出游人数增长加快, 节假日全国主要旅游景点告急, 旅游地出现短缺; 旅游消费强劲, 国内旅游收入增长迅速。

我国每年法定休息时间可达 120~125 天, 约占全年的 1/3, 为休闲提供了时间上的保障。我国已经迈进小康社会, 2022 年全国人均 GDP 达到了 8.57 万元, 旅游发展进入集观光、休闲、体验于一体的大旅游时代。

2) 政策机遇

2009 年 12 月国务院出台了《关于加快发展旅游业的意见》, 提出积极发展休闲度假旅游, 引导城市周边休闲度假带建设, 有序推进国家旅游度假区发展。

四川省高度重视西部地区、革命老区的经济发展, 在 2017 年 6 月四川省出台的《川陕革命老区振兴发展规划》中, 将南江旅游作为重要产业发展。

3) 交通机遇

巴中大交通格局的形成, 预示着南江旅游业的兴起。广巴高速、南汉高速、巴达高速、成巴高速、广巴铁路、兰渝铁路给南江光雾山带来持续的发展机会。

4. 挑战分析

1) 基础设施建设需加强

光雾山旅游度假区在基础设施建设上仍需加强，度假区交通条件较差，旅游接待能力有限，这也是游客投诉最多的问题。应加大投入优先解决度假区交通问题，提升道路等级，新修扩建停车场。同时提升旅游接待能力，合理设置自驾车营地及其他住宿设施，缓解度假区旅游旺季住宿条件紧张的状况。

2) 转型升级困难重重

度假旅游的开发不同于普通观光景区，在产品质量和运营方式上要求更高，光雾山要实现由景区向度假区的转变，面临着资金不足、项目管理不善、游客数量控制不到位等一系列问题。

3) 度假区建设的环保问题

光雾山旅游度假区内有国家森林公园和饮用水源保护地，在度假区旅游开发和项目建设方面需考虑对周边环境和饮用水源的影响，严格遵守相关法律法规，避免在建设和运营中对森林和水体造成污染破坏。

4) 度假区游线组织困难

限于目前交通状况以及主要住宿集散地光雾山镇的位置条件，光雾山旅游度假区游线存在绕路和走回头路的情况。度假区游线需串联各景点，满足度假区内交通系统要求，要做到度假范围的相对集中性和游线组织的合理性，度假区游线设置面临的问题较多。

5. SWOT 矩阵分析

光雾山度假旅游开发的 SWOT 矩阵分析见表 9.9。

表 9.9　SWOT 矩阵分析

(S-W)	外部条件(O-T)	
	机遇(O) (1)市场机遇； (2)政策机遇； (3)交通机遇	挑战(T) (1)基础设施建设需加强； (2)转型升级困难重重； (3)度假区建设的环保问题； (4)度假区游线组织困难
优势(S) (1)区位优势； (2)资源优势； (3)政策优势	SO 策略 (1)完善度假区内部交通，提高度假区与市场的连通性； (2)紧抓政策优势与机遇，融入大旅游格局； (3)高标准开发，争做川东北地区旅游龙头	ST 策略 (1)建立度假区环境保护机制，避免出现开发对环境的破坏； (2)完善度假区基础设施建设； (3)游线组织应组织专家进行论证，并建立以各类旅游交通车为主的度假区的公共交通体系
劣势(W) (1)产品单一，旅游吸引不足； (2)淡季明显，制约景区发展； (3)特色不足，客源结构单一； (4)竞争激烈，形象遮蔽严重	WO 策略 (1)提升产品丰富度； (2)优化产品结构； (3)抓住良好的环境条件，争取国家各项资金支持和企业、社会投资； (4)着重进行市场宣传，力争突围	WT 策略 (1)建立度假区应急机制，增强度假区的应急能力； (2)突出四季旅游理念，扩展淡季项目； (3)编制度假区环境保护专项规划，充分重视度假区的生态环境

9.5.2 生态旅游战略与布局

1. 发展战略

1) 强调四季旅游下的度假开发，实现景区转型升级

重点打造光雾山旅游度假区四季景观和山地运动项目，发挥光雾山"春赏花、夏看水、秋观叶、冬览雪"和山势地形适宜开展山地运动的优势条件，形成"四季皆宜、运动天堂"的度假格局。同时依托光雾山丰富的历史文化资源，深入挖掘古蜀道的历史文化和革命英雄生平事迹，提升度假区的文化品位，传承蜀道悠久历史，弘扬革命先辈精神，丰富度假区景观内涵。项目的开发重点应突出养生度假，不仅要让游客进来看，更要让游客住下来，享受生活，打造独具特色的山地养生品牌。

在项目设置中除了考虑观光型产品的深化外，还要想办法把游客留下来。光雾山旅游度假区的发展不应采取以少数几个景点为核心吸引物的景区发展模式，而应积极开发度假旅游，从而使度假区达到复合型产业、综合性功能、多元化产品的度假旅游开发良性模式，实现景区向度假区的转型升级。

2) 融入旅游大区位，争做"1+N"旅游模式龙头

整个四川东北部片区除光雾山以外，还有众多旅游资源，如南江米仓山国家地质公园、巴中市川陕革命根据地红军烈士陵园、白衣一江口旅游区、剑门关景区等。光雾山旅游度假区应积极完善自身建设，提高营销水平，争取构建以光雾山旅游度假区为龙头、周围景区联动的"1+N"旅游模式，整合南江旅游景区资源，实现资源共享，联合开发旅游市场，实现旅游区域化发展。

3) 强化生态保护机制，确保景区资源完整

在光雾山旅游度假区的开发运营过程中，必须全面考虑旅游活动对生态环境的影响。一方面，通过建立度假区游客文明公约，约束游客行为，营造生态游览度假氛围。另一方面，西方经济学中资源的稀缺性与商人扩大开发的意愿是永恒的矛盾，在这种情况下，旅游资源的开发势必会造成一定程度的破坏，此时需要建立适当的生态补偿机制，同时建立生态环境审核制度，将生态环境质量纳入度假区检查审核中。

4) 注重社区参与，居民共享开发成果

社区参与是以人为本的思想的体现，无论哪类旅游景区都需要对社会反哺，简而言之，景区的发展必须惠及本地百姓。应通过居民参与决策和利益分红的形式带动光雾山旅游度假区范围内的居民积极参与度假区开发，互惠互利。

2. 发展定位

光雾山的发展定位包括主题定位、形象定位和目标定位三个方面，其中，主题定位是旅游规划设计者从旅游资源分析中抽象出用于反映旅游目的地特色并符合旅游需求的一

种基本思路,是旅游目的地发展所依托的中心思想(李文兵,2010;梁湘萍和许新立,2011)。形象定位是为了成功地在目标市场开展营销活动,创造一个独特鲜明并具有号召力的景区形象(吴必虎,2001)。目标定位即确定度假区未来发展的总方向。

国内学者严国泰(2006)对于主题及形象定位主要采用旅游形象系统(tourism identity system,TIS)。针对光雾山的资源类型及度假区属性,光雾山的主题定位为"国际山地休闲旅游度假区"。光雾山原形象定位为"休闲胜地,度假天堂",但鉴于其识别度较低,故本书建议光雾山形象定位为"灵秀光雾山,仙境度假地"。光雾山的目标定位应该按照近期、中期、远期进行分期制定。本书认为光雾山度假区近中期目标应为完善升级国家AAAAA 级景区;远期目标为创建成为国家级旅游度假区,形成综合实力强的旅游大产业,建成旅游软件及硬件设施、服务质量一流的全国旅游度假目的地。

3. 总体布局

根据光雾山地区资源分布及度假设施建设条件,可将光雾山度假区分为"一心、一带、二区"的布局,见表 9.10 和图 9.4。

表 9.10　光雾山度假区总体布局

	总体布局	区域位置	功能定位
一心	旅游集散中心	关坝乡	旅游集散、咨询服务、休闲度假
一带	休闲度假功能带	光雾山镇、麦子坪、寨坡、桥亭、断渠	旅游集散、观光休闲、文化体验、旅游接待、休闲疗养、农业体验、亲水休闲
二区	十八月潭亲水度假区	十八月潭片区	生态观光、亲水休闲、休闲度假、餐饮美食
	牟阳故城山地度假区	牟阳故城片区	生态观光、山地运动、休闲度假、餐饮美食

图 9.4　光雾山度假区功能分区

9.6　生态旅游产品设计

9.6.1　生态旅游项目设计

生态旅游项目的设计应根据每个功能分区的功能、地理位置、交通条件以及资源条件进行综合考量,本书根据功能分区依次对生态旅游项目进行布置。

1. 旅游集散中心

(1)综合服务中心。项目位于关坝村,建设内容包括综合服务中心、生态停车场、观光车站和飞行俱乐部。

根据旅游度假区综合服务中心功能要求设置服务内容,设售票台、咨询台、投诉台、邮政服务台、寄存室、医疗室、幼儿中心、休息大厅、特殊人群设施租赁处、土特产及生活超市。休息大厅内设宣传展板、宣传资料发放架及电脑触摸屏,对景点、设施及服务进行介绍。并设置专门宣传展区,利用沙盘、标本、显示屏、印刷品等向游客全面展示度假区的资源、设施、保护、研究等相关内容。度假区人员办公区和休息区应与游客服务区相对隔离,既有联系又互不干扰。

在综合服务中心旁边设置生态集散停车场,地面均采取生态化处理,车位之间使用竹林和竹栅栏隔离,利用各种植物景观和建筑小品,形成园林式的生态停车场。停车场设置停车须知、收费标准明示牌、度假区导游图、度假区人文风光宣传广告等,并设置停车场管理亭,做好专人管理工作。

在游客综合服务中心外设置电瓶观光车站,方便游客搭乘电瓶车前往度假区各主要项目和设施。车站设候车长廊,放置座椅长凳供游客休息候车。并在醒目位置放置度假区观光车线路图、乘车注意事项等。

设置以空中飞行为主要特色活动内容的重点项目,打造一个大型私家直升机俱乐部,开展飞行训练营、停机管理与维护等项目,远期亦可开展空中旅游等高端特色项目。

(2)关坝旅游集镇。项目位于关坝村,关坝作为巴汉高速出入口,发挥着极大的旅游集散功能。因此,规划在关坝村、玉泉村建设旅游集镇,为整个度假区提供集散服务,同时发展旅游商业房地产和旅游度假房地产。

旅游集镇中核心项目包括民俗风情街、背二哥民俗文化演绎中心、休闲度假客栈、关坝度假酒店、光雾农庄和度假别墅。民俗风情街的风格应按照川东北老镇的模式建设,打造集特色小吃、本地餐饮、旅游商品、土特产买卖于一体的街区,满足不同层次的旅游消费。背二哥是国家级非物质文化遗产,是南江地区古老民俗的见证,规划建设背二哥民俗文化演绎中心,一方面能够传承巴山背二哥、川北民歌等文化艺术,另一方面其作为度假区常态演艺的一部分,可提升度假区的文化可观赏性。同时,旅游集镇应设置高、中、低三档旅游住宿设施,包括客栈、度假酒店、休闲农庄和度假别墅,以满足不同需求的游客。

(3)国际会议中心。项目位于玉泉村,内设不同面积和类型的会议室,配备先进的放映设备和音效设备。国际会议中心配备功能完善的商务中心，可与周边旅游接待共享住宿、餐饮和会议设施。

2. 休闲度假功能带

主要包括光雾山镇、麦子坪、寨坡、桥亭、断渠地区。以 101 省道串联四个度假功能组团，以自然风光为支撑，建设旅游观光设施，打造集旅游集散、观光休闲、文化体验、旅游接待、休闲疗养、农业体验、滨水休闲于一体的休闲度假功能带。本书将该功能带划分为四大组团，分别为光雾养老功能组团、寨坡养生功能组团、桥亭滨湖功能组团、断渠温泉功能组团。

(1)光雾养老功能组团。位于光雾山镇，光雾山镇在过去的发展中已经出现一批相对完善的旅游设施，商业街的业态也较齐全，但随着景区的扩张以及度假区的建立，已逐渐无法支持市场需求，旺季的时候游客停车和住宿都成为大问题。规划提升整改美食商业街，提升镇内已有商业街区，治理街道店面环境，扫除脏乱差现象，杜绝乱搭乱建，改善环境卫生质量，营造干净卫生、整洁大方的旅游消费环境。整合镇内现有住宿接待设施，统一管理，提高接待设施和服务水平，为游客提供不同档次的住宿接待设施。改建镇内现有停车场为光雾山休闲广场，通过打造标志性建筑景观，提高小镇文化氛围，为游客和镇内居民提供日常休闲场所。并在桃园景区入口侧面空地修建双层生态停车场，解决镇内停车问题。

(2)寨坡养生功能组团。项目位于寨坡地区，主要建设项目为寨坡国际养生中心和立体七彩花田。寨坡国际养生中心周边营造温馨自然、繁花环绕的公寓环境，注重细节设计，进行无障碍化建设，配备医务室、护理室、机能恢复训练室、集会室、娱乐室，成为修身养性、陶冶心灵、有远离尘世的超凡之感的度假养老基地和花海避暑胜地。依托寨坡自然风光和花田养生功能开发，修建以养生疗养为主题的高档房地产，别墅可采用产权酒店的方式统一管理，满足高端游客的度假需要。在寨坡梯田种植各类具有观赏或药用价值的开花植物，如金银花、芍药、牡丹、百合、宝盖草、半夏、朱兰、密蒙花等，打造七彩花田景观。并设立花卉交易中心，出售鲜花、种子、药材等。此外设花卉栽植、药材加工、插花艺术等工艺体验项目。

(3)桥亭滨湖功能组团。项目位于桥亭乡，深入挖掘当地文化内涵，延续人文生态源脉，以九龙文化、佛文化、山水文化为元素，形成集文化展示、生态观光、休闲度假、参与体验于一体的文化休闲体验聚集地。主要项目有游客中心、文化活动中心、乡村驿站、生态文化广场、手工作坊、耕读工坊、特产销售中心、本朴·生活馆、国医问诊堂(张氏师古正骨术)、水岸休闲度假村等。

依托桥亭乡现状农田，将生态观光农业与农耕体验相结合，融入艺术时尚元素和文化创意产业要素，打造集开心农场农耕体验、高端苗圃培育、花果采摘、农耕民宿休闲等多功能于一体的体验项目。

(4)断渠温泉功能组团。项目位于巴陕高速南江北出入口附近。依托温泉资源开发，建立集温泉洗浴、养生康体、餐饮住宿、商务会议于一体的温泉度假酒店。

3. 十八月潭亲水度假区

以十八月潭内的瀑布秀水水体景观链为核心，整合沙河坝、光雾山主峰等区域，改善区域交通条件，开发以瀑潭秀水观光为核心，集生态探险、水上游乐、文化体验、登山探险、宗教文化体验、避暑度假体验等旅游产品于一体的特色旅游片区。

十八月潭亲水度假区主要设置项目为中坝度假小镇、三国马战实景剧场、国际房车休闲营地、水上娱乐中心、十八月潭、光相寺以及半峰观景平台、亲水步游栈道、步游休闲驿站等。

中坝度假小镇内打造集特色小吃、本地餐饮、旅游商品、土特产买卖于一体的街区，满足不同层次的旅游消费。面对光雾山主峰修建一片帐篷酒店，每个帐篷作为一个住宿单元，配备幔布系统、隔热防寒系统、采光照明系统、防蚊系统、隔断系统、观景系统、供电系统等，以双层隔热保温篷布为顶，四周采用玻璃幕墙结合透气窗口的结构，营造与星空对话、与自然共融的气氛。酒店还设置帐篷酒吧、帐篷餐厅等为游客提供贴近自然、别具野趣的休闲度假体验。利用十八月潭瀑潭的秀水柔情韵味，结合婚庆蜜月度假旅游需求，规划一个摄影基地，提供摄影器材、摄影服饰等配套设施设备供游客租用，根据游客需要提供个人写真、婚纱摄影、艺术写生、影视创作等摄影服务。

在沙河坝相对平坦的地块设立自驾游营地，分设帐篷宿营区、房车停放区、就餐区、娱乐区、卫生区等区域。提供帐篷租赁、炊具租赁、卫生洗浴等服务，让游客可以体验搭建帐篷、制作食物的乐趣，享受自由、随意、放松、不同于城市快节奏的娱乐休闲活动。同时提供简单的车辆维修保养服务。在沙河坝林区搭建生态树屋旅馆，使用楼梯和索桥作为进出道路，内外都采用木质装饰、360°景观窗户。客房内提供淋浴、网络等服务。屋外可以架设露台，安放沙发桌椅，让入住游客享受森林清新的空气和温暖的阳光。在沙河坝林场中设置森林氧吧，整理出平整石砌台面，放置户外休憩坐椅，配置太阳伞，设置地埋灯和地埋背景音乐音响系统，提供休闲书籍、休闲食品售卖服务，供游客享受森林氧浴。

4. 牟阳故城山地度假区

本片区是米仓山国家森林公园的核心片区，是全国重要的生态及其演化的代表地区，也是世界上生物物种较丰富的区域之一。利用牟阳故城片区突出的生态优势，在建设国家级生态、科考、探险旅游区的基础上，恢复米仓古道、牟阳故城等历史文化景点，增强区域文化吸引力。重点打造山地运动项目，开展各项山地运动赛事，扩大光雾山的知名度和品牌影响力。

牟阳故城主要建设项目为国际气囊度假驿站、牟阳故城、北坝露营拓展基地、山地乡村风情苑。

(1)国际气囊度假驿站。新建具有一定档次的度假酒店，采用气囊酒店的形式，为游客提供单独的气囊房屋，气囊使用保温防水材料，配备可拆卸的生活设施，提供完善的酒店服务。在旅游旺季可全面开放并适当增加气囊房间数量，淡季则可以拆除，避免资源浪费。使用充气气囊修建各种游戏冒险设施，如气囊城堡、气囊游乐设施、气囊花园等，打造一个亲子娱乐空间。

(2) 牟阳故城。恢复打造牟阳古城，修旧如旧，还原故城旧时景观。并在旁边以故城风貌打造一条仿古街道，可开设提供故城纪念品、故城美食等的店铺。在焦家河畔修建一个茶园，让游客在品茗的同时可远观群山、近听河水。茶园内搭建戏台，每日上演由历史故事改编的戏剧。以本地石板屋的形式修建一系列旅游客栈，建筑外墙采用与修复的牟阳故城城墙相似的石头垒砌风格，营造故城统一的怀古氛围。

(3) 北坝露营拓展基地。按照自驾车营地和山地生态露营地的规格设计建设，众多特色野营帐篷依山若隐若现，独具野趣。配合野营基地，在加强森林防火的安全要求前提下，可于基地服务区整理出一片烧烤区域，配置烧烤台、石凳石椅及烧烤设备租赁点，供游客烧烤。依托北坝地形打造大型户外拓展中心，结合极限户外、山地运动等，开展家庭拓展、企业拓展项目。在区内主要山体片区设置户外运动休闲项目，户外项目包括高空滑索、射击运动、野外拓展、绝壁攀岩等。户外项目活动周期长，内容多，可适时更新加载内容。

(4) 山地乡村风情苑。对大坝地区现有的农家乐进行改造提升。整合大坝现有的农家乐进行统一标准管理，以本地家常菜为主，打造"红叶人家"这一乡土美食品牌，增添度假区饮食品种，丰富度假区饮食消费层次，为游客提供更多选择。依托现有果园农田，在农家乐中开展瓜果现采现做的自助体验、生态美食项目。

9.6.2　生态旅游产品体系

1. 产品开发思路

一个完整的旅游产品系统由观光旅游产品、度假旅游产品、康体旅游产品、商务旅游产品、文化类旅游产品、专项旅游产品、特色旅游产品构成。但由于不同旅游景区资源不同，每个旅游景区的产品系统不一定会包含所有内容，且不同的产品在整个系统中所占比例也不同(王琳，2007；章荣亮，2009)。本书认为现行旅游产品系统分类并不合理，许多细分都存在相互包含的情况。例如，该系统将体育旅游产品与登山探险产品割裂为两个大体系之下，且该系统并未将四季旅游理念体现出来，故本书对该系统做相应调整，以适应光雾山本地情况。

光雾山度假旅游产品的开发应该突出国际山地运动度假项目，重点打造国际山地避暑养生度假产品并形成四季多元休闲度假产品体系。利用光雾山山地资源，打造一批高规格高标准的山地运动项目和拓展训练项目。举办国际性的运动赛事，提升光雾山山地运动品牌价值。依托森林空气中负氧离子含量高的特点，大力宣传负氧离子对人体的功效，发展以负氧离子康疗为主题的旅游产品。重点发展山地避暑度假旅游，修建休闲度假设施，以光雾山适宜的海拔、夏季宜人的气候等条件为卖点，打造光雾山避暑度假品牌。以光雾山四季不同景观为主题(即春赏山花、夏看山水、秋观红叶、冬览冰挂)，打造四季多元的休闲度假产品。

同时，根据产品的生命周期理论，任何旅游产品都会有导入期、成长期、成熟期和衰退期。所以，为了保持旅游度假区的持续吸引力，就必须保持旅游度假产品的持续更新。

2. 旅游产品体系开发

光雾山旅游产品体系见表 9.11。

表 9.11　光雾山度假区旅游产品体系

产品体系	产品体系细分	代表产品
观光旅游产品	自然观光	光雾山自然风光，天然画廊、大小兰沟、香炉山等
	人文观光	"背二哥"民俗文化演艺、马战实景演出、历史戏剧演出等
度假旅游产品	乡村度假	各类乡村驿站、农庄体验产品
	森林度假	光雾山森林木屋等项目
	野营度假	沙河坝自驾营地、北坝露营等
	避暑度假	寨坡国际养生中心、麦子坪国际养老基地、森林氧吧、山泉养生馆、花卉养生馆、寨坡七彩花田、亲水客栈、望山帐篷酒店、树屋旅馆、气囊度假酒店等
康体旅游产品	保健旅游	寨坡国际养生中心、森林氧吧、山泉养生馆、花卉养生馆等
	养生养老	麦子坪国际养老基地
	娱乐休闲	关坝旅游集镇、中坝度假小镇以及光雾山景观小镇的各类酒吧娱乐
商务旅游产品	会议旅游	国际会议中心
文化旅游产品	研学旅游	高校实习、环保基地等
	民俗旅游	巴山"背二哥"、说春、川北民歌等
	宗教旅游	光相寺、桃园寺
体育运动产品	山地运动	山地运动俱乐部、小元坝滑雪滑草场、国际跑马场、光雾山拓展训练中心等
	探险旅游	漂流基地、登山大会、徒步穿越、山地自行车、山地水上运动、山地森林漂流等
四季旅游产品	春季旅游	光雾山杜鹃花节
	夏季旅游	山地运动节
	秋季旅游	光雾山红叶节
	冬季旅游	光雾山赏雪节

9.6.3　生态旅游线路设计

实现光雾山旅游产品生产和销售的基础即旅游线路规划，通过合理的对外线路规划，将光雾山度假区与客源市场及周边景区紧密联系起来，增强旅游者的可进入性；区内线路规划将旅游区的各种资源、景点有效串联，实现旅游者在区域内的良好组织和空间移动。

1. **跨省旅游线路**

(1) 成都—绵阳—广元—汉中—光雾山。
(2) 重庆—南充—巴中—南江—光雾山。
(3) 重庆—达州—巴中—南江—光雾山。
(4) 重庆—达州—通江—光雾山。
(5) 西安—汉中—光雾山。

2. **区域旅游线路**

按照旅游资源特色差异和旅游功能、性质的不同，同巴中市内的旅游线路进行串联，按照"一个大环两个小环"布置区域旅游线路。

1) 大环线

巴州区—皇柏林—光雾山—诺水河—空山国家森林公园—通江红军城(包括红四方面军总指挥部旧址和总政治部旧址)—白衣古镇—驷马河—水宁寺—巴州区。

2) 小环线

(1) 生态旅游小环线(光雾山生态旅游环线)：关坝—牟阳故城—桃园景区—十八月潭—小巫峡—神门—诺水河。
(2) 科考探险旅游小环线(诺水河科考探险旅游环线)：光雾山—诺水河—临江丽峡—空山。

3. **度假区内部旅游线路**

1) 大环线(将三大旅游片区串联)

线路一：关坝—十八月潭—九角山—陈家山—光雾山镇—铁炉坝—牟阳故城—关坝。
线路二：关坝—牟阳故城—铁炉坝—光雾山桃园景区—陈家山—九角山— 十八月潭—关坝。
线路三：汉中—光雾山镇—九角山—十八月潭—关坝—牟阳故城—蜀门秦关—汉中。

2) 小环线(各旅游片区内部游线)

牟阳故城片区：大坝—大小兰沟—光雾山镇—铁炉坝—蜀门秦关—北坝—天然画廊—牟阳故城—大坝。
香炉山片区：大坝—土卡门—龙形山坝—巴裕关—香炉山—黑熊沟—大坝(温带植物园)—大坝。
十八月潭片区：中坝—鸳鸯坝—仙女潭—婚纱瀑布—情侣潭—赵公潭—云梯潭—金龟潭—中坝—鸳鸯坝—九角山—陈家山。

9.7 生态旅游环境保护

9.7.1 生态环境保护

光雾山部分地区存在采石、采砂造成的环境破坏，因此迫切需要建立完善的生态环境保护机制。生态环境的保护主要包括水环境保护、大气环境保护、声环境保护和环境卫生保护四方面。

1. 水环境保护

保护目标：生活饮用水水质达到《生活饮用水卫生标准》（GB 5749—2022）的相关标准，其他水环境质量符合《地表水环境质量标准》（GB 3838—2002）中的二级标准。生活污水必须经过处理达到《污水综合排放标准》（GB 8978—1996）中的二级标准后方可排放，污水处理率达到100%。

(1)建立合理的污水处理管道，度假区内所产生的生活污水一律不得直接排入水体中，防止污水流入河流中，对水资源和周边自然生态环境造成影响。

(2)强化环境管理。度假区的所有建设项目必须符合规划标准要求，禁止新改、扩建有可能造成污染水体的建设项目。

(3)加强宣传力度，提高环保意识。加强对度假区的管理者、工作人员、经营承包者及旅游者的宣传教育，提高环境保护意识。在沿河设立环境保护宣传栏和宣传牌。

(4)加强度假区的绿化工程，特别是提高沿河两岸的植被覆盖率，防止水土流失。在部分影响景观的水域中栽种水生植物，美化景观，净化水质。公路两旁注重绿化防护工程。

(5)合理治理生活污水，各服务接待设施产生的污水应设置统一完整的综合化粪池系统，经沼气化处理后用于绿化用肥；其他污水应排入污水管道，不得暴露；污水应经净化处理达标后排放，排水必须符合《地表水环境质量标准》（GB 3838—2002）Ⅲ类水域所执行的二级标准。

(6)在焦家河、南江河、韩溪河、巴峪溪等溪河分别设立水质污染监测点2～3个，加强对水体及其污染源的监测和管理。

2. 大气环境保护

保护目标：度假区内空气环境质量符合《环境空气质量标准》（GB 3095—2012）中规定的二级标准。

度假区内影响大气环境质量的主要因素有车辆的尾气排放以及旅游接待餐饮业油烟的排放。

(1)针对车辆的尾气排放要求加强管理，尾气排放不达标的车辆严禁进入度假区，度假区内部多使用自行车、电瓶车等无污染型交通工具以减少污染，尽量采用步行方式，控制度假区的车行流量，并加紧修整车行路面，防止二次扬尘。

(2)针对餐饮服务，调整能源结构，使用清洁能源，减少烟尘污染，油烟排放要求采用先进技术，在油烟进入大气前必须采取相应措施进行技术处理，满足《饮食业油烟排放标准》(GB 18483—2001)的相关要求。

(3)提高旅游接待服务聚集区域植被覆盖率，在绿化工程中考虑选择能够吸收有害气体、净化空气的树种，提高空气质量。

(4)定期监测度假区的大气环境质量状况，并排除相应污染源。

3. 声环境保护

保护目标：观光游览地段达到《声环境质量标准》(GB 3096—2008)的 1 类标准，游客食宿地段达到二类标准，机动车辆行驶应遵照执行《汽车加速行驶车外噪声限值及测量方法》(GB 1495—2002)。

为减小噪声对四周环境和人类的影响，应对噪声源、噪声的传播路径及接收者进行隔离或防护，对噪声的能量作阻绝或吸收(曾馨，2013)。

(1)度假区内禁止车辆使用高音喇叭，禁止摊贩使用高音喇叭或电子设备叫卖。

(2)控制新的噪声污染源，在度假区内建设新项目应制定噪声污染防范措施，产生的噪声不得超过国家规定的相应标准。

(3)在度假区内种植密集植物，充分利用绿色植物对噪声的吸收和隔离作用，保证度假区内居民的正常生活和游客的舒适度。

4. 环境卫生保护

保护目标：对旅游垃圾实行分类收集、分类处理，提高综合利用率，生活及旅游垃圾处理率达 100%。度假区的公共场所卫生达到《公共场所卫生指标及限值要求》(GB 37488—2019)的标准。

(1)在游道、休息亭(廊)、游客中心等公共场所的适当位置设分类型垃圾箱(一箱四袋即玻璃、金属制品、塑料制品、杂物)，在游览线路上配备必要的废弃物收集器具，进一步完善垃圾处理方式及程序：分选—袋装—收储—运输—处理(回收利用、生物降解、卫生填埋)。

(2)度假区内产生的各种固体废弃物应全部运出度假区外进行妥善处理，保证不增加度假区及周边环境的污染负荷。

(3)严格控制一次性餐盒和塑料袋的使用，定期拣拾回收，及时清运，鼓励餐饮和住宿接待设施尽量使用可回收循环再利用的用具。

(4)配置布局合理、数量充足的达标厕所。

(5)引导游客和居民保护环境，采用行之有效的创意措施鼓励游客进行垃圾分类，并实现度假区景点卫生清洁动态管理。

9.7.2　环境容量

旅游环境容量，又称为旅游容量或旅游承载力，指进行旅游地开发时，在不影响后代对旅游资源永续利用的前提下，旅游地环境和经济能力、旅游地居民和旅游者心理等方面所能承受的最大游客量(洪剑明和冉东亚，2006；王永昌，2009)。

环境容量规划的要点为忍耐度、满足性和安全性三点。忍耐度指环境容量估算应以维护景观资源价值和保护风景环境质量为前提，游客容量不能超过度假区景观资源保存和风景环境保护的"忍耐度"。满足性指环境容量估算必须保证游客观光的要求，使度假区内景观景物能获得最佳观赏效果，从而以使游客的心理需求得到充分满足。安全性指环境容量估算必须充分考虑保证游客安全旅游观光、休闲的合理空间容量要求，避免拥挤造成安全事故(周雄飞，2012)。

传统的环境容量计算方法有面积法和游道法。2015 年，国家旅游局出台《景区最大承载量核定导则》，对景区承载量制定了标准，环境容量的计算方法如下。

1)瞬时承载量

$$C_1 = \sum X_i / Y_i \tag{9-4}$$

式中，C_1 为瞬时承载量；X_i 为第 i 景点的有效可游览面积；Y_i 为第 i 景点的旅游者单位游览面积，即基本空间承载标准。

2)日承载量

$$C_2 = \sum X_i / Y_i \times \text{Int}（T / t）= C_1 \times D \tag{9-5}$$

式中，C_2 为日承载量；T 为景区每天的有效开放时间；t 为每位旅游者在景区的平均游览时间；D 为景区的日平均周转率。

由于该方法需要大量的度假区实测数据，限于实测数据的保密性，笔者只取得了光雾山度假区游道长度数据，故本书只对光雾山度假区环境容量进行游道法计算。日承载量计算公式如下：

$$C = D \times \frac{M}{m} \tag{9-6}$$

式中，C 为日承载量；D 为日平均周转率(游道每日开放时间/游览所需时间)，取 0.5；M 为游道长度，度假区游线总长度为 186000m；m 为游客每人占有的合理长度，取 5m。

根据度假区的位置、景观资源、气候条件以及旅游的淡季、平季、旺季折算，每年游览天数取 260 天来计算游客年容量。计算结果见表 9.12。

表 9.12 光雾山度假区游客容量

测算方法	游线长/m	计算指标/(m/人)	日周转率	日环境容量/人次	年游客量/万人次
游道法	186000	5	0.5	18600	483.6

根据计算，光雾山度假区年游客容量为 483.6 万人次，但由于游道法存在局限性，步游道、车行道以及骑行道各自的容量并不相同，实际上度假区内的道路都是不均质的，简单的游道法无法对整个度假区进行客观的环境容量计算，故计算存在一定误差。

9.8　生态旅游市场营销

9.8.1　市场分析

1. 客源市场组成

目前，根据《南江县旅游产业发展规划》分析，光雾山旅游客源市场主要由两大部分组成。一部分是本地及周边地区客源市场，主要是距离光雾山 250km 以内、车程 4 小时以内的地区，由南充、达州、广元、汉中等地游客组成，这是光雾山的基本客源市场。另一部分是西部旅游金三角旅游客源市场。光雾山位于西安、成都、重庆三大城市的旅游三角区域内，无论从游客数量还是旅游消费层次来说，这三大城市以及这个旅游三角区域的辐射城市都已经构成了光雾山旅游的重点客源市场和目标客源市场。这部分客源来自全国各地，旅游目的地基本是成都、重庆、西安三个旅游城市，光雾山旅游区无论作为游客旅游节点还是中途旅游休憩站，都具备旅游发展的巨大潜力。

光雾山旅游市场主要由以观光、休闲、度假、探险、科考等为目的的游客构成。目前以散客为主，组团游客的占比较少。大部分是观光型游客，养生游、探险游、科考游正在发展中。

从游客的消费结构来看，游客类型多属于大众游客，其消费方式相对简单，以住宿、交通、餐饮和景点游览为主，在娱乐、购物等方面的花费相对较少。

2. 总体发展潜力

(1) 大交通格局已形成，客源市场充足。西汉高速、广巴高速建成通车；南汉高速、巴达高速建成；成(都)—巴(中)高速建成通车；广巴铁路建成通车，为光雾山旅游发展创造了有利条件。便利的交通大大缩短了光雾山到客源地的距离，同时也给光雾山带来更大的客源市场。

(2) 自身旅游资源丰富，旅游类型多样。光雾山自然生态环境独特奇异，古朴原始森林植被保存完好，地域空间博大，辐射范围广阔。度假区内森林莽莽，峰丛林立、季相景观奇异，地质古老，地貌奇特，水体灵秀，环境优美，天象瑰丽，珍禽异兽众多，特有物种丰富，历史文化积淀深厚，造就了秀丽绝伦的旅游资源。旅游类型发展多样，可以发展观光游、科考游、探险游、养生游、度假游等。

(3) 资源地方特色明显，旅游品牌彰显。自从四川省光雾山红叶节开幕以来，红叶就成为光雾山的品牌，每到秋天，来光雾山看红叶的游客络绎不绝。加上光雾山的大巴山文化深厚，地质古老，山清林幽，使得光雾山度假区具有一定的旅游品牌效应。

9.8.2　市场定位

根据光雾山的旅游现状和未来发展趋势，旅游度假区整体客源市场可划分为三级，目标市场定位如下。

（1）一级客源市场——成都、西安、重庆、川东北城市群。随着巴中的经济发展，内外部交通线路和基础设施、旅游交通环线的建设，以及巴中周边城市人均 GDP 的增长，到光雾山旅游的游客逐渐增多，光雾山旅游一级基础客源市场将更加稳固，范围也将逐渐扩大。

（2）二级客源市场——长三角、珠三角、环渤海、京津冀等。长三角、珠三角、环渤海、京津冀等是全国经济发达的地区，从经济发展水平、城市化水平、城镇人口比重、居民收入水平以及市民出游意愿等各方面来看，其都是光雾山旅游未来发展的最重要的旅游客源市场。

（3）三级客源市场——国内其他市场以及日韩、欧美等国际市场。光雾山目前旅游发展还处于起步阶段，国内其他地区的游客还不多，但是随着对外宣传力度的加强、旅游产品的丰富和对外交通的改善，光雾山将吸引更多国内其他地区的游客。就旅游资源的独特性、优越性来讲，光雾山对国际市场也有一定的吸引力，光雾山与三大中心城市的区位关系，以及光雾山作为中国秦巴山地的重要地理分界线的区位优势，都可以用来挖掘国际客源市场，吸引国际游客。

9.8.3　市场竞争力

光雾山度假区所有的营销活动建议围绕"灵秀光雾山，仙境度假地"的形象定位进行。并通过节庆撬动、政策引动、服务感动、网络推动、形象撼动的方法进行市场开拓，逐渐积累市场基础。其中，节庆撬动应该作为整个度假区营销策略中最重要的一环，每年光雾山红叶节都能吸引一大批游客，形成很强的"眼球效应"，"秋天去光雾山看红叶"几乎成为人们对光雾山的最深刻印象。光雾山度假区应该紧紧抓住这一招牌继续推广下去，同时积极策划不同的节日活动（表 9.13），持续制造话题，保持光雾山度假区的媒体热度。

表 9.13　光雾山度假区节日策划

时间	季节	节日	内容
4～6 月	春	光雾山杜鹃花节	以光雾山杜鹃花为主题吸引物开展赏花田、赏大地景观、花卉产品体验、美容养生等项目，形成"春天去光雾山赏花"的市场话题与影响
7～9 月	夏	山地运动节	以山地运动为主题开展各类运动项目，形成"夏天去光雾山避暑运动"的市场话题
10～11 月	秋	光雾山红叶节	延续过去光雾山红叶节的影响力并进一步扩大影响
11 月～次年 2 月	冬	光雾山赏雪节	冬季为旅游淡季，通过降价和滑雪等冬季赏雪、玩雪项目维持度假区的运作

此外，市场策划活动可概括为"四个一"计划。

"一首歌"：以光雾山为主题创作歌曲，并拍摄相应 MV，要求画面精致唯美，能体现出光雾山度假区的自然美，歌曲由国内知名歌手演唱，并在央视进行广告投放。

"一本书"：推出《映像光雾山》主题画册，进行形象推广。

"一位代言"：邀请一位明星代言光雾山度假区并出演 MV，通过明星效应推广光雾山度假区。

"一个节庆"：以光雾山红叶节为特色节日进行重点打造。

参 考 文 献

柏秦凤，霍治国，贺楠，等，2009.中国20座旅游城市人体舒适度指数分析[J].生态学杂志，28(8):1607-1612.

保继刚，楚义芳，彭华，1993.旅游地理学[M].北京:高等教育出版社.

蔡骐，杨静，2005.关于涵化理论的历史考察和方法论反思[J].吉首大学学报(社会科学版)，26(4):84-87.

曹昌伟，2014.法学视阈下生态补偿概念之厘定[J].铜陵学院学报，13(3):73-76.

曹辉，2007.城市旅游生态足迹测评:以福建省福州市为例[J].资源科学，29(6):98-105.

曹辉，陈秋华，2007.福州市旅游生态足迹动态[J].生态学报，27(11):4686-4695.

柴禾，1991.苏联自然保护区、自然保护狩猎区与自然国家公园[J].世界林业研究，4(2):19.

陈辉，2007.基于生态足迹理论的四川青城山区生态旅游可持续发展研究[D].雅安:四川农业大学.

陈丽华，2011.桂林旅游产业创新发展研究[D].武汉:武汉大学.

陈利顶，李秀珍，傅伯杰，等，2014.中国景观生态学发展历程与未来研究重点[J].生态学报，34(12):3129-3141.

陈玲玲，严伟，潘鸿雷，2012.生态旅游理论与实践[M].上海:复旦大学出版社.

陈明光，田伟珂，查兰建，等，2013.黔西南生态文化旅游的生态补偿研究[J].改革与战略，29(9):66-69.

陈戌国，2004.礼记校注[M].长沙:岳麓书社.

陈思思，2013.光雾山地区景观格局分析[D].成都:成都理工大学.

陈宇光，2014.刍议我国自然保护区建立国家公园制度:以51个面积最大的自然保护区为例[J].青海农林科技，(1):37-40.

程占红，张金屯，2001.生态旅游的兴起和研究进展[J].经济地理，21(1):110-113.

丛沛桐，颜廷芬，周福军，等，1999.东北羊草群落种群生态位重叠关系研究[J].植物研究，19(2):213-218.

邓明翔，2012.滇池流域生态补偿机制研究[D].昆明:云南财经大学.

邓思宇，刘伟平，杨仙艳，2017.基于SWOT模型下的发展国家公园可能性分析:以福建省梅花山国家级自然保护区为例[J].云南农业大学学报(社会科学)，11(1):64-70.

丁季华，1998.旅游资源学[M].上海:三联书店.

杜妮，2015.光雾仙山的前世今生[J].中国西部，(3):24-29.

段永惠，王丽娟，2004.生态旅游及其在我国发展的思考[J].生产力研究，(6):104-106.

范永康，2013.生态美的学理依据、理论内涵和美学特征[J].鄱阳湖学刊，(3):85-89.

范中桥，2004.地域分异规律初探[J].哈尔滨师范大学自然科学学报，20(5):106-109.

方俊，2003.社区管理研究综述[J].江西行政学院学报，5(1):76-80.

方有为，2007.陕西省宁东森林公园发展SWOT分析与旅游资源质量等级评价[D].杨凌:西北农林科技大学.

冯国杰，2014.四川唐家河自然保护区生态旅游开发及补偿机制研究[D].南充:西华师范大学.

冯国杰，严贤春，冯明义，等，2013.嘉陵江流域四川段主要旅游景区生态位[J].生态学杂志，32(9):2407-2411.

冯伟，2011.山岳型旅游资源开发生态补偿机制研究:以神农架为例[D].武汉:华中师范大学.

冯艳芬，王芳，杨木壮，2009.生态补偿标准研究[J].地理与地理信息科学，25(4):84-88.

傅伯杰，1983.地理学的新领域:景观生态学[J].生态学杂志，2(4):60-67.

甘枝茂，马耀峰，2000.旅游资源与开发[M].天津:南开大学出版社.

高红梅，黄清，2007.自然保护区生态旅游的 SWOT 分析[J].野生动物，28(1)：47-50.

高瑞，2007.基于 GIS 的生态补偿空间均衡性分析：以湖北省安陆市烟店镇、辛榨乡土地整理项目为例[D].武汉:华中师范大学.

高亚东，2009.我国旅游开发中的生态环境补偿机制研究[D].贵阳:贵州大学.

郭田田，刘东，2011.建立旅游开发生态补偿机制研究[J].管理学刊，24(3):65-67.

郭绣春，赵明，2006.运用层次分析法评价阿巴嘎旗旅游资源[J].内蒙古师范大学(自然科学汉文版)，35(3):374-377.

国家林业局森林公园管理办公室，中南林业科技大学旅游学院，2015.国家公园体制比较研究[M].北京:中国林业出版社.

韩枫，尤蓉凯，马山俊，2017.自然保护区生态旅游规划跟踪影响评价研究：以四川唐家河国家级自然保护区为例[J].四川林
    业科技，38(1):27-31.

韩光伟，2008.四川二郎山国家森林公园旅游生态足迹实证研究[D].雅安:四川农业大学.

韩杰，2004.对地域分异规律的探讨[J].地理教学，(4):4-5.

韩明谟，王思斌，1993.社会学概论[M].北京:中央广播电视大学出版社.

郝奇华，2015.新制度经济学视角下的环境服务业发展研究：以西安市为例[D].西安:西安建筑科技大学.

何承耕，2007.多时空尺度视野下的生态补偿理论与应用研究[D].福州:福建师范大学.

何方永，2014.光雾山红叶景观资源特性与旅游开发探讨[J].市场论坛，(12):80-81.

洪剑明，冉东亚，2006.生态旅游规划设计[M].北京:中国林业出版社.

洪尚群，吴晓青，段昌群，等，2001.补偿途径和方式多样化是生态补偿基础和保障[J].环境科学与技术，24(S2):40-42.

胡锦矗，2005.四川唐家河自然保护区综合科学考察报告[M].成都:四川科学技术出版社.

胡进耀，2009.巴山水青冈(Fagus pashanica)原始林及天然次生林生态学特征研究[D].雅安:四川农业大学.

胡孝平，马勇，史万震，2011.基于旅游产业发展视角的生态补偿模式创新研究[J].江苏商论，(4):129-131.

华淑华，1985.旅游经济学[J].社会科学，8:68.

黄细嘉，李雪瑞，2011.我国旅游资源分类与评价方法对比研究[J].南昌大学学报(人文社会科学版)，42(2):96-100.

黄向，2006.旅游资源标准的理论盲点与解决方法[J].旅游学刊，21(1):9.

黄羊山，2004.旅游规划原理[M].南京:东南大学出版社.

黄鹰西，杨亚娜，杨桂华，2014.中外旅游生态补偿实践对比研究[J].生态经济(学术版)，30(1):280-283.

黄尤优，2011.瓦屋山森林公园功能区划与旅游产品系统设计[J].四川林勘设计，30(3):37-40.

黄震方，袁林旺，黄燕玲，等，2008.生态旅游资源定量评价指标体系与评价方法：以江苏海滨为例[J].生态学报，28(4)4:1655-1662.

蒋梦惟，2016.自然保护区全面改制国家公园在即[N].北京商报，2016-08-11(004).

蒋雪丽，2011.杭州公园绿地植物景观多样性评价研究[D].杭州:浙江农林大学.

蒋业利.2012.重点旅游城市旅游生态足迹研究：以桂林市为例[J].环境保护与循环经济，32(3):42-46.

蒋依依，王仰麟，彭建，等，2006.基于旅游生态足迹模型的旅游区可持续发展度量：以云南省丽江纳西族自治县为例[J].地
    理研究，25(6):1134-1142.

雷巧莉，2012.旅游整合开发实证研究——以光雾山为例[D].重庆:重庆师范大学.

黎红旗，1983.多森林公园和自然保护区国家[J].新疆林业，(6):26.

李春梅，2009.成都三圣乡乡村旅游发展对房地产开发的影响研究[D].成都:四川师范大学.

李刚，2012.九寨沟自然保护区生态旅游与社区参与互动模式研究[D].雅安:四川农业大学.

李海涛，黄渝，2007.浅析生物多样性的理论与实践[J].安徽农业科学，35(32):10488-10489.

李虹，2009.风景名胜区规划创新探讨：光雾山—诺水河风景区旅游形象定位及市场营销研究[J].四川建筑，29(1):28-29.

李环姣，2008.陕西省旅游气候舒适度研究[D].西安:陕西师范大学.

李俊清，石金莲，刘金福，2004.生态旅游学[M].北京：中国林业出版社.

李蕾蕾，1995.从景观生态学构建城市旅游开发与规划的操作模式[J].地理研究，14(3):69-73.

李丽娟，2012.构建我国森林旅游生态补偿机制初探[J].西北林学院学报，27(2):238-241.

李美霖，2016.自然保护区生态旅游开发与规划研究[J].旅游纵览(下半月)，(24):197.

李鹏，杨桂华，2007.云南香格里拉旅游线路产品生态足迹[J].生态学报，27(7):2954-2963.

李如嘉，2006.唐家河自然保护区的生态旅游利用问题研究[J].四川省情，(12):51-52.

李世涛，2007.应用层次分析法对深圳海岸带旅游资源进行定量评价[J].商场现代化，(18):171-172.

李树德，董宪军，1993.层次分析法在旅游资源评价中的应用：以济南旅游资源评价为例[J].山东师范大学学报(自然科学版)，
    8(4):64-69.

李文兵，2010.基于游客感知价值的古村落旅游主题定位与策划模式研究：以岳阳张谷英村为例[J].地理与地理信息科学，
    26(1):108-112.

李星，1997.香港的国家公园与自然保护区[J].世界林业研究，10(1):80-81.

李亚娟，胡静，张渭，2010.浅析生态补偿机制在旅游业中的应用[J].中国人口·资源与环境，20(S2):222-225.

李忠东，2014.光雾仙境诺水洞天——走进光雾山—诺水河国家地质公园[J].资源与人居环境，(2):40-42.

李舟，2006.浅谈《国标》的是与非[J].旅游学刊，21(1):11-12.

梁慧，2007.国际生态旅游发展趋势展望[J].当代经济，(1):72-73.

梁湘萍，许新立，2011.文化元素在我国旅游景区中的应用研究：以江门市鹤山昆仑山为例[J].热带地理，31(4):433-438.

梁修存，丁登山，2002.国外旅游资源评价研究进展[J].自然资源学报，17(2):253-260.

廖荣华，2003.关于生态旅游系统理论研究综述[J].邵阳学院学报，2(5):122-126.

刘芳，2009.GIS在王朗自然保护区生态旅游规划中的应用研究[D].北京:北京林业大学.

刘记，2005.卧龙自然保护区生态旅游开发研究[D].成都:成都理工大学.

刘继韩，1989.秦皇岛市旅游生理气候评价[J].地理学与国土研究，5(1):35-39.

刘家明，2006.从规划实践看旅游资源开发评价[J].旅游学刊，21(1):9-11.

刘静霞，2009.湖泊型旅游生态社区建设：以抚仙湖为例[D].昆明:云南财经大学.

刘丽丽，曾红鹰，2000.国家公园和自然保护区[M].北京:海洋出版社.

刘梅，于波，姚克敏，2002.人体舒适度研究现状及其开发应用前景[J].气象科技，30(1):11-14.

刘敏，刘春风，胡中州，2013.旅游生态补偿:内涵探讨与科学问题[J].旅游学刊，28(2):52-59.

刘庆荣，2004.四川旅游营销问题研究[D].成都:西南交通大学.

刘晓琴，2010.四川瓦屋山森林公园生态旅游规划与设计[D].南充:西华师范大学.

刘晓琴，严贤春，黄尤优，2009.瓦屋山森林公园旅游者人口学特征和行为特征分析[J].四川林勘设计，(4):20-26.

刘益，2006.从旅游规划角度论《旅游资源分类、调查与评价》的实践意义[J].旅游学刊，21(1):8-9.

刘勇，韩泰凡，曲新谱，等，2006.基于层次分析法的绵山旅游资源评价与可持续发展对策[J].经济地理，26(2):346-348.

鲁丰先，秦耀辰，徐两省，等，2006.旅游生态足迹初探：以嵩山景区2005年"五一"黄金周为例[J].人文地理，
    21(5):31-35.

鲁小波，2010.自然保护区生态旅游开发与管理[M].北京:旅游教育出版社.

罗佳.2008.九江市旅游生态足迹分析与研究[D].武汉:华中师范大学.

罗小龙，甄峰，2000.生态位态势理论在城乡结合部应用的初步研究：以南京市为例[J].经济地理，20(5):55-58，71.

马勇，胡孝平，2010.神农架旅游生态补偿实施系统构建[J].人文地理，25(6):120-124.

毛显强，钟瑜，张胜，2002.生态补偿的理论探讨[J].中国人口·资源与环境，12(4):40-43.

孟德友，陆玉麒，2008.基于生态位理论的城市生态位研究：以河南各省辖市为例[J].地域研究与开发，27(2):56-59.

牛江，2007.自然保护区生态旅游管理的利益相关者分析[D].北京：北京林业大学.

牛亚菲，1999.可持续旅游，生态旅游及实验方案[J].地理研究，18(2):179-184.

牛亚菲，王文彤，2000.可持续旅游概念与理论研究[J].国外城市规划，15(3):17-21.

欧阳志云，徐卫华，2014.整合我国自然保护区体系，依法建设国家公园[J].生物多样性，22(4):425-427.

欧阳志云，杜傲，徐卫华，2020.中国自然保护地体系分类研究[J].生态学报，40(20):7207-7215.

潘华丽，2013.环境税背景下旅游经济与旅游生态环境效应研究[D].济南：山东师范大学.

潘少彬，张垂策，2007.市场营销4P策略在企业竞争情报中的应用[J].商场现代化，(1):223.

彭立圣，牟瑞芳，2006.层次分析法在生态旅游资源评价中的运用研究[J].环境科学与管理，31(3):177-180.

彭青，2000.生态旅游产品的特点及在我国的开发[J].广州大学学报(综合版)，14(1):46-50.

祁黄雄，林伟立，1999.景观生态学在旅游规划中的应用[J].人文地理，14(1):26-30.

秦艳红，康慕谊，2007.国内外生态补偿现状及其完善措施[J].自然资源学报，22(4):557-567.

任海，王俊，陆宏芳，2014.恢复生态学的理论与研究进展[J].生态学报，34(15):4117-4124.

任勇，冯东方，俞海，等，2008.中国生态补偿理论与政策框架设计[M].北京：中国环境科学出版社.

余正荣，1996.生态智慧论[M].北京：中国社会科学出版社.

沈晔，2001.卧龙自然保护区生态旅游市场营销规划[J].软科学，15(3):55-59.

圣隆佐，2006.提高自然保护区管理水平加强生物多样性保护：从美国黄石国家公园管理谈起[J].环境教育，(11):71-73.

世界环境与发展委员会，1997.我们共同的未来[M].王之佳，等，译.长春：吉林人民出版社.

宋朝枢，2000.中国自然保护区大观[M].杭州：浙江少年儿童出版社.

宋学成，王江华，2004.延安旅游圈的构建及社区化管理初探[J].延安大学学报(社会科学版)，26(1):79-83.

孙亚伟，孙英隽，2016.基于SWOT分析模型的互联网大学生消费信贷分期问题研究[J].改革与开放，(1):80-81.

索生安，2012.旅游开发中的人文关怀缺失与重构：基于利益主体理论视角[J].湖北社会科学，(3):76-78.

谭根梅，柳军，胡汉辉，2007.基于层次分析法的乡村旅游资源评价：以千年古村：江西婺源江湾村为例[J].农业经济，(4):20-21.

唐小辉，2015.从马斯洛需求层次理论看美国旅游的人文关怀[J].湖南科技学院学报，36(11):94-97.

唐永锋，2005.自然保护区生态旅游规划设计[D].杨凌：西北农林科技大学.

唐勇，刘妍，刘娜，2008.光雾山国家地质公园地质环境敏感度评价[J].地球科学与环境学报，30(1):97-100.

特罗勒，林超，1983.景观生态学[J].地理译报，2(1):1-7.

田道勇，1996.浅谈旅游可持续发展[J].人文地理，11(2):12-15.

田里，李常林，2004.生态旅游[M].天津：南开大学出版社.

田萍萍，2006.基于生态足迹分析的陕西关中地区生态安全与生态补偿研究[D].西安：西北大学.

汪松，1980.哥斯达黎加的国家公园和自然保护区[J].动物学杂志，15(1):49-50.

汪为青，倪才英，甘荣俊，2009.自然保护区生态补偿问题研究[J].榆林学院学报，19(2):8-11.

王保利，李永宏，2007.基于旅游生态足迹模型的西安市旅游可持续发展评估[J].生态学报，27(11):4777-4784.

王峰，2012.《西双版纳傣族自治州旅游生态补偿条例》立法研究[J].中国政法大学学报，(4):38-42.

王吉华，郭怀成，戴永立，2003.运用层次分析法评价西藏札达地区旅游资源[J].重庆环境科学，(12):125-128.

王建军，李朝阳，田明中，2006.生态旅游资源分类与评价体系构建[J].地理研究，25(3):507-516.

王琳，2007.旅游产品开发设计研究：以珍宝岛国家森林公园为例[D].哈尔滨：东北林业大学.

王女杰，刘建，吴大千，等，2010.基于生态系统服务价值的区域生态补偿：以山东省为例[J].生态学报，30(23):6646-6653.

王鹏程，马丽霞，李小锋，等，2007.层次分析法在南疆旅游资源评价中的运用[J].塔里木大学学报，19(2):67-70.

王献溥，1989.国家公园及自然保护区现状如何：且看 IUCN 的评估[J].环境保护，17(4):28-29.

王永昌，2009.森林生态类自然保护区生态旅游开发研究[D].长沙:湖南农业大学.

王永昌，杨仁斌，李林，2009.基于层次分析法的壶瓶山森林旅游资源评价与可持续发展对策[J].湖南农业大学学报(自然科学版)，35(6):689-693.

魏湘岳，1995.生态旅游与我国的生物多样性保护[J].科学对社会的影响，(4):25-33.

文君，2003.肯尼亚的国家公园和自然保护区[N].中国花卉报，2003-12-25.

吴必虎，1998.旅游系统：对旅游活动与旅游科学的一种解释[J].旅游学刊，13(1):21-25.

吴必虎，2001.区域旅游规划原理[M].北京:中国旅游出版社.

吴泓，周章，2006.基于利益主体理论的旅游利益主体融合探讨[J].学海，(5):150-154.

吴晋阳，2012.我国生态旅游开发生态补偿法律制度的完善研究[D].昆明:昆明理工大学.

吴净，李好好，2003.对旅游可持续发展的探讨[J].北方经贸，(1):116-117.

武春友，卢小丽，柳振万，2004.社区生态旅游研究述评[J].管理学报，1(1):32-36.

夏小江，2007.山地旅游产品开发研究：以华蓥山旅游区为例[D].成都:成都理工大学.

肖春，金贵祥，朱代梅，2010.四川白河自然保护区生态旅游规划思考[J].四川林勘设计，(4):49-51.

肖笃宁，钟林生，2000.生态旅游与景观生态学研究[J].科学新闻，(5):5.

谢高地，鲁春霞，冷允法，等，2003.青藏高原生态资产的价值评估[J].自然资源学报，18(2):189-196.

谢婷，钟林生，张宪玉，2006.基于空间竞争关系的中越边境旅游产品开发研究[J].社会科学家，(5):123-127.

熊国保，胡婷婷，罗志红，2012.区域地质旅游开发中的生态补偿机制构建：以鄱阳湖生态经济区为例[J].江西社会科学，32(8):66-70.

徐娥，2006.盐城海滨湿地旅游生态足迹分析与生态旅游可持续开发研究[D].南京:南京师范大学.

徐晓东，2003.印度最大的自然保护区：纳姆达夫国家公园[J].中国花卉园艺，(7):32.

徐玉霞，2011.城市旅游生态足迹动态分析：以宝鸡市为例[J].西北人口，32(2):91-96.

许芬，时保国，2010.生态补偿：观点综述与理性选择[J].开发研究，(5):105-110.

薛瑞芳，2009.基于生态足迹理论的天目山旅游生态可持续发展研究[D].西安:陕西师范大学.

严国泰，2006.旅游规划理论与方法[M].北京:旅游教育出版社.

严力蛟，2007.生态旅游学[M].北京:中国环境科学出版社.

严贤春，刘晓琴，陈瑶，等，2011.瓦屋山国家森林公园生态旅游资源评价[J].安徽农业科学，39(20):12375-12378.

燕守广，2009.关于生态补偿概念的思考[J].环境与可持续发展，34(3):33-36.

杨保国，陈勇，张艳芬，等，2007.浅谈四川省王朗国家级自然保护区生态旅游规划[J].四川林勘设计，(1):33-35.

杨纯，1981.澳大利、新西兰林业考察见闻发展中的国家公园与自然保护区[J].林业勘察设计，(2):33.

杨光梅，闵庆文，李文华，2007.我国生态补偿研究中的科学问题[J].生态学报，27(10):4289-4300.

杨桂华，李鹏，2007.旅游生态足迹的理论意义探讨[J].旅游学刊，22(2):54-58.

杨桂华，张一群，2012.旅游生态不正义及其纠正[J].思想战线，38(3):112-115.

杨桂华，钟林庆，明庆忠，2000.生态旅游[M].北京:高等教育出版社.

杨国良，2010.四川生态旅游[M].北京:中国林业出版社.

杨国霞，2010.我国生态补偿标准研究综述[J].黑龙江生态工程职业学院学报，23(1):3-5.

杨佳，1990.澳大利亚的国家公园和自然保护区建设[J].内蒙古林业，(2):35.

杨秀平，翁钢民，赵本谦，2005.基于层次分析法的旅游资源综合评价方法与应用研究[J].国土资源科技管理，22(4):104-107.

杨一容，2009.基于制度短板的生态旅游资源补偿机制研究[D].厦门：厦门大学.

游云飞，2001.森林旅游产品开发与市场营销策略[J].福建林业科技，28(1):61-64

于航，2008.森林公园型自然保护区生态功能与价值分析[D].长春：吉林大学.

余秉全，1998.火地岛国家公园：世界上位置最南的自然保护区[J].园林，(3):41.

余俊，解小冬，2010.美国国家公园管理制度与我国自然保护区法的比较[C].2010全国环境资源法学研讨会(年会)论文.

余敏，2003.层次分析法在旅游资源评价中的应用[J].西南民族大学学报(人文社科版)，24(6):100-102.

余作岳，彭少麟，1996.热带亚热带退化生态系统植被恢复生态学研究[M].广州：广东科技出版社.

俞德浚，1980.美国国家公园和自然保护区见闻[J].植物杂志，(2):46.

俞颖奇，2012.基于生态足迹的旅游可持续发展研究：以贵州省兴义市为例[D].北京：中央民族大学.

虞慧怡，沈兴兴，2016.我国自然保护区与美国国家公园管理机制的比较研究[J].农业部管理干部学院学报，(4):84-90.

袁宁，黄纳，张龙，等，2012.基于层次分析法的古村落旅游资源评价：以世界遗产地西递、宏村为例[J].资源开发与市场，
    28(2):179-181.

袁瑞中，1983台湾的自然保护区和"国家公园"[J].自然资源研究，(3):68-69.

曾馨，2013.星德山旅游度假区环境保护对策及生活污水处理研究[D].长沙：湖南大学.

张斌，徐邓耀，2004.四川省光雾山生态旅游开发初探[J].绿色中国，26(S1):119-120.

张冰，申韩丽，王朋薇，等，2013.长白山自然保护区旅游生态补偿支付意愿分析[J].林业资源管理，(1):68-75.

张朝枝，2000.生态旅游绿色营销的产品策略分析[J].桂林旅游高等专科学校学报，11(4):34-38.

张建萍，2008.生态旅游[M].北京：中国旅游出版社.

张杰，张华，1999.生态旅游与生物多样性保护[J].野生动物，20(2):17.

张录强，范跃进，2006.循环经济原理及其发展要点[J].东北财经大学学报，(2):3-6.

张美华，2000.黄山景观生态环境的层次分析法综合评价[J].西南师范大学学报(自然科学版)，25(6):704-707.

张倩，李文军，2006.新公共管理对中国自然保护区管理的借鉴：以加拿大国家公园改革为例[J].自然资源学报，21(3):417-423.

张胜全，2015.从景观生态美的理论探析到辨别指标[J].四川戏剧，(10):91-93.

张伟，吴必虎，2002.利益主体(Stakeholder)理论在区域旅游规划中的应用：以四川省乐山市为例[J].旅游学刊，17(4):63-68.

张一群，杨桂华，2012.对旅游生态补偿内涵的思考[J].生态学杂志，31(2):477-482.

张泽钧，2016.四川唐家河国家级自然保护区生物多样性研究[M].北京：科学出版社.

张子程，2009.自然生态美三种形态的划分及理论意义[J].中南民族大学学报(人文社会科学版)，29(2):146-150.

章锦河，张捷，2004.旅游生态足迹模型及黄山市实证分析[J]地理学报，59(5):763-771.

章锦河，张捷，梁玥琳，等，2005.九寨沟旅游生态足迹与生态补偿分析[J].自然资源学报，20(5):735-744

章荣亮，2009.五峰山国家森林公园旅游产品深度开发研究[D].成都：成都理工大学.

赵翠薇，王世杰，2010.生态补偿效益、标准：国际经验及对我国的启示[J].地理研究，29(4):597-606.

赵建林，2006.生态补偿法律制度研究[D].北京：中国政法大学.

赵世瑾，2012.中国涵化理论沿革和发展现状综述[J].北京印刷学院学报，20(5):6-10.

赵晓英，孙成权，1998.恢复生态学及其发展[J].地球科学进展，13(5):61-67.

赵兴华，1986.国外的自然保护区及国家公园[J].河南林业，(1):33.

郑海霞，张陆彪，涂勤，2010.金华江流域生态服务补偿支付意愿及其影响因素分析[J].资源科学，32(4):761-767.

郑敏，2008.山岳型旅游资源开发生态补偿机制研究：以蒙山为例[D].济南:山东师范大学.

郑敏，张伟，2008.山地旅游资源生态补偿机制构建[J].安徽农业科学，36(11):4629-4630，4659.

《环境科学大辞典》编辑委员会，1991.环境科学大辞典[M].北京:中国环境科学出版社.

中国生态补偿机制与政策研究课题组，2007.中国生态补偿机制与政策研究：[中英文本][M].北京:科学出版社.

中国生态学会旅游生态专业委员会，西南林学院生态旅游学院，2008.中国生态旅游发展论坛 4：生态旅游实践与出路[M].北京:中国环境科学出版社.

钟华，2009.渭河流域水资源保护的生态补偿标准研究[D].杨凌:西北农林科技大学.

钟林生，赵士洞，向宝惠，2003.生态旅游规划原理与方法[M].北京:化学工业出版社.

周放，房慧伶，2000.两种鹩莺的种间生态位关系研究[J].动物学研究，21(1):52-57.

周国，严贤春，冯国杰，等，2012.四川大熊猫栖息地生态旅游 SWOT 分析[J].大众科技，14(4):121-123.

周建明，2003.旅游度假区的发展趋势与规划特点[J].国外城市规划，18(1):25-29.

周雄飞，2012.四川瓦屋山国家森林公园规划研究[D].成都:四川农业大学.

朱华，2006.乡村旅游利益主体研究：以成都市三圣乡红砂村观光旅游为例[J].旅游学刊，21(5):22-27.

庄国泰，高鹏，王学军，1995.中国生态环境补偿费的理论与实践[J].中国环境科学，15(6):413-418.

邹统钎，高中，钟林生.2008.旅游学术思想流派[M].天津:南开大学出版社.

Arnold C P Jr，Dey C H，1986.Observing-systems simulation experiments:Past，present，and future[J].Bull.Amer.Meteor.Soc.，67(6):687-695.

Gao G X，1995.The definition of the niche by fuzzy set theory[J]. Ecological Modelling，77(1):65-71.

Chen X D，Lupi F，He G M，et al.，2009.Factors affecting land reconversion plans following a payment for ecosystem service program[J].Biological Conservation，142(8):1740-1747.

Cole V，Sinclair A J，2002.Measuring the ecological footprint of a Himalayan tourist center[J].Mountain Research and Development，22(2):132-141.

Colinvaux P，1986. Ecology[M]. New York：Wiley.

Elton C S，1927.Animal Ecology[M].London：Sidgwick and Jackson.

Erb K H，2004.Actual land demand of Austria 1926—2000:A variation on Ecological Footprint assessments[J].Land Use Policy，21(3):247-259.

Ghazoul J，Garcia C，Kushalappa C G，2009.Landscape labelling：A concept for next-generation payment for ecosystem service schemes[J]. Forest Ecology and Management，258(9):1889-1895.

Ghimire K B，2001.Regional tourism and South-South economic cooperation[J]. The Geographical Journal，167(2):99-110.

Gössling S，Hansson C B，Hörstmeier O，et al.，2002.Ecological footprint analysis as a tool to assess tourism sustainability[J].Ecological Economics，43(2/3):199-211.

Gray L，1999.New Zealand HRD practitioner competencies:Application of the ASTD competency model[J]. The International Journal of Human Resource Management，10(6):1046-1059.

Grinnell J，1917.The niche-relationships of the California thrasher[J]. The Auk，34(4):427-433.

Holden E，Hoyer K G，2005.The ecological footprints of fuels[J].Transportation Research Part D:Transport and Environment，10(5):395-403.

Hunter C，2002.Sustainable tourism and ecological footprint[J]. Environment，Development and Sustainability，4:7-20.

Hunter C，Shaw J，2007.The ecological footprint as a key indicator of sustainable tourism[J].Tourism Management，28(1):46-57.

Hutchinson G E, 1957.Concluding remarks[J].Cold Spring Harbor Symposia on Quantitative Biology, 22:415-427.

Kalnay E, Lord S J, McPherson R D, 1998.Maturity of operational numerical weather prediction:Medium range[J].Bull.Amer.Meteor. Soc., 79(12):2753-2769.

Kosoy N, Corbera E, Brown K, 2008.Participation in payments for ecosystem services: Case studies from the Lacandon rainforest, Mexico[J]. Geoforum, 39(6): 2073-2083.

Larson J S, 1984.Rapid assessment of wetlands:History and application to management[J].Global Wetlands, 3:623-636.

Loh J, Wackernagel M, 2004.The Living Planet Report 2004[R].World Wild Fund for Nature International(WWF), Grand, Switzerland.

Odum EP, 1971.Fundamentals of Ecology(3rd ed.) [M] .Sanders:Philadelphia.

Passmore J A, 1979.Man's Responsibility for Nature[M].New York: Ecological Problems and Western Tradition.

Rees W E, 1995.Achieving sustainability:Reform or transformation? [J].Journal of Planning Literature, 9(4):343-361.

Rees W E, Wackernagel M, 1996.Our Ecological Footprint:Reducing Human Impact on the Earth[M].Canada:New Society Publisher.

Ross S, Wall G, 1999.Ecotourism:Towards congruence between theory and practice[J].Tourism Management, 20(1):123-132.

Scherr S J, White A, 2002.Outline for presentation-factors to consider in choosing instruments to promote enviuomental services[J].Workshop on Payment Schemes for Enviuomental Services, 4:22-23.

Slinger V, 2000.Ecotourism in the last indigenous Caribbean community[J].Annals of Tourism Research, 27(2):520-523.

Snyder C, 1996.Summary of an informal workshop on adaptive obser vations and fastex[J].Bull.Amer.Meteor.Soc., 77(5): 953-961.

Stöglehner G, 2003.Ecological footprint-a tool for assessing sustainable energy supplies[J].Journal of Cleaner Production, 11(3):267-277.

Tao Z P, 2003.Ecological Rucksack and Ecological Footprint—The Weight and the Area Concept of Sustainable Development[M].Beijing:Economical Sciences Publishing House.

Terjung W H.1966.Physiologic climates of the conterminous United States:A bio climatic classification based on man[J]. Annals. AAG, 56(1):141-179.

Wackernagel M, Rees W E, 1996.Our Ecological Footprint:Reducing Human Impact on the Earth[M].Gabriela Island.B C: New Society Publishers.

Wackernagel M, Monfreda C, Deumling D, 2002.The Living Planet Report 2002[R].World Wild Fund for Nature International(WWF), Grand, Switzerland .

Weaver D B, 1999.Magnitude of ecotourism in costa rica and Kenya[J].Annals of Tourism Research, 26(4):792-816.

Wendland K J, Honzák M, Portela R, et al., 2010.Targeting and implementing payments for ecosystem services:Opportunities for bundling biodiversity conservation with carbon and water services in Madagascar[J].Ecological Economics, 69(11):2093-2107.

Wunder S, 2005.Payments for environmental services: Some nuts and bolts[J].Practitioner, 239(1548): 206-208.

附录 1　建立国家公园体制总体方案

国家公园是指由国家批准设立并主导管理，边界清晰，以保护具有国家代表性的大面积自然生态系统为主要目的，实现自然资源科学保护和合理利用的特定陆地或海洋区域。建立国家公园体制是党的十八届三中全会提出的重点改革任务，是我国生态文明制度建设的重要内容，对于推进自然资源科学保护和合理利用，促进人与自然和谐共生，推进美丽中国建设，具有极其重要的意义。为加快构建国家公园体制，在总结试点经验基础上，借鉴国际有益做法，立足我国国情，制定本方案。

一、总体要求

(一)指导思想。全面贯彻党的十八大和十八届三中、四中、五中、六中全会精神，深入贯彻习近平总书记系列重要讲话精神和治国理政新理念新思想新战略，认真落实党中央、国务院决策部署，紧紧围绕统筹推进"五位一体"总体布局和协调推进"四个全面"战略布局，牢固树立和贯彻落实新发展理念，坚持以人民为中心的发展思想，加快推进生态文明建设和生态文明体制改革，坚定不移实施主体功能区战略和制度，严守生态保护红线，以加强自然生态系统原真性、完整性保护为基础，以实现国家所有、全民共享、世代传承为目标，理顺管理体制，创新运营机制，健全法治保障，强化监督管理，构建统一规范高效的中国特色国家公园体制，建立分类科学、保护有力的自然保护地体系。

(二)基本原则

——科学定位、整体保护。坚持将山水林田湖草作为一个生命共同体，统筹考虑保护与利用，对相关自然保护地进行功能重组，合理确定国家公园的范围。按照自然生态系统整体性、系统性及其内在规律，对国家公园实行整体保护、系统修复、综合治理。

——合理布局、稳步推进。立足我国生态保护现实需求和发展阶段，科学确定国家公园空间布局。将创新体制和完善机制放在优先位置，做好体制机制改革过程中的衔接，成熟一个设立一个，有步骤、分阶段推进国家公园建设。

——国家主导、共同参与。国家公园由国家确立并主导管理。建立健全政府、企业、社会组织和公众共同参与国家公园保护管理的长效机制，探索社会力量参与自然资源管理和生态保护的新模式。加大财政支持力度，广泛引导社会资金多渠道投入。

(三)主要目标。建成统一规范高效的中国特色国家公园体制，交叉重叠、多头管理的碎片化问题得到有效解决，国家重要自然生态系统原真性、完整性得到有效保护，形成自然生态系统保护的新体制新模式，促进生态环境治理体系和治理能力现代化，保障国家生态安全，实现人与自然和谐共生。

到 2020 年，建立国家公园体制试点基本完成，整合设立一批国家公园，分级统一的管理体制基本建立，国家公园总体布局初步形成。到 2030 年，国家公园体制更加健全，分级统一的管理体制更加完善,保护管理效能明显提高。

二、科学界定国家公园内涵

(四)树立正确国家公园理念。坚持生态保护第一。建立国家公园的目的是保护自然生态系统的原真性、完整性,始终突出自然生态系统的严格保护、整体保护、系统保护,把最应该保护的地方保护起来。国家公园坚持世代传承,给子孙后代留下珍贵的自然遗产。坚持国家代表性。国家公园既具有极其重要的自然生态系统,又拥有独特的自然景观和丰富的科学内涵,国民认同度高。国家公园以国家利益为主导,坚持国家所有,具有国家象征,代表国家形象,彰显中华文明。坚持全民公益性。国家公园坚持全民共享,着眼于提升生态系统服务功能,开展自然环境教育,为公众提供亲近自然、体验自然、了解自然以及作为国民福利的游憩机会。鼓励公众参与,调动全民积极性,激发自然保护意识,增强民族自豪感。

(五)明确国家公园定位。国家公园是我国自然保护地最重要类型之一,属于全国主体功能区规划中的禁止开发区域,纳入全国生态保护红线区域管控范围,实行最严格的保护。国家公园的首要功能是重要自然生态系统的原真性、完整性保护,同时兼具科研、教育、游憩等综合功能。

(六)确定国家公园空间布局。制定国家公园设立标准,根据自然生态系统代表性、面积适宜性和管理可行性,明确国家公园准入条件,确保自然生态系统和自然遗产具有国家代表性、典型性,确保面积可以维持生态系统结构、过程、功能的完整性,确保全民所有的自然资源资产占主体地位,管理上具有可行性。研究提出国家公园空间布局,明确国家公园建设数量、规模。统筹考虑自然生态系统的完整性和周边经济社会发展的需要,合理划定单个国家公园范围。国家公园建立后,在相关区域内一律不再保留或设立其他自然保护地类型。

(七)优化完善自然保护地体系。改革分头设置自然保护区、风景名胜区、文化自然遗产、地质公园、森林公园等的体制,对我国现行自然保护地保护管理效能进行评估,逐步改革按照资源类型分类设置自然保护地体系,研究科学的分类标准,理清各类自然保护地关系,构建以国家公园为代表的自然保护地体系。进一步研究自然保护区、风景名胜区等自然保护地功能定位。

三、建立统一事权、分级管理体制

(八)建立统一管理机构。整合相关自然保护地管理职能,结合生态环境保护管理体制、自然资源资产管理体制、自然资源监管体制改革,由一个部门统一行使国家公园自然保护地管理职责。

国家公园设立后整合组建统一的管理机构,履行国家公园范围内的生态保护、自然资源资产管理、特许经营管理、社会参与管理、宣传推介等职责,负责协调与当地政府及周边社区关系。可根据实际需要,授权国家公园管理机构履行国家公园范围内必要的资源环境综合执法职责。

（九）分级行使所有权。统筹考虑生态系统功能重要程度、生态系统效应外溢性、是否跨省级行政区和管理效率等因素，国家公园内全民所有自然资源资产所有权由中央政府和省级政府分级行使。其中，部分国家公园的全民所有自然资源资产所有权由中央政府直接行使，其他的委托省级政府代理行使。条件成熟时，逐步过渡到国家公园内全民所有自然资源资产所有权由中央政府直接行使。

按照自然资源统一确权登记办法，国家公园可作为独立自然资源登记单元，依法对区域内水流、森林、山岭、草原、荒地、滩涂等所有自然生态空间统一进行确权登记。划清全民所有和集体所有之间的边界，划清不同集体所有者的边界，实现归属清晰、权责明确。

（十）构建协同管理机制。合理划分中央和地方事权，构建主体明确、责任清晰、相互配合的国家公园中央和地方协同管理机制。中央政府直接行使全民所有自然资源资产所有权的，地方政府根据需要配合国家公园管理机构做好生态保护工作。省级政府代理行使全民所有自然资源资产所有权的，中央政府要履行应有事权，加大指导和支持力度。国家公园所在地方政府行使辖区（包括国家公园）经济社会发展综合协调、公共服务、社会管理、市场监管等职责。

（十一）建立健全监管机制。相关部门依法对国家公园进行指导和管理。健全国家公园监管制度，加强国家公园空间用途管制，强化对国家公园生态保护等工作情况的监管。完善监测指标体系和技术体系，定期对国家公园开展监测。构建国家公园自然资源基础数据库及统计分析平台。加强对国家公园生态系统状况、环境质量变化、生态文明制度执行情况等方面的评价，建立第三方评估制度，对国家公园建设和管理进行科学评估。建立健全社会监督机制，建立举报制度和权益保障机制，保障社会公众的知情权、监督权，接受各种形式的监督。

四、建立资金保障制度

（十二）建立财政投入为主的多元化资金保障机制。立足国家公园的公益属性，确定中央与地方事权划分，保障国家公园的保护、运行和管理。中央政府直接行使全民所有自然资源资产所有权的国家公园支出由中央政府出资保障。委托省级政府代理行使全民所有自然资源资产所有权的国家公园支出由中央和省级政府根据事权划分分别出资保障。加大政府投入力度，推动国家公园回归公益属性。在确保国家公园生态保护和公益属性的前提下，探索多渠道多元化的投融资模式。

（十三）构建高效的资金使用管理机制。国家公园实行收支两条线管理，各项收入上缴财政，各项支出由财政统筹安排，并负责统一接受企业、非政府组织、个人等社会捐赠资金，进行有效管理。建立财务公开制度，确保国家公园各类资金使用公开透明。

五、完善自然生态系统保护制度

（十四）健全严格保护管理制度。加强自然生态系统原真性、完整性保护，做好自然资源本底情况调查和生态系统监测，统筹制定各类资源的保护管理目标，着力维持生态服务功能，提高生态产品供给能力。生态系统修复坚持以自然恢复为主，生物措施和其他措施相结合。严格规划建设管控，除不损害生态系统的原住民生产生活设施改造和自然观光、科研、教育、旅游外，禁止其他开发建设活动。国家公园区域内不符合保护和规划要求的各类设施、工矿企业等逐步搬离，建立已设矿业权逐步退出机制。

(十五)实施差别化保护管理方式。编制国家公园总体规划及专项规划，合理确定国家公园空间布局，明确发展目标和任务，做好与相关规划的衔接。按照自然资源特征和管理目标，合理划定功能分区，实行差别化保护管理。重点保护区域内居民要逐步实施生态移民搬迁，集体土地在充分征求其所有权人、承包权人意见基础上，优先通过租赁、置换等方式规范流转，由国家公园管理机构统一管理。其他区域内居民根据实际情况，实施生态移民搬迁或实行相对集中居住，集体土地可通过合作协议等方式实现统一有效管理。探索协议保护等多元化保护模式。

(十六)完善责任追究制度。强化国家公园管理机构的自然生态系统保护主体责任，明确当地政府和相关部门的相应责任。严厉打击违法违规开发矿产资源或其他项目、偷排偷放污染物、偷捕盗猎野生动物等各类环境违法犯罪行为。严格落实考核问责制度，建立国家公园管理机构自然生态系统保护成效考核评估制度，全面实行环境保护"党政同责、一岗双责"，对领导干部实行自然资源资产离任审计和生态环境损害责任追究制。对违背国家公园保护管理要求、造成生态系统和资源环境严重破坏的要记录在案，依法依规严肃问责、终身追责。

六、构建社区协调发展制度

(十七)建立社区共管机制。根据国家公园功能定位，明确国家公园区域内居民的生产生活边界，相关配套设施建设要符合国家公园总体规划和管理要求，并征得国家公园管理机构同意。周边社区建设要与国家公园整体保护目标相协调，鼓励通过签订合作保护协议等方式，共同保护国家公园周边自然资源。引导当地政府在国家公园周边合理规划建设入口社区和特色小镇。

(十八)健全生态保护补偿制度。建立健全森林、草原、湿地、荒漠、海洋、水流、耕地等领域生态保护补偿机制，加大重点生态功能区转移支付力度，健全国家公园生态保护补偿政策。鼓励受益地区与国家公园所在地区通过资金补偿等方式建立横向补偿关系。加强生态保护补偿效益评估，完善生态保护成效与资金分配挂钩的激励约束机制，加强对生态保护补偿资金使用的监督管理。鼓励设立生态管护公益岗位，吸收当地居民参与国家公园保护管理和自然环境教育等。

(十九)完善社会参与机制。在国家公园设立、建设、运行、管理、监督等各环节，以及生态保护、自然教育、科学研究等各领域，引导当地居民、专家学者、企业、社会组织等积极参与。鼓励当地居民或其举办的企业参与国家公园内特许经营项目。建立健全志愿服务机制和社会监督机制。依托高等学校和企事业单位等建立一批国家公园人才教育培训基地。

七、实施保障

(二十)加强组织领导。中央全面深化改革领导小组经济体制和生态文明体制改革专项小组要加强指导，各地区各有关部门要认真学习领会党中央、国务院关于生态文明体制改革的精神，深刻认识建立国家公园体制的重要意义，把思想认识和行动统一到党中央、国务院重要决策部署上来，切实加强组织领导，明确责任主体，细化任务分工，密切协调配合，形成改革合力。

(二十一)完善法律法规。在明确国家公园与其他类型自然保护地关系的基础上，研究制定有关国家公园的法律法规，明确国家公园功能定位、保护目标、管理原则，确定国家公园管理主体，合理划定中央与地方职责，研究制定国家公园特许经营等配套法规，做好现行法律法规的衔接修订工作。制定国家公园总体规划、功能分区、基础设施建设、社区协调、生态保护补偿、访客管理等相关标准规范和自然资源调查评估、巡护管理、生物多样性监测等技术规程。

(二十二)加强舆论引导。正确解读建立国家公园体制的内涵和改革方向，合理引导社会预期，及时回应社会关切，推动形成社会共识。准确把握建立国家公园体制的核心要义，进一步突出体制机制创新。加大宣传力度，提升宣传效果。培养国家公园文化，传播国家公园理念，彰显国家公园价值。

(二十三)强化督促落实。综合考虑试点推进情况，适当延长建立国家公园体制试点时间。本方案出台后，试点省市要按照本方案和已经批复的试点方案要求，继续探索创新，扎实抓好试点任务落实工作，认真梳理总结有效模式，提炼成功经验。国家公园设立标准和相关程序明确后，由国家公园主管部门组织对试点情况进行评估，研究正式设立国家公园，按程序报批。各地区各部门不得自行设立或批复设立国家公园。适时对自行设立的各类国家公园进行清理。各有关部门要对本方案落实情况进行跟踪分析和督促检查，及时解决实施中遇到的问题，重大问题要及时向党中央、国务院请示报告。

附录2 《关于建立以国家公园为主体的自然保护地体系的指导意见》

　　建立以国家公园为主体的自然保护地体系，是贯彻习近平生态文明思想的重大举措，是党的十九大提出的重大改革任务。自然保护地是生态建设的核心载体、中华民族的宝贵财富、美丽中国的重要象征，在维护国家生态安全中居于首要地位。我国经过60多年的努力，已建立数量众多、类型丰富、功能多样的各级各类自然保护地，在保护生物多样性、保存自然遗产、改善生态环境质量和维护国家生态安全方面发挥了重要作用，但仍然存在重叠设置、多头管理、边界不清、权责不明、保护与发展矛盾突出等问题。为加快建立以国家公园为主体的自然保护地体系，提供高质量生态产品，推进美丽中国建设，现提出如下意见。

一、总体要求

　　(一)指导思想。以习近平新时代中国特色社会主义思想为指导，全面贯彻党的十九大和十九届二中、三中全会精神，贯彻落实习近平生态文明思想，认真落实党中央、国务院决策部署，紧紧围绕统筹推进"五位一体"总体布局和协调推进"四个全面"战略布局，牢固树立新发展理念，以保护自然、服务人民、永续发展为目标，加强顶层设计，理顺管理体制，创新运行机制，强化监督管理，完善政策支持，建立分类科学、布局合理、保护有力、管理有效的以国家公园为主体的自然保护地体系，确保重要自然生态系统、自然遗迹、自然景观和生物多样性得到系统性保护，提升生态产品供给能力，维护国家生态安全，为建设美丽中国、实现中华民族永续发展提供生态支撑。

　　(二)基本原则。

　　——坚持严格保护，世代传承。牢固树立尊重自然、顺应自然、保护自然的生态文明理念，把应该保护的地方都保护起来，做到应保尽保，让当代人享受到大自然的馈赠和天蓝地绿水净、鸟语花香的美好家园，给子孙后代留下宝贵自然遗产。

　　——坚持依法确权，分级管理。按照山水林田湖草是一个生命共同体的理念，改革以部门设置、以资源分类、以行政区划分设的旧体制，整合优化现有各类自然保护地，构建新型分类体系，实施自然保护地统一设置，分级管理、分区管控，实现依法有效保护。

　　——坚持生态为民，科学利用。践行绿水青山就是金山银山理念，探索自然保护和资源利用新模式，发展以生态产业化和产业生态化为主体的生态经济体系，不断满足人民群众对优美生态环境、优良生态产品、优质生态服务的需要。

　　——坚持政府主导，多方参与。突出自然保护地体系建设的社会公益性，发挥政府在自然保护地规划、建设、管理、监督、保护和投入等方面的主体作用。建立健全政府、企业、社会组织和公众参与自然保护的长效机制。

——坚持中国特色，国际接轨。立足国情，继承和发扬我国自然保护的探索和创新成果。借鉴国际经验，注重与国际自然保护体系对接，积极参与全球生态治理，共谋全球生态文明建设。

（三）总体目标。建成中国特色的以国家公园为主体的自然保护地体系，推动各类自然保护地科学设置，建立自然生态系统保护的新体制新机制新模式，建设健康稳定高效的自然生态系统，为维护国家生态安全和实现经济社会可持续发展筑牢基石，为建设富强民主文明和谐美丽的社会主义现代化强国奠定生态根基。

到 2020 年，提出国家公园及各类自然保护地总体布局和发展规划，完成国家公园体制试点，设立一批国家公园，完成自然保护地勘界立标并与生态保护红线衔接，制定自然保护地内建设项目负面清单，构建统一的自然保护地分类分级管理体制。到 2025 年，健全国家公园体制，完成自然保护地整合归并优化，完善自然保护地体系的法律法规、管理和监督制度，提升自然生态空间承载力，初步建成以国家公园为主体的自然保护地体系。到 2035 年，显著提高自然保护地管理效能和生态产品供给能力，自然保护地规模和管理达到世界先进水平，全面建成中国特色自然保护地体系。自然保护地占陆域国土面积 18% 以上。

二、构建科学合理的自然保护地体系

（四）明确自然保护地功能定位。自然保护地是由各级政府依法划定或确认，对重要的自然生态系统、自然遗迹、自然景观及其所承载的自然资源、生态功能和文化价值实施长期保护的陆域或海域。建立自然保护地目的是守护自然生态，保育自然资源，保护生物多样性与地质地貌景观多样性，维护自然生态系统健康稳定，提高生态系统服务功能；服务社会，为人民提供优质生态产品，为全社会提供科研、教育、体验、游憩等公共服务；维持人与自然和谐共生并永续发展。要将生态功能重要、生态环境敏感脆弱以及其他有必要严格保护的各类自然保护地纳入生态保护红线管控范围。

（五）科学划定自然保护地类型。按照自然生态系统原真性、整体性、系统性及其内在规律，依据管理目标与效能并借鉴国际经验，将自然保护地按生态价值和保护强度高低依次分为 3 类。

国家公园：是指以保护具有国家代表性的自然生态系统为主要目的，实现自然资源科学保护和合理利用的特定陆域或海域，是我国自然生态系统中最重要、自然景观最独特、自然遗产最精华、生物多样性最富集的部分，保护范围大，生态过程完整，具有全球价值、国家象征，国民认同度高。

自然保护区：是指保护典型的自然生态系统、珍稀濒危野生动植物种的天然集中分布区、有特殊意义的自然遗迹的区域。具有较大面积，确保主要保护对象安全，维持和恢复珍稀濒危野生动植物种群数量及赖以生存的栖息环境。

自然公园：是指保护重要的自然生态系统、自然遗迹和自然景观，具有生态、观赏、文化和科学价值，可持续利用的区域。确保森林、海洋、湿地、水域、冰川、草原、生物等珍贵自然资源，以及所承载的景观、地质地貌和文化多样性得到有效保护。包括森林公园、地质公园、海洋公园、湿地公园等各类自然公园。

制定自然保护地分类划定标准，对现有的自然保护区、风景名胜区、地质公园、森林公园、海洋公园、湿地公园、冰川公园、草原公园、沙漠公园、草原风景区、水产种质资源保护区、野生植物原生境保护区（点）、自然保护小区、野生动物重要栖息地等各类自然保护地开展综合评价，按照保护区域的自然属性、生态价值和管理目标进行梳理调整和归类，逐步形成以国家公园为主体、自然保护区为基础、各类自然公园为补充的自然保护地分类系统。

（六）确立国家公园主体地位。做好顶层设计，科学合理确定国家公园建设数量和规模，在总结国家公园体制试点经验基础上，制定设立标准和程序，划建国家公园。确立国家公园在维护国家生态安全关键区域中的首要地位，确保国家公园在保护最珍贵、最重要生物多样性集中分布区中的主导地位，确定国家公园保护价值和生态功能在全国自然保护地体系中的主体地位。国家公园建立后，在相同区域一律不再保留或设立其他自然保护地类型。

（七）编制自然保护地规划。落实国家发展规划提出的国土空间开发保护要求，依据国土空间规划，编制自然保护地规划，明确自然保护地发展目标、规模和划定区域，将生态功能重要、生态系统脆弱、自然生态保护空缺的区域规划为重要的自然生态空间，纳入自然保护地体系。

（八）整合交叉重叠的自然保护地。以保持生态系统完整性为原则，遵从保护面积不减少、保护强度不降低、保护性质不改变的总体要求，整合各类自然保护地，解决自然保护地区域交叉、空间重叠的问题，将符合条件的优先整合设立国家公园，其他各类自然保护地按照同级别保护强度优先、不同级别低级别服从高级别的原则进行整合，做到一个保护地、一套机构、一块牌子。

（九）归并优化相邻自然保护地。制定自然保护地整合优化办法，明确整合归并规则，严格报批程序。对同一自然地理单元内相邻、相连的各类自然保护地，打破因行政区划、资源分类造成的条块割裂局面，按照自然生态系统完整、物种栖息地连通、保护管理统一的原则进行合并重组，合理确定归并后的自然保护地类型和功能定位，优化边界范围和功能分区，被归并的自然保护地名称和机构不再保留，解决保护管理分割、保护地破碎和孤岛化问题，实现对自然生态系统的整体保护。在上述整合和归并中，对涉及国际履约的自然保护地，可以暂时保留履行相关国际公约时的名称。

三、建立统一规范高效的管理体制

（十）统一管理自然保护地。理顺现有各类自然保护地管理职能，提出自然保护地设立、晋（降）级、调整和退出规则，制定自然保护地政策、制度和标准规范，实行全过程统一管理。建立统一调查监测体系，建设智慧自然保护地，制定以生态资产和生态服务价值为核心的考核评估指标体系和办法。各地区各部门不得自行设立新的自然保护地类型。

（十一）分级行使自然保护地管理职责。结合自然资源资产管理体制改革，构建自然保护地分级管理体制。按照生态系统重要程度，将国家公园等自然保护地分为中央直接管理、中央地方共同管理和地方管理3类，实行分级设立、分级管理。中央直接管理和中央地方共同管理的自然保护地由国家批准设立；地方管理的自然保护地由省级政府批准设立，管理主体由省级政府确定。探索公益治理、社区治理、共同治理等保护方式。

（十二）合理调整自然保护地范围并勘界立标。制定自然保护地范围和区划调整办法，依规开展调整工作。制定自然保护地边界勘定方案、确认程序和标识系统，开展自然保护地勘界定标并建立矢量数据库，与生态保护红线衔接，在重要地段、重要部位设立界桩和标识牌。确因技术原因引起的数据、图件与现地不符等问题可以按管理程序一次性纠正。

（十三）推进自然资源资产确权登记。进一步完善自然资源统一确权登记办法，每个自然保护地作为独立的登记单元，清晰界定区域内各类自然资源资产的产权主体，划清各类自然资源资产所有权、使用权的边界，明确各类自然资源资产的种类、面积和权属性质，逐步落实自然保护地内全民所有自然资源资产代行主体与权利内容，非全民所有自然资源资产实行协议管理。

（十四）实行自然保护地差别化管控。根据各类自然保护地功能定位，既严格保护又便于基层操作，合理分区，实行差别化管控。国家公园和自然保护区实行分区管控，原则上核心保护区内禁止人为活动，一般控制区内限制人为活动。自然公园原则上按一般控制区管理，限制人为活动。结合历史遗留问题处理，分类分区制定管理规范。

四、创新自然保护地建设发展机制

（十五）加强自然保护地建设。以自然恢复为主，辅以必要的人工措施，分区分类开展受损自然生态系统修复。建设生态廊道、开展重要栖息地恢复和废弃地修复。加强野外保护站点、巡护路网、监测监控、应急救灾、森林草原防火、有害生物防治和疫源疫病防控等保护管理设施建设，利用高科技手段和现代化设备促进自然保育、巡护和监测的信息化、智能化。配置管理队伍的技术装备，逐步实现规范化和标准化。

（十六）分类有序解决历史遗留问题。对自然保护地进行科学评估，将保护价值低的建制城镇、村屯或人口密集区域、社区民生设施等调整出自然保护地范围。结合精准扶贫、生态扶贫，核心保护区内原住居民应实施有序搬迁，对暂时不能搬迁的，可以设立过渡期，允许开展必要的、基本的生产活动，但不能再扩大发展。依法清理整治探矿采矿、水电开发、工业建设等项目，通过分类处置方式有序退出；根据历史沿革与保护需要，依法依规对自然保护地内的耕地实施退田还林还草还湖还湿。

（十七）创新自然资源使用制度。按照标准科学评估自然资源资产价值和资源利用的生态风险，明确自然保护地内自然资源利用方式，规范利用行为，全面实行自然资源有偿使用制度。依法界定各类自然资源资产产权主体的权利和义务，保护原住居民权益，实现各产权主体共建保护地、共享资源收益。制定自然保护地控制区经营性项目特许经营管理办法，建立健全特许经营制度，鼓励原住居民参与特许经营活动，探索自然资源所有者参与特许经营收益分配机制。对划入各类自然保护地内的集体所有土地及其附属资源，按照依法、自愿、有偿的原则，探索通过租赁、置换、赎买、合作等方式维护产权人权益，实现多元化保护。

(十八)探索全民共享机制。在保护的前提下,在自然保护地控制区内划定适当区域开展生态教育、自然体验、生态旅游等活动,构建高品质、多样化的生态产品体系。完善公共服务设施,提升公共服务功能。扶持和规范原住居民从事环境友好型经营活动,践行公民生态环境行为规范,支持和传承传统文化及人地和谐的生态产业模式。推行参与式社区管理,按照生态保护需求设立生态管护岗位并优先安排原住居民。建立志愿者服务体系,健全自然保护地社会捐赠制度,激励企业、社会组织和个人参与自然保护地生态保护、建设与发展。

五、加强自然保护地生态环境监督考核

实行最严格的生态环境保护制度,强化自然保护地监测、评估、考核、执法、监督等,形成一整套体系完善、监管有力的监督管理制度。

(十九)建立监测体系。建立国家公园等自然保护地生态环境监测制度,制定相关技术标准,建设各类各级自然保护地"天空地一体化"监测网络体系,充分发挥地面生态系统、环境、气象、水文水资源、水土保持、海洋等监测站点和卫星遥感的作用,开展生态环境监测。依托生态环境监管平台和大数据,运用云计算、物联网等信息化手段,加强自然保护地监测数据集成分析和综合应用,全面掌握自然保护地生态系统构成、分布与动态变化,及时评估和预警生态风险,并定期统一发布生态环境状况监测评估报告。对自然保护地内基础设施建设、矿产资源开发等人类活动实施全面监控。

(二十)加强评估考核。组织对自然保护地管理进行科学评估,及时掌握各类自然保护地管理和保护成效情况,发布评估结果。适时引入第三方评估制度。对国家公园等各类自然保护地管理进行评价考核,根据实际情况,适时将评价考核结果纳入生态文明建设目标评价考核体系,作为党政领导班子和领导干部综合评价及责任追究、离任审计的重要参考。

(二十一)严格执法监督。制定自然保护地生态环境监督办法,建立包括相关部门在内的统一执法机制,在自然保护地范围内实行生态环境保护综合执法,制定自然保护地生态环境保护综合执法指导意见。强化监督检查,定期开展"绿盾"自然保护地监督检查专项行动,及时发现涉及自然保护地的违法违规问题。对违反各类自然保护地法律法规等规定,造成自然保护地生态系统和资源环境受到损害的部门、地方、单位和有关责任人员,按照有关法律法规严肃追究责任,涉嫌犯罪的移送司法机关处理。建立督查机制,对自然保护地保护不力的责任人和责任单位进行问责,强化地方政府和管理机构的主体责任。

六、保障措施

(二十二)加强党的领导。地方各级党委和政府要增强"四个意识",严格落实生态环境保护党政同责、一岗双责,担负起相关自然保护地建设管理的主体责任,建立统筹推进自然保护地体制改革的工作机制,将自然保护地发展和建设管理纳入地方经济社会发展规划。各相关部门要履行好自然保护职责,加强统筹协调,推动工作落实。重大问题及时报告党中央、国务院。

(二十三)完善法律法规体系。加快推进自然保护地相关法律法规和制度建设,加大法

律法规立改废释工作力度。修改完善自然保护区条例，突出以国家公园保护为主要内容，推动制定出台自然保护地法，研究提出各类自然公园的相关管理规定。在自然保护地相关法律、行政法规制定或修订前，自然保护地改革措施需要突破现行法律、行政法规规定的，要按程序报批，取得授权后施行。

（二十四）建立以财政投入为主的多元化资金保障制度。统筹包括中央基建投资在内的各级财政资金，保障国家公园等各类自然保护地保护、运行和管理。国家公园体制试点结束后，结合试点情况完善国家公园等自然保护地经费保障模式；鼓励金融和社会资本出资设立自然保护地基金，对自然保护地建设管理项目提供融资支持。健全生态保护补偿制度，将自然保护地内的林木按规定纳入公益林管理，对集体和个人所有的商品林，地方可依法自主优先赎买；按自然保护地规模和管护成效加大财政转移支付力度，加大对生态移民的补偿扶持投入。建立完善野生动物肇事损害赔偿制度和野生动物伤害保险制度。

（二十五）加强管理机构和队伍建设。自然保护地管理机构会同有关部门承担生态保护、自然资源资产管理、特许经营、社会参与和科研宣教等职责，当地政府承担自然保护地内经济发展、社会管理、公共服务、防灾减灾、市场监管等职责。按照优化协同高效的原则，制定自然保护地机构设置、职责配置、人员编制管理办法，探索自然保护地群的管理模式。适当放宽艰苦地区自然保护地专业技术职务评聘条件，建设高素质专业化队伍和科技人才团队。引进自然保护地建设和发展急需的管理和技术人才。通过互联网等现代化、高科技教学手段，积极开展岗位业务培训，实行自然保护地管理机构工作人员继续教育全覆盖。

（二十六）加强科技支撑和国际交流。设立重大科研课题，对自然保护地关键领域和技术问题进行系统研究。建立健全自然保护地科研平台和基地，促进成熟科技成果转化落地。加强自然保护地标准化技术支撑工作。自然保护地资源可持续经营管理、生态旅游、生态康养等活动可研究建立认证机制。充分借鉴国际先进技术和体制机制建设经验，积极参与全球自然生态系统保护，承担并履行好与发展中大国相适应的国际责任，为全球提供自然保护的中国方案。

附录3 《旅游资源分类、调查与评价》 (GB/T 18972—2003)①

中 华 人 民 共 和 国 国 家 标 准

GB/T 18972－2003

旅游资源分类、调查与评价

Classification，investigation and evaluation of tourism resources

2003-02-24 发布 2003-05-01 实施

中华人民共和国国家质量监督检验检疫总局发布

前　　言

本标准文本包括三个核心内容：旅游资源分类、旅游资源调查、旅游资源评价。

本标准的附录 A、附录 B、附录 C 为规范性附录。

本标准由国家旅游局提出。

本标准由全国旅游标准化技术委员会归口并解释。

本标准起草单位：中国科学院地理科学与资源研究所、国家旅游局规划发展与财务司。

本标准主要起草人：尹泽生、魏小安、张吉林、汪黎明、陈田、牛亚菲、李宝田、潘肖澎、周梅、石建国。

引　　言

旅游资源是构成旅游业发展的基础，我国旅游资源非常丰富，具有广阔的开发前景，在旅游研究、区域开发、资源保护等各方面受到广泛的应用，越来越受到重视。

旅游界对旅游资源的涵义、价值、应用等许多理论和实用问题进行了多方面的研究，本标准在充分考虑了前人研究成果，特别是 1992 年出版的《中国旅游资源普查规范(试行稿)》的学术研究和广泛实践的基础上，对旅游资源的类型划分、调查、评价的实用技术和方法，进行了较深层次的探讨，目的是为了更加适用于旅游资源开发与保护、旅游规划与项目建设、旅游行业管理与旅游法规建设、旅游资源信息管理与开发利用等方面的工作。

本标准是一部应用性质的技术标准，主要适用于旅游界，对其他行业和部门的资源开发也有一定的参考意义。

---

① 此标准的附录 A、附录 B、附录 C 本书不做收录。

旅游规划通则

1 范围

本标准规定了旅游资源类型体系，以及旅游资源调查、等级评价的技术与方法。

本标准适用于各类型旅游区(点)的旅游资源开发与保护、旅游规划与项目建设、旅游行业管理与旅游法规建设、旅游资源信息管理与开发利用等方面。

2 规范性引用文件

下列文件中的条款通过本标准的引用而成为本标准的条款。凡是注日期的引用文件，其随后所有的修改单(不包括勘误的内容)或修订版均不适用于本标准，然而，鼓励根据本标准达成协议的各方研究是否可使用这些文件的最新版本。凡是不注日期的引用文件，其最新版本适用于本标准。

GB/T 2260 中华人民共和国行政区划代码

3 术语和定义

下列术语和定义适用于本标准。

3.1

旅游资源 tourism resources

自然界和人类社会凡能对旅游者产生吸引力，可以为旅游业开发利用，并可产生经济效益、社会效益和环境效益的各种事物和因素。

3.2

旅游资源基本类型 fundamental type of tourism resources

按照旅游资源分类标准所划分出的基本单位。

3.3

旅游资源单体 object of tourism resources

可作为独立观赏或利用的旅游资源基本类型的单独个体，包括"独立型旅游资源单体"和由同一类型的独立单体结合在一起的"集合型旅游资源单体"。

3.4

旅游资源调查 investigation of tourism resources

按照旅游资源分类标准，对旅游资源单体进行的研究和记录。

3.5

旅游资源共有因子评价　community factor evaluation of tourist resources

按照旅游资源基本类型所共同拥有的因子对旅游资源单体进行的价值和程度评价。

4　旅游资源分类

4.1　分类原则

依据旅游资源的性状，即现存状况、形态、特性、特征划分。

4.2　分类对象

稳定的、客观存在的实体旅游资源。

不稳定的、客观存在的事物和现象。

4.3　分类结构

分为"主类"、"亚类"、"基本类型"3个层次，每个层次的旅游资源类型有相应的汉语拼音代号，见表1。

表1　旅游资源分类表

主类	亚类	基本类型
A 地文景观	AA 综合自然旅游地	AAA 山丘型旅游地　AAB 谷地型旅游地　AAC 沙砾石地型旅游地　AAD 滩地型旅游地　AAE 奇异自然现象　AAF 自然标志地　AAG 垂直自然地带
	AB 沉积与构造	ABA 断层景观　ABB 褶曲景观　ABC 节理景观　ABD 地层剖面　ABE 钙华与泉华　ABF 矿点矿脉与矿石积聚地　ABG 生物化石点
	AC 地质地貌过程形迹	ACA 凸峰　ACB 独峰　ACC 峰丛　ACD 石(土)林　ACE 奇特与象形山石　ACF 岩壁与岩缝　ACG 峡谷段落　ACH 沟壑地　ACI 丹霞　ACJ 雅丹　ACK 堆石洞　ACL 岩石洞与岩穴　ACM 沙丘地　ACN 岸滩
	AD 自然变动遗迹	ADA 重力堆积体　ADB 泥石流堆积　ADC 地震遗迹　ADD 陷落地　ADE 火山与熔岩　ADF 冰川堆积体　ADG 冰川侵蚀遗迹
	AE 岛礁	AEA 岛区　AEB 岩礁
B 水域风光	BA 河段	BAA 观光游憩河段　BAB 暗河段　BAC 古河道段落
	BB 天然湖泊与池沼	BBA 观光游憩湖区　BBB 沼泽与湿地　BBC 潭池
	BC 瀑布	BCA 悬瀑　BCB 跌水
	BD 泉	BDA 冷泉　BDB 地热与温泉
	BE 河口与海面	BEA 观光游憩海域　BEB 涌潮现象　BEC 击浪现象
	BF 冰雪地	BFA 冰川观光地　BFB 长年积雪地
C 生物景观	CA 树木	CAA 林地　CAB 丛树　CAC 独树
	CB 草原与草地	CBA 草地　CBB 疏林草地
	CC 花卉地	CCA 草场花卉地　CCB 林间花卉地
	CD 野生动物栖息地	CDA 水生动物栖息地　CDB 陆地动物栖息地　CDC 鸟类栖息地　CDE 蝶类栖息地

续表

主类	亚类	基本类型
D 天象与气候景观	DA 光现象	DAA 日月星辰观察地　DAB 光环现象观察地　DAC 海市蜃楼现象多发地
	DB 天气与气候现象	DBA 云雾多发区　DBB 避暑气候地　DBC 避寒气候地　DBD 极端与特殊气候显示地　DBE 物候景观
E 遗址遗迹	EA 史前人类活动场所	EAA 人类活动遗址　EAB 文化层　EAC 文物散落地　EAD 原始聚落
	EB 社会经济文化活动遗址遗迹	EBA 历史事件发生地　EBB 军事遗址与古战场　EBC 废弃寺庙　EBD 废弃生产地　EBE 交通遗迹　EBF 废城与聚落遗址　EBG 长城遗迹　EBH 烽燧
F 建筑与设施	FA 综合人文旅游地	FAA 教学科研实验场所　FAB 康体游乐休度假地　FAC 宗教与祭祀活动场所　FAD 园林游憩区域　FAE 文化活动场所　FAF 建设工程与生产地　FAG 社会与商贸活动场所　FAH 动物与植物展示地　FAI 军事观光地　FAJ 边境口岸　FAK 景物观赏点
	FB 单体活动场馆	FBA 聚会接待厅堂(室)　FBB 祭拜场馆　FBC 展示演示场馆　FBD 体育健身馆场　FBE 歌舞游乐场馆
	FC 景观建筑与附属型建筑	FCA 佛塔　FCB 塔形建筑物　FCC 楼阁　FCD 石窟　FCE 长城段落　FCF 城(堡)　FCG 摩崖字画　FCH 碑碣(林)　FCI 广场　FCJ 人工洞穴　FCK 建筑小品
	FD 居住地与社区	FDA 传统与乡土建筑　FDB 特色街巷　FDC 特色社区　FDD 名人故居与历史纪念建筑　FDE 书院　FDF 会馆　FDG 特色店铺　FDH 特色市场
	FE 归葬地	FEA 陵区陵园　FEB 墓(群)　FEC 悬棺
	FF 交通建筑	FFA 桥　FFB 车站　FFC 港口渡口与码头　FFD 航空港　FFE 栈道
	FG 水工建筑	FGA 水库观光游憩区段　FGB 水井　FGC 运河与渠道段落　FGD 堤坝段落　FGE 灌区　FGF 提水设施
G 旅游商品	GA 地方旅游商品	GAA 菜品饮食　GAB 农林畜产品与制品　GAC 水产品与制品　GAD 中草药材及制品　GAE 传统手工产品与工艺品　GAF 日用工业品　GAG 其他物品
H 人文活动	HA 人事记录	HAA 人物　HAB 事件
	HB 艺术	HBA 文艺团体　HBB 文学艺术作品
	HC 民间习俗	HCA 地方风俗与民间礼仪　HCB 民间节庆　HCC 民间演艺　HCD 民间健身活动与赛事　HCE 宗教活动　HCF 庙会与民间集会　HCG 饮食习俗　HGH 特色服饰
	HD 现代节庆	HDA 旅游节　HDB 文化节　HDC 商贸农事节　HDD 体育节
数量统计		
8 主类	31 亚类	155 基本类型

注：如果发现本分类没有包括的基本类型时，使用者可自行增加。增加的基本类型可归入相应亚类，置于最后，最多可增加 2 个。编号方式为：增加第 1 个基本类型时，该亚类 2 位汉语拼音字母＋Z；增加第 2 个基本类型时，该亚类 2 位汉语拼音字母＋Y。

5　旅游资源调查

5.1　基本要求

5.1.1　按照本标准规定的内容和方法进行调查。

5.1.2　保证成果质量，强调整个运作过程的科学性、客观性、准确性，并尽量做到内容简洁和量化。

5.1.3　充分利用与旅游资源有关的各种资料和研究成果，完成统计、填表和编写调查文件等项工作。调查方式以收集、分析、转化、利用这些资料和研究成果为主，并逐个对旅游资源单体进行现场调查核实，包括访问、实地观察、测试、记录、绘图、摄影，必要时进行采样和室内分析。

5.1.4　旅游资源调查分为"旅游资源详查"和"旅游资源概查"两个档次，其调查方式和精度要求不同。

5.2　旅游资源详查

5.2.1　适用范围和要求

5.2.1.1　适用于了解和掌握整个区域旅游资源全面情况的旅游资源调查。

5.2.1.2　完成全部旅游资源调查程序，包括调查准备、实地调查。

5.2.1.3　要求对全部旅游资源单体进行调查，提交全部《旅游资源单体调查表》。

5.2.2　调查准备

5.2.2.1　调查组

5.2.2.1.1　调查组成员应具备与该调查区旅游环境、旅游资源、旅游开发有关的专业知识，一般应吸收旅游、环境保护、地学、生物学、建筑园林、历史文化、旅游管理等方面的专业人员参与。

5.2.2.1.2　根据本标准的要求，进行技术培训。

5.2.2.1.3　准备实地调查所需的设备如定位仪器、简易测量仪器、影像设备等。

5.2.2.1.4　准备多份《旅游资源单体调查表》。

5.2.2.2　资料收集范围

5.2.2.2.1　与旅游资源单体及其赋存环境有关的各类文字描述资料，包括地方志书、乡土教材、旅游区与旅游点介绍、规划与专题报告等。

5.2.2.2.2　与旅游资源调查区有关的各类图形资料，重点是反映旅游环境与旅游资源的专题地图。

5.2.2.2.3　与旅游资源调查区和旅游资源单体有关的各种照片、影像资料。

5.2.3　实地调查

5.2.3.1　程序与方法

5.2.3.1.1　确定调查区内的调查小区和调查线路

为便于运作和此后旅游资源评价、旅游资源统计、区域旅游资源开发的需要，将整个调查区分为"调查小区"。调查小区一般按行政区划分(如省级一级的调查区，可将地区一级的行政区划分为调查小区；地区一级的调查区，可将县级一级的行政区划分为调查小区；县级一级的调查区，可将乡镇一级的行政区划分为调查小区)，也可按现有或规划中的旅游区域划分。

调查线路按实际要求设置，一般要求贯穿调查区内所有调查小区和主要旅游资源单体所在的地点。

5.2.3.1.2 选定调查对象

选定下述单体进行重点调查：具有旅游开发前景，有明显经济、社会、文化价值的旅游资源单体；集合型旅游资源单体中具有代表性的部分；代表调查区形象的旅游资源单体。

对下列旅游资源单体暂时不进行调查：明显品位较低，不具有开发利用价值的；与国家现行法律、法规相违背的；开发后有损于社会形象的或可能造成环境问题的；影响国计民生的；某些位于特定区域内的。

5.2.3.1.3 填写《旅游资源单体调查表》

对每一调查单体分别填写一份"旅游资源单体调查表"(见附录 B)。调查表各项内容填写要求如下：

a) 单体序号：由调查组确定的旅游资源单体顺序号码。

b) 单体名称：旅游资源单体的常用名称。

c) "代号"项：代号用汉语拼音字母和阿拉伯数字表示，即"表示单体所处位置的汉语拼音字母-表示单体所属类型的汉语拼音字母-表示单体在调查区内次序的阿拉伯数字"。

如果单体所处的调查区是县级和县级以上行政区，则单体代号按"国家标准行政代码(省代号 2 位-地区代号 3 位-县代号 3 位，参见 GB/T 2260)-旅游资源基本类型代号 3 位-旅游资源单体序号 2 位"的方式设置，共 5 组 13 位数，每组之间用短线"-"连接。

如果单体所处的调查区是县级以下的行政区，则旅游资源单体代号按"国家标准行政代码(省代号 2 位-地区代号 3 位-县代号 3 位，参见 GB/T 2260)-乡镇代号(由调查组自定 2 位)-旅游资源基本类型代号 3 位-旅游资源单体序号 2 位"的方式设置，共 6 组 15 位数，每组之间用短线"-"连接。

如果遇到同一单体可归入不同基本类型的情况，在确定其为某一类型的同时，可在"其他代号"后按另外的类型填写。操作时只需改动其中的"旅游资源基本类型代号"，其他代号项目不变。

填表时，一般可省略本行政区及本行政区以上的行政代码。

d) "行政位置"项：填写单体所在地的行政归属，从高到低填写政区单位名称。

e) "地理位置"项：填写旅游资源单体主体部分的经纬度(精度到秒)。

f) "性质与特征"项：填写旅游资源单体本身个性，包括单体性质、形态、结构、组成成分的外在表现和内在因素，以及单体生成过程、演化历史、人事影响等主要环境因素，提示如下：

1) 外观形态与结构类：旅游资源单体的整体状况、形态和突出(醒目)点；代表形象部分的细节变化；整体色彩和色彩变化、奇异华美现象，装饰艺术特色等；组成单体整体各部分的搭配关系和安排情况，构成单体主体部分的构造细节、构景要素等。

2) 内在性质类：旅游资源单体的特质，如功能特性、历史文化内涵与格调、科学价值、艺术价值、经济背景、实际用途等。

3) 组成成分类：构成旅游资源单体的组成物质、建筑材料、原料等。

4) 成因机制与演化过程类：表现旅游资源单体发生、演化过程、演变的时序数值；生成和运行方式，如形成机制、形成年龄和初建时代、废弃时代、发现或制造时间、盛衰变化、历史演变、现代运动过程、生长情况、存在方式、展示演示及活动内容、开放时间等。

5）规模与体量类：表现旅游资源单体的空间数值如占地面积、建筑面积、体积、容积等；个性数值如长度、宽度、高度、深度、直径、周长、进深、面宽、海拔、高差、产值、数量、生长期等；比率关系数值如矿化度、曲度、比降、覆盖度、圆度等。

6）环境背景类：旅游资源单体周围的境况，包括所处具体位置及外部环境如目前与其共存并成为单体不可分离的自然要素和人文要素，如气候、水文、生物、文物、民族等；影响单体存在与发展的外在条件，如特殊功能、雪线高度、重要战事、主要矿物质等；单体的旅游价值和社会地位、级别、知名度等。

7）关联事物类：与旅游资源单体形成、演化、存在有密切关系的典型的历史人物与事件等。

g）"旅游区域及进出条件"项：包括旅游资源单体所在地区的具体部位、进出交通、与周边旅游集散地和主要旅游区（点）之间的关系等。

h）"保护与开发现状"项：旅游资源单体保存现状、保护措施、开发情况等。

i）"共有因子评价问答"项：旅游资源单体的观赏游憩价值、历史文化科学艺术价值、珍稀或奇特程度、规模丰度与几率、完整性、知名度和影响力、适游期和使用范围、污染状况与环境安全。

5.3 旅游资源概查

5.3.1 适用范围和要求

5.3.1.1 适用于了解和掌握特定区域或专门类型的旅游资源调查。

5.3.1.2 要求对涉及到的旅游资源单体进行调查。

5.3.2 调查技术要点

5.3.2.1 参照"旅游资源详查"中的各项技术要求。

5.3.2.2 简化工作程序，如不需要成立调查组，调查人员由其参与的项目组织协调委派；资料收集限定在与专门目的所需要的范围；可以不填写或择要填写《旅游资源单体调查表》等。

6 旅游资源评价

6.1 总体要求

6.1.1 按照本标准的旅游资源分类体系对旅游资源单体进行评价。

6.1.2 本标准采用打分评价方法。

6.1.3 评价主要由调查组完成。

6.2 评价体系

本标准依据《旅游资源共有因子综合评价系统》赋分。

本系统设"评价项目"和"评价因子"两个档次。

评价项目为"资源要素价值"、"资源影响力"、"附加值"。

其中：

"资源要素价值"项目中含"观赏游憩使用价值"、"历史文化科学艺术价值"、"珍稀奇特程度"、"规模、丰度与几率"、"完整性"等 5 项评价因子。

"资源影响力"项目中含"知名度和影响力"、"适游期或使用范围"等两项评价因子。

"附加值"含"环境保护与环境安全"一项评价因子。

6.3　计分方法

6.3.1　基本分值

6.3.1.1　评价项目和评价因子用量值表示。资源要素价值和资源影响力总分值为 100 分,其中:

"资源要素价值"为 85 分,分配如下:"观赏游憩使用价值" 30 分、"历史科学文化艺术价值" 25 分、"珍稀或奇特程度" 15 分、"规模、丰度与几率" 10 分、"完整性" 5 分。

"资源影响力"为 15 分,其中:"知名度和影响力" 10 分、"适游期或使用范围" 5 分。

6.3.1.2　"附加值"中"环境保护与环境安全",分正分和负分。

6.3.1.3　每一评价因子分为 4 个档次,其因子分值相应分为 4 档。

旅游资源评价赋分标准见表 2。

表 2　旅游资源评价赋分标准

评价项目	评价因子	评价依据	赋值
资源要素价值(85 分)	观赏游憩使用价值(30 分)	全部或其中一项具有极高的观赏价值、游憩价值、使用价值。	30～22
		全部或其中一项具有很高的观赏价值、游憩价值、使用价值。	21～13
		全部或其中一项具有较高的观赏价值、游憩价值、使用价值。	12～6
		全部或其中一项有一般观赏价值、游憩价值、使用价值。	5～1
	历史文化科学艺术价值(25 分)	同时或其中一项具有世界意义的历史价值、文化价值、科学价值、艺术价值。	25～20
		同时或其中一项具有全国意义的历史价值、文化价值、科学价值、艺术价值。	19～13
		同时或其中一项具有省级意义的历史价值、文化价值、科学价值、艺术价值。	12～6
		历史价值、或文化价值、或科学价值、或艺术价值具有地区意义。	5～1
	珍稀奇特程度(15 分)	有大量珍稀物种,或景观异常奇特,或此类现象在其他地区罕见。	15～13
		有较多珍稀物种,或景观奇特,或此类现象在其他地区很少见。	12～9
		有少量珍稀物种,或景观突出,或此类现象在其他地区少见。	8～4
		有个别珍稀物种,或景观比较突出,或此类现象在其他地区较多见。	3～1
	规模、丰度与几率(10 分)	独立型旅游资源单体规模、体量巨大;集合型旅游资源单体结构完美、疏密度优良级;自然景象和人文活动周期性发生或频率极高。	10～8
		独立型旅游资源单体规模、体量较大;集合型旅游资源单体结构很和谐、疏密良好;自然景象和人文活动周期性发生或频率很高。	7～5
		独立型旅游资源单体规模、体量中等;集合型旅游资源单体结构和谐、疏密度较好;自然景象和人文活动周期性发生或频率较高。	4～3
		独立型旅游资源单体规模、体量较小;集合型旅游资源单体结构较和谐、疏密度一般;自然景象和人文活动周期性发生或频率较小。	2～1
	完整性(5 分)	形态与结构保持完整。	5～4
		形态与结构有少量变化,但不明显。	3
		形态与结构有明显变化。	2
		形态与结构有重大变化。	1

评价项目	评价因子	评价依据	赋值
资源影响力(15分)	知名度和影响力(10分)	在世界范围内知名，或构成世界承认的名牌。	10~8
		在全国范围内知名，或构成全国性的名牌。	7~5
		在本省范围内知名，或构成省内的名牌。	4~3
		在本地区范围内知名，或构成本地区名牌。	2~1
	适游期或使用范围(5分)	适宜游览的日期每年超过300天，或适宜于所有游客使用和参与。	5~4
		适宜游览的日期每年超过250天，或适宜于80%左右游客使用和参与。	3
		适宜游览的日期超过150天，或适宜于60%左右游客使用和参与。	2
		适宜游览的日期每年超过100天，或适宜于40%左右游客使用和参与。	1
附加值	环境保护与环境安全	已受到严重污染，或存在严重安全隐患。	−20
		已受到中度污染，或存在明显安全隐患。	−10
		已受到轻度污染，或存在一定安全隐患。	−3
		已有工程保护措施，环境安全得到保证。	3

6.3.2　计分与等级划分

6.3.2.1　计分

根据对旅游资源单体的评价，得出该单体旅游资源共有综合因子评价赋分值。

6.3.2.2　旅游资源评价等级指标

依据旅游资源单体评价总分，将其分为五级，从高级到低级为：

五级旅游资源，得分值域≥90分；

四级旅游资源，得分值域≥75分~89分；

三级旅游资源，得分值域≥60分~74分；

二级旅游资源，得分值域≥45分~59分；

一级旅游资源，得分值域≥30分~44分。

此外还有：

未获等级旅游资源，得分≤29分。

其中：

五级旅游资源称为"特品级旅游资源"；

五级、四级、三级旅游资源被通称为"优良级旅游资源"；

二级、一级旅游资源被通称为"普通级旅游资源"。

7　提交文(图)件

7.1　文(图)件内容和编写要求

7.1.1　全部文(图)件包括《旅游资源调查区实际资料表》、《旅游资源图》、《旅游资源调查报告》。

7.1.2　旅游资源详查和旅游资源概查的文(图)件类型和精度不同，旅游资源详查需要完成全部文(图)件,包括填写《旅游资源调查区实际资料表》,编绘《旅游资源地图》,编写《旅游资源调查报告》。旅游资源概查要求编绘《旅游资源地图》,其他文件可根据需要选择编写。

7.2 文(图)件产生方式

7.2.1 《旅游资源调查区实际资料表》的填写

7.2.1.1 调查区旅游资源调查、评价结束后,由调查组填写。

7.2.1.2 按照本标准附录C规定的栏目填写,栏目内容包括:调查区基本资料、各层次旅游资源数量统计、各主类、亚类旅游资源基本类型数量统计、各级旅游资源单体数量统计、优良级旅游资源单体名录、调查组主要成员、主要技术存档材料。

7.2.1.3 本表同样适用于调查小区实际资料的填写。

7.2.2 《旅游资源图》的编绘

7.2.2.1 类型

——《旅游资源图》,表现五级、四级、三级、二级、一级旅游资源单体;

——《优良级旅游资源图》,表现五级、四级、三级旅游资源单体。

7.2.2.2 编绘程序与方法

7.2.2.2.1 准备工作底图

a)等高线地形图

比例尺视调查区的面积大小而定,较大面积的调查区为(1:50000)~(1:200000),较小面积的调查区为(1:5000)~(1:25000),特殊情况下为更大比例尺。

b)调查区政区地图

7.2.2.2.2 在工作底图的实际位置上标注旅游资源单体(部分集合型单体可将范围绘出)。各级旅游资源使用下列图例(见表3)。

表3 旅游资源图图例

旅游资源等级	图例	使用说明
五级旅游资源	■	1.图例大小根据图面大小而定,形状不变。 2.自然旅游资源(旅游资源分类表中主类A、B、C、D)使用蓝色图例;人文旅游资源(旅游资源分类表中主类E、F、G、H)使用红色图例。
四级旅游资源	●	
三级旅游资源	◆	
二级旅游资源	□	
一级旅游资源	○	

7.2.2.2.3 单体符号一侧加注旅游资源单体代号或单体序号。

7.2.3 《旅游资源调查报告》的编写

各调查区编写的旅游资源调查报告,基本篇目如下:

前言

第一章 调查区旅游环境

第二章　旅游资源开发历史和现状

第三章　旅游资源基本类型

第四章　旅游资源评价

第五章　旅游资源保护与开发建议

主要参考文献

附图：《旅游资源图》或《优良级旅游资源图》

附录4 《旅游资源分类、调查与评价》
(GB/T 18972－2017)[①]

中 华 人 民 共 和 国 国 家 标 准

GB/T 18972－2017

代替 GB/T 18972－2003

旅游资源分类、调查与评价

Classification，investigation and evaluation of tourism resources

2017-12－29 发布 2018－07－01 实施

中华人民共和国国家质量监督检验检疫总局、中国国家标准化委员会发布

前　言

本标准按照 GB/T 1.1－2009 给出的规格起草。

本标准代替 GB/T 18972－2003《旅游资源分类、调查与评价》。

本标准与 GB/T 18972—2003 相比，除编辑性修改外主要技术差异如下：

——旅游资源分类表做了继承性修编，分类层次和类型进行了简化（见第 4 章，2003 版的 4.3）；

——旅游资源主类的排序和名称做了调整，将原主类的第五类"遗址遗迹"和原主类的第六类"建筑与设施"前后移位，分别改为第六类和五类，"水域风光""遗址遗迹""旅游商品"分别修改为"水域景观""历史遗迹""旅游购品"（见第 4 章，2003 版的 4.3）；

——旅游资源亚类设置了 23 个，比原亚类总数减少 8 个，主要改变为取消重复类型、同类归并，名称也随之做了相应调整（见第 4 章，2003 版的 4.3）；

——旅游资源基本类型设置了 110 个，比原基本类型总数减少了 45 个。主要改变为同类归并。科学吸纳和整合相关物质和非物质遗产类资源，名称也随之做了相应调整（见第 4 章，2003 版的 4.3）。

本标准由国家旅游局提出。

本标准由全国旅游标准化技术委员会（SAC/TC 210）归口。

本标准起草单位：国家旅游局规划发展与财务司、中国科学院地理科学与资源研究所。

本标准主要起草人：彭德成、张树民、方言、尹泽生、陈田、牛亚菲、钟林生、何燕、虞虎、张飞。

本标准代替标准的历次版本情况为：

——GB/T 18972－2003。

[①] 此标准的附录 A、附录 B、附录 C 本书不做收录。

引　　言

　　旅游资源是构成旅游业发展的基础,我国旅游资源非常丰富,具有广阔的开发前景,在旅游研究、区域开发、资源保护等各方面应用广泛。

　　本标准充分考虑了 GB/T 18972－2003 颁布以来,旅游界对旅游资源的含义、价值、应用等方面的研究成果,重点对旅游资源的类型划分进行了修订,使标准更加突出实际操作、突出资源与市场的有机对接以及旅游资源及其开发利用的综合评价,更加适用于旅游资源开发与保护、旅游规划与项目建设、旅游行业管理与旅游法规建设、旅游资源信息管理与开发利用等方面的工作。

旅游资源分类、调查与评价

1　范围

　　本标准规定了旅游资源分类、旅游资源调查、旅游资源评价和提交文(图)件。
　　本标准适用于旅游资源开发,其他行业和部门也可参考。

2　规范性引用文件

　　下列文件对本文件的应用是必不可少的。凡是注日期的引用文件,仅注日期的版本适用于本文件。凡是不注日期的引用文件,其最新版本(包括所有的修订单)适用于本标准。
　　GB/T 2260　中华人民共和国行政区划代码

3　术语和定义

　　下列术语和定义适用于本标准。

3.1

　　旅游资源　tourism resources
　　自然界和人类社会凡能对旅游者产生吸引力,可以为旅游业开发利用,并可产生经济效益、社会效益和环境效益的各种事物和因素。

3.2

　　旅游资源基本类型　fundamental type of tourism resources
　　按照旅游资源分类标准所划分出的基本单位。

3.3

　　旅游资源单体　object of tourism resources

可作为独立观赏或利用的旅游资源基本类型的单独个体,包括"独立型旅游资源单体"和由同一类型的独立单体结合在一起的"集合型旅游资源单体"。

3.4

旅游资源调查　investigation of tourism resources
按照旅游资源分类标准,对旅游资源单体进行的研究和记录。

3.5

旅游资源共有因子评价　community factor evaluation of tourist resources
按照旅游资源基本类型所共同拥有的因子对旅游资源单体进行的价值和程度评价。

4　旅游资源分类

4.1　分类原则

依据旅游资源的性状,即现存状况、形态、特性、特征划分。

4.2　分类对象

分为两类:
a)稳定的、客观存在的实体旅游资源;
b)不稳定的、客观存在的事物和现象。

4.3　分类结构

分为"主类""亚类""基本类型"3 个层次,每个层次的旅游资源类型有相应的汉语拼音代号,旅游资源基本类型分类表见附录 A。

5　旅游资源调查

5.1　基本要求

5.1.1　应保证成果质量,强调整个运作过程的科学性、客观性、准确性,做到内容简洁和量化。

5.1.2　充分利用与旅游资源有关的各种资料和研究成果,完成统计、填表和编写调查文件等工作。调查方式以收集、分析、转化、利用这些资料和研究成果为主,并逐个对旅游资源单体进行现场调查核实,包括访问、实地观察、测试、记录、绘图、摄影,必要时进行采样和室内分析。

5.1.3　旅游资源调查分为"旅游资源详查"和"旅游资源概查"两个档次,其调查方式和精度要求不同。

5.2　旅游资源详查

5.2.1　适用范围和要求

5.2.1.1　适用于了解和掌握整个区域旅游资源全面情况的旅游资源调查。

5.2.1.2　应完成全部旅游资源调查程序，包括调查准备、实地调查。

5.2.1.3　应对全部旅游资源单体进行调查，提交全部"旅游资源单体调查表"。

5.2.2　调查准备

5.2.2.1　调查组成员应具备与该调查区旅游环境、旅游资源、旅游开发有关的专业知识，一般应吸收旅游、环境保护、地学、生物学、建筑园林、历史文化等方面的专业人员参与。

5.2.2.2　根据本标准的要求，进行技术培训。

5.2.2.3　准备实地调查所需的设备如定位仪器、简易测量仪器、影像设备等。

5.2.2.4　准备多份"旅游资源单体调查表"。

5.2.3　资料收集范围

5.2.3.1　与旅游资源单体及其赋存环境有关的各类文字描述资料，包括地方志书、乡土教材、旅游区与旅游点介绍、规划与专题报告等。

5.2.3.2　与旅游资源调查区有关的各类图形资料，重点是反映旅游环境与旅游资源的专题地图。

5.2.3.3　与旅游资源调查区和旅游资源单体有关的各种照片、影像资料。

5.2.4　实地调查

5.2.4.1　确定调查区内的调查小区和调查线路：

a)可将整个调查区分为"调查小区"。调查小区一般按行政区划分(如省级一级的调查区，可将地区一级的行政区划分为调查小区；地区一级的调查区，可将县级一级的行政区划分为调查小区；县级一级的调查区，可将乡镇一级的行政区划分为调查小区)，也可按现有或规划中的旅游区域划分。

b)调查线路按实际要求设置，应贯穿调查区内所有调查小区和主要旅游资源单体所在的地点。

5.2.4.2　选定调查对象：

a)选定下述单体进行重点调查：具有旅游开发前景，有明显经济、社会、文化价值的旅游资源单体；集合型旅游资源单体中具有代表性的部分；代表调查区形象的旅游资源单体；

b)对下列旅游资源单体暂时不进行调查：明显品位较低，不具有开发利用价值的；与国家现行法律、法规相违背的；开发后有损于社会形象的或可能造成环境问题的；影响国计民生的；某些位于特定区域内的。

5.2.4.3　填写《旅游资源单体调查表》。

应对每一调查单体分别填写一份"旅游资源单体调查表"(见附录B)。

5.3 旅游资源概查

5.3.1 适用范围和要求

5.3.1.1 适用于了解和掌握特定区域或专门类型的旅游资源调查。

5.3.1.2 要求对涉及到的旅游资源单体进行调查。

5.3.2 调查技术要点

5.3.2.1 参照 5.2 的要求。

5.3.2.2 简化工作程序，如不需要成立调查组，调查人员由其参与的项目组织协调委派；资料收集限定在与专门目的所需要的范围；可以不填写或择要填写"旅游资源单体调查表"等。

6 旅游资源评价

6.1 总体要求

6.1.1 应按照本标准的旅游资源分类体系对旅游资源单体进行评价。

6.1.2 应采用打分评价方法。

6.1.3 评价主要由调查组完成。

6.2 评价体系

6.2.1 根据"旅游资源共有因子综合评价系统"赋分。

6.2.2 本系统设"评价项目"和"评价因子"两个档次。

6.2.3 评价项目为"资源要素价值""资源影响力""附加值"。

6.3 计分方法

6.3.1 基本分值

6.3.1.1 旅游资源评价项目和评价因子用量值表示(见表 1)。资源要素价值和资源影响力总分值为 100 分。

6.3.1.2 "附加值"中"环境保护与环境安全"，分正分和负分。

6.3.1.3 每一评价因子分为 4 个档次，其因子分值相应分为 4 档。

表 1 旅游资源评价赋分标准

评价项目	评价因子	评价依据	赋值
资源要素价值(85 分)	观赏游憩使用价值(30 分)	全部或其中一项具有极高的观赏价值、游憩价值、使用价值	30～22
		全部或其中一项具有很高的观赏价值、游憩价值、使用价值	21～13
		全部或其中一项具有较高的观赏价值、游憩价值、使用价值	12～6
		全部或其中一项具有一般观赏价值、游憩价值、使用价值	5～1

表1(续)

评价项目	评价因子	评价依据	赋值
	历史文化科学艺术价值(25分)	同时或其中一项具有世界意义的历史价值、文化价值、科学价值、艺术价值	25~20
		同时或其中一项具有全国意义的历史价值、文化价值、科学价值、艺术价值	19~13
		同时或其中一项具有省级意义的历史价值、文化价值、科学价值、艺术价值	12~6
		历史价值、或文化价值、或科学价值,或艺术价值具有地区意义	5~1
	珍稀奇特程度(15分)	有大量珍稀物种,或景观异常奇特,或此类现象在其他地区罕见	15~13
		有较多珍稀物种,或景观奇特,或此类现象在其他地区很少见	12~9
		有少量珍稀物种,或景观突出,或此类现象在其他地区少见	8~4
		有个别珍稀物种,或景观比较突出,或此类现象在其他地区较多见	3~1
	规模、丰度与几率(10分)	独立型旅游资源单体规模、体量巨大;集合型旅游资源单体结构完美、疏密度优良级;自然景象和人文活动周期性发生或频率极高	10~8
		独立型旅游资源单体规模、体量较大;集合型旅游资源单体结构很和谐、疏密度良好;自然景象和人文活动周期性发生或频率很高	7~5
		独立型旅游资源单体规模、体量中等;集合型旅游资源单体结构和谐、疏密度较好;自然景象和人文活动周期性发生或频率较高	4~3
		独立型旅游资源单体规模、体量较小;集合型旅游资源单体结构较和谐、疏密度一般;自然景象和人文活动周期性发生或频率较小	2~1
	完整性(5分)	形态与结构保持完整	5~4
		形态与结构有少量变化,但不明显	3
		形态与结构有明显变化	2
		形态与结构有重大变化	1
资源影响力(15分)	知名度和影响力(10分)	在世界范围内知名,或构成世界承认的名牌	10~8
		在全国范围内知名,或构成全国性的名牌	7~5
		在本省范围内知名,或构成省内的名牌	4~3
		在本地区范围内知名,或构成本地区名牌	2~1
	适游期或使用范围(5分)	适宜游览的日期每年超过300天,或适宜于所有游客使用和参与	5~4
		适宜游览的日期每年超过250天,或适宜于80%左右游客使用和参与	3
		适宜游览的日期超过150天,或适宜于60%左右游客使用和参与	2
		适宜游览的日期每年超过100天,或适宜于40%左右游客使用和参与	1
附加值	环境保护与环境安全	已受到严重污染,或存在严重安全隐患	−5
		已受到中度污染,或存在明显安全隐患	−4
		已受到轻度污染,或存在一定安全隐患	−3
		已有工程保护措施,环境安全得到保证	3

注:"资源要素价值"项目中含"观赏游憩使用价值""历史科学文化艺术价值""珍稀或奇特程度""规模、丰度与几率""完整性"等5项评价因子。"资源影响力"项目中含"知名度和影响力""适游期或使用范围"等2项评价因子。"附加值"含"环境保护与环境安全"1项评价因子。

6.3.2 计分与等级划分

6.3.2.1 根据对旅游资源单体的评价，得出该单体旅游资源共有综合因子评价赋分值（见表 2）。

6.3.2.2 依据旅游资源单体评价总分，将旅游资源评价划分为五个等级。

6.3.2.3 未获等级旅游资源得分小于或等于 29 分。

表 2 旅游资源评价等级现图例

旅游资源等级	得分区间	图例	使用说明
五级旅游资源	≥90 分	★	
四级旅游资源	75～89	■	1.图例大小根据图面大小而定，形状不变；
三级旅游资源	60～74	◆	2.自然旅游资源(表 A.1 中主类 A、B、C、D)使用蓝色图例；人文旅游资源(表 A.1 中主类 E、F、G、H)使用红色图例。
二级旅游资源	45～59	▲	
一级旅游资源	30～44	●	

注：五级旅游资源称为"特品级旅游资源"；五级、四级、三级旅游资源被通称为"优良级旅游资源"；二级、一级旅游资源被通称为"普通级旅游资源"。

7 提交文(图)件

7.1 文(图)件内容和编写要求

7.1.1 全部文(图)件包括《旅游资源调查区实际资料表》《旅游资源图》《旅游资源调查报告》

7.1.2 旅游资源详查和旅游资源概查的文(图)件类型和精度不同，旅游资源详查需要完成全部文(图)件，包括填写《旅游资源调查区实际资料表》，编绘《旅游资源地图》，编写《旅游资源调查报告》。旅游资源概查要求编绘《旅游资源地图》，其他文件可根据需要选择编写。

7.2 文(图)件产生方式

7.2.1 《旅游资源调查区实际资料表》的填写

7.2.1.1 调查区旅游资源调查、评价结束后，由调查组填写。

7.2.1.2 按照本标准附录 C 规定的栏目填写，栏目内容包括：

a) 调查区基本资料

b) 各层次旅游资源数量统计；

c) 各主类、亚类旅游资源基本类型数量统计；

d) 各级旅游资源单体数量统计；

e) 优良级旅游资源单体名录；

f) 调查组主要成员；

g) 主要技术存档材料。

7.2.1.3 《旅游资源调查区实际资料表》同样适用于调查小区实际资料的填写。

7.2.2 《旅游资源图》的编绘

7.2.2.1 《旅游资源图》分为"旅游资源图"和"优良级旅游资源图"

7.2.2.2 "旅游资源图"，表现五级、四级、三级、二级、一级旅游资源单体。

7.2.2.3 "优良级旅游资源图"，表现五级、四级、三级旅游资源单体。

7.2.2.4 编绘程序与方法

7.2.2.4.1 准备等高线地形图和调查区政区地图等工作底图

a) 等高线地形图：比例尺视调查区的面积大小而定，较大面积的调查区为(1：50000～1：200000)，较小面积的调查区为(1：5000)～(1：25000)，特殊情况下为更大比例尺。

b) 调查区政区地图

7.2.2.4.2 在工作底图的实际位置上标注旅游资源单体(部分集合型单体可将范围绘出)。各级旅游资源使用表 2 中的图例(表 3)。

7.2.2.4.3 单体符号一侧加注旅游资源单体代号或单体序号。

7.2.3 《旅游资源调查报告》的编写

各调查区编写的旅游资源调查报告，基本篇目如下：

a) 前言；

b) 第一章 调查区旅游环境；

c) 第二章 旅游资源开发历史和现状；

d) 第三章 旅游资源基本类型；

e) 第四章 旅游资源评价；

f) 第五章 旅游资源保护与开发建议；

g) 主要参考文献；

h) 附图：《旅游资源图》或《优良级旅游资源图》。

附录 5　四川自然保护区生态旅游问卷调查

尊敬的先生、女士：

为了使您在旅游期间得到更好的服务，促进本地区旅游业健康发展，请您协助我们填写本问卷，在符合您情况的项目内填写或画"√"。本次调查为无记名填写，纯粹用于旅游研究，绝不会公开您的信息。感谢您的认真填写，祝旅途愉快！

西华师范大学生命科学学院　　　　　年　月　日

1.您来自何地？_____省（自治区、直辖市）_____市_____县_____乡

2.您的性别是：□女；□男。

3.您的年龄：□14 岁以下；□15～24 岁；□25～44 岁；□45～64 岁；□65 岁及以上。

4.您的文化程度：□初中以下；□高中（含中专）；□大专及大学；□研究生及以上。

5.您的职业是：□公务员；□企事业单位管理人员；□科研人员；□教师；□服务销售人员；□工人；□军人；□农民；□学生；□退休人员；□自由职业者；□其他_____。

6.您的个人月收入_____：□1000 元及以下；□1001～1500 元；□1501～2000 元；□2001～2500 元；□2501～3000 元；□3001～3500 元；□3501～4000 元；□4001～5000 元；□5000 元以上。

7.您对此地的了解是通过_____？□亲友介绍；□书报；□广播、电视；□互联网；□传说与典故；□旅行社介绍。

8.您到此地旅游的目的主要是：□体验、了解自然；□到受干扰小的地方旅游；□体验民族风情；□休闲度假；□科考探险；□商务会议；□登山健身；□探亲访友；□其他_____。

9.您的旅行方式是：□随旅行社；□单位组织；□与朋友结伴；□与家人一起；□单独一人。

10.您在四川旅行天数是：□当天返回；□2～3 天；□4～5 天；□6～7 天；□8 天及以上。

11.本次旅游主要开销在（可多选）：□餐饮；□住宿；□交通；□门票；□购物；□娱乐。

12.您本次旅游花费是：□100 元及以下；□101～200 元；□201～300 元；□301～500 元；□501～700 元；□701～900 元；□900 元以上。

13.您一般选择的出游时间是（可多选）：□空余时间；□周末；□法定节假日；□休假；□淡季。

14.通常决定您旅游的最主要因素是：□季节；□距离；□经费；□个人兴趣。

15.通常您愿意选择何种旅游目的地：□历史文化名城；□优美自然山水；□现代化

城市；□浓郁民族风情；□随机，都可以。

16.您听说过"生态旅游"吗？□没听说过；□听说过但不了解；□较为了解，能说出大致内容；□非常了解。

17.如果您看到其他游客乱扔垃圾，您会采取哪种态度？□告诫自己不要乱扔；□告诉管理人员；□把垃圾捡起来放到垃圾箱里；□主动上前制止；□置之不理，当没看见。

18.现在四川自然保护区已出现生态退化或破坏现象，需要对其进行必要的环境保护，这需要资金支持，您是否愿意为此支付一定的费用？

□是；□否(选择"是"，请做19～22题；选择"否"，请做21题)。

19.为保护四川自然保护区环境，您的家庭每年最多能拿出多少钱？

□5元；□10元；□20元；□50元；□80元；□100元；□120元；□150元；□200元；□300元；□400元；□500元；□800元；□>1000元。

20.作为生态环境补偿，您认为哪种支付方式比较好？(可多选)

□以现金方式捐献到相关机构(如四川旅游保护区的管理机构)；

□购买环境保护国债；

□接受四川的生态旅游区提高门票价格，门票按比例用于环境补偿；

□缴纳个人所得税(其中包含环境保护方面的税)。

21.如果您在第18题中选择"否"(即不愿意付费)请说明原因。(可多选)

□家庭收入不高，没能力支付这个费用；

□愿意以其他方式代替，如出工代替；

□担心交了钱会被挪作他用，不用于旅游地的环境保护；

□这完全是政府的事，应由政府出钱来保护环境；

□旅游地的环境状况对我的生活影响较小，与我关系不密切；

□其他原因：＿＿＿＿＿＿＿＿＿＿＿＿＿＿＿＿＿＿＿＿。

22.通常情况下，您及家人一年参加环境保护公益活动的次数？

□没有参加；□1次；□2次；□3～4次；□5次及以上。

23.请在下面1～10中选择你对生态补偿费用支付意愿的确定性程度。

(非常不确定←·······→非常确定)

□1；□2；□3；□4；□5；□6；□7；□8；□9；□10。

24.您心中理想的四川旅游是什么样的？(可多选)

□保留原始的自然风光；□增加人工景点，丰富娱乐内容；□完善的餐饮、住宿、购物服务；□开展丰富多彩的主题活动；□提供地理、植物、旅游等知识教育；□有配套的景点。

25.鉴于现在旅游地生态环境存在的问题，应该采取哪些措施解决问题或改善现状，请提出您宝贵的意见。

＿＿＿＿＿＿＿＿＿＿＿＿＿＿＿＿＿＿＿＿＿＿＿＿＿＿＿＿＿＿＿＿
＿＿＿＿＿＿＿＿＿＿＿＿＿＿＿＿＿＿＿＿＿＿＿＿＿＿＿＿＿＿＿＿
＿＿＿＿＿＿＿＿＿＿＿＿＿＿＿＿＿＿＿＿＿＿＿＿＿＿＿＿＿＿＿＿